论语集注

[宋] 朱　熹 集注
郭万金 编校

创于1897 商务印书馆
The Commercial Press

图书在版编目（CIP）数据

论语集注 / 朱熹集注；郭万金编校．—2 版 —北京：商务印书馆，2022

ISBN 978－7－100－21004－1

Ⅰ．①论…　Ⅱ．朱…　②郭…　Ⅲ．①儒家 ②《论语》—注释　Ⅳ．① B222.22

中国版本图书馆 CIP 数据核字（2022）第 056225 号

论语集注

[宋]朱 熹 集注

郭万金 编校

商 务 印 书 馆 出 版

（北京王府井大街 36 号　邮政编码 100710）

商 务 印 书 馆 发 行

北京顶佳世纪印刷有限公司印刷

ISBN 978－7－100－21004－1

2015 年 10 月第 1 版　　开本 710×1000　1/16

2022 年 7 月第 2 版　　印张 19 ¾

2025 年 6 月北京第 8 次印刷

定价：58.00 元

目录

序说：史记·孔子世家

编者按：朱熹《论语集注》本有《序说》一篇，开门见山，起首便是“《史记·世家》曰”，全篇节录司马迁《史记·孔子世家》，仅略做注解，文末引程子语录以结，未曾申论，深得“述而不作”之旨。今承朱子之意，全录《史记·孔子世家》之文，并收录诸家之解说，附注其后，以备观览。

解　题

司马迁《太史公自序》：周室既衰，诸侯恣行。仲尼悼礼废乐崩，追修经术，以达王道，匡乱世反之于正，见其文辞，为天下制仪法，垂六艺之统纪于后世。作《孔子世家》第十七。

司马贞《史记索隐》：教化之主，吾之师也。为帝王之仪表，示人伦之准的。自子思以下，代有哲人。继世象贤，诚可仰同列国。前史既定，吾无间然。又孔子非有诸侯之位，而亦称系家者，以是圣人为教化之主，又代有贤哲，故称系家焉。

张守节《史记正义》：孔子无侯伯之位，而称世家者，太史公以孔子布衣传十余世，学者宗之，自天子王侯，中国言六艺者宗于夫子，可谓至圣，故为世家。

王安石《孔子世家议》：太史公叙帝王则曰“本纪”，公侯传国则曰“世家”，公卿特起则曰“列传”，此其例也。其列孔子为“世家”，奚其进退无所据耶？孔子，旅人也，栖栖衰季之世，无尺土之柄，此列之以传宜矣，曷为“世家”哉？岂以仲尼躬将圣之资，其教化之盛，舄奕万世，故为之“世家”以抗之，又非极挚之论也。夫仲尼之才，帝王可也，何特公侯哉？仲尼之道，世天下可也，何特世其家哉？处之世家，仲尼之道，不从而大；置之列传，仲尼之道，不从而小。而迁也自乱其例，所谓多所牴牾者也。

徐积《节孝语录》：司马迁作《史记》，以孔子列于世家，可乎？齐、鲁大国也，而首书太伯，叙传则尊道术而薄六经，何也？公曰：士要须所养者醇，所学者醇，所师者醇，所友者醇，然后所言所行皆醇也。如马迁所养所学，皆不能醇，其所师所友，亦或如之，故其言多驳杂，无足怪也。以《春秋》考之，尝讥世卿则世禄可矣，盖惟诸侯方得世，而卿大夫皆不可以，孔子乃曰世家，可乎？

李清臣《史论》：世家孔子而不为传，使孔子与陈、项争列，欲尊大圣人而反小之。其所以称夫子者，识会稽之骨，辨坟羊之怪，道楛矢之异，测桓僖之灾，斯以为圣而已矣。一何其鄙陋也！

叶适《习学记言序目》：《孔子世家》所取甚杂，然比之载五帝三代周召等事，犹不至于驳异，譬如以象求人，虽非其真，然禹行舜趋，要无桀跖步履，学者深考之，亦足以成德也。

何良俊《四友斋丛说》：盖方汉之初，孔子尚未尝有封号，而太史公逆知其必当有褒崇之典，故遂为之立世家。夫有土者以土而世其家；有德者以德而世其家。以土者土去则爵夺，以德者德在与在。今观自战国以后，凡有爵土者，孰有能至今存耶？则世家之久，莫有过于孔子者。《史记》又以孔门七十二弟子与老子、孟子、荀卿并列为传，则其尊之至矣。孰谓太史公为不知孔子哉？

黄淳耀《陶庵全集》：甚矣，王安石之愎而不通，狠而不逊也！孔子适鲁，适卫、齐、宋、郑、陈、蔡，此以何为哉？而安石曰乌在其为行道。太史公作《孔子世家》附诸侯国之后，此特笔也。孔子龟蒙布衣，据鲁亲周，使列之本纪，则非其心也，然而大圣人梗概，又不可夷于列传，故特为世家以抗之。当西汉儒风尚微，黄老恣横之日，太史公能尊尚孔子，不遗余力如此，岂非豪杰之士哉？安石乃曰："处之世家，仲尼之道不从而大，置之列传，仲尼之道不从而小。"甚矣，其愎而不通，狠而不逊也。

姜宸英《湛园未定稿》：太史公于孔子，何为而世家哉！予观其《自序》，每一国则必挈其事之至重者，而著其所以述作之意，如于晋则曰"嘉文公锡圭鬯，作《晋世家》第七”，于越则曰“嘉句践灭强吴，以尊周室，作《越句践世家》第十二”，于郑曰“嘉厉公纳惠”，于赵曰“嘉鞅讨周乱”，于韩曰“嘉厥辅晋匡周”，于陈曰“嘉威宣能拨浊世而尊周”，然后知其世家乎孔子者，同之于列国之诸侯也。其同之诸侯奈何？曰以其同尊周也。迁序孔子曰“周室既衰，诸侯恣行。仲尼悼礼废乐崩，追修经术，以达王道，匡乱世反之于正”云云，“作《孔子世家》第十七”。其意以诸侯之得世其家者，以其知有天子而能匡乱反正，以天子之权归之于周者，莫如孔子之功最大，故附孔子于世家者，非尊孔子也，推孔子之心，以明其始终为周之意。曰，春秋非孔子，则周道几乎熄矣。以孔子为尊周，而尊周者诸侯之事也，故上不得比于本纪，而下亦不得夷为列传也。然或谓称世家为尊孔子而两失者，是未识迁之意者也。

何焯《义门读书记》：论来孔子只合作列传，太史公自据素王之说。三晋、田常至战国始列于诸侯，孔子则变例也。往日所见谓孔子祖述尧、舜，宪章文、武，而终于素王，三晋、田常以盗篡传世，此生民之不幸而战争至秦、楚之际也，意太史公序论之旨若此，不免凿矣。

王棠《燕在阁知新录》：本纪，述其所本，尊帝王也；世家，世为诸侯，尊诸侯也；列传，则列一人之事迹而已。以孔子未为诸侯，列于世家，似乎乱例，然不可谓史公漫无所考而率尔载笔也。荆公云，仲尼之才，帝王可也，何特公侯哉？仲尼之道，世天下也，何特世其家哉？处之世家，仲尼之道不从而大；置之列传，仲尼之道不从而小。予谓孔子无尺土之阶，操笔削之权，盖伤世之乱臣贼子不可得诛，而于笔削之间，未尝不以予夺之权自收其柄，故曰“知我《春秋》，罪我《春秋》”，迁列于世家者，正合“知我《春秋》”之意也。不世其家，则道不显，何能世天下？世其家者，世其道也，若使列之于列传，则非所谕于出乎其类之才，若使纪之于本纪，则失当日尊王尊周之旨。孔子《春秋》，盖借鲁以尊王也，史迁著述，固多牴牾，而于孔子则诚斟酌尽善者也。

袁枚《随园随笔》：王荆公讥史迁不宜列孔子世家，以为孔子之道不因世家而尊。姜西溟以史迁列孔子于世家，非尊孔子也。迁之于晋则曰“嘉文公锡圭鬯，作《晋世家》第七”，于越则曰嘉句践灭强吴、尊周室，作《越世家》第十二，于郑、于赵、于韩皆然，而序孔子则曰“周室既衰，孔子追修经术，以达王道，作《孔子世家》第十七”。其意诸侯之得世其家者，以其知有天子而能匡乱反正也，以天子之权归于周者，莫如孔子，故附孔子世家，以明其始终为周之意。而尊周者，诸侯之事，故上不得比于本纪而下亦不夷为列传也。罗坚甫云：史公以陈涉为世家，列于孔子之后者，有深意焉。迁以秦烧《诗》《书》，则孔子之道几于坠地，涉与项羽独能起而亡秦，以存孔子之道，故列胜于世家而列羽于本纪。不然陇上耕夫，何世家之有？此说亦与西溟先生相发明也。

牛运震《史记评注》：太史公列孔子为世家，刘知几、王安石辈颇讥之，以为自乱其例。夫孔子之圣，不以世家而大，亦不以列传而小。第孔子不可以列传置也。孔子以尼山大圣，经纬万古，子孙传继，累叶不绝，可谓以道德六艺世其家者矣。故为世家以殊之，非自乱其例也。萧、曹、张、陈位止通侯，尊非公、王，而皆世家之，诚以其子孙承继，世守其业也。安在孔子不可比例？且篇中纪孔子宗祖子孙，世次厘然；又叙孔子自少而老，系以鲁君之年，而缀以孔子之岁，及其生卒葬地，郑重而详列之，固俨然世家体矣。体不世家，则孔子之道不尊；世家其体而不世家其标目，则义例不明。故太史公之世家孔子，殆有不得不出于此者也。自有史记以后，褒成肇封，爵秩迭加，衍祐承泽，历代罔替，古今世家孰有过于孔氏者？虽谓太史公预造其兆，可也。夫安可以轻议也哉！

王鸣盛《十七史商榷》：以孔子入世家，推崇已极，亦复斟酌尽善，王介甫妄讥之，全不考三代制度时势，不识古人贵贵尚爵之意。《困学纪闻·史记正误篇》又载王文公及滈水李氏说，皆非也。

赵翼《陔余丛考》：孔子无公侯之位，而《史记》独列于世家，尊孔子也。凡列国世家与孔子毫无相涉者，亦皆书“是岁孔子相鲁”“孔子卒”，以其系天下之重轻也。

林春溥《孔子世家补订序》：后世尊孔子自史迁始，故布衣也，而列之世家，考圣迹者，舍是无从焉。顾迁所采辑，不外《论语》、三传、《国语》《檀弓》《家语》《晏子》诸书，而以己意牵合之，往往与年表不相应。始迁尝从孔安国问故，尼山世谱宜有所受。乃其叙问陈绝粮，与孔注不合，而归与之叹，伯玉之主，蔡之迁吴，皆前后两见，是其颠倒讹复，有待后人之厘正者，盖不少矣。

王筠《史记校》：史公列孔子于世家，其识远矣。盖汉末绍嘉侯之封，早以孔子之圣卜之矣。由今观之，其为世家。盖信王安石逞一时之口给，似非笃论。

丁晏《史记余论》：史公极尊圣人之道，故列之世家，若老子则仍为列传。班氏谓其先黄老而后六经，非也。《太史公自序》述其父谈推崇老氏道德，谈尚黄老之学，非迁意也。史迁崇圣尊儒，《自序》引董生仲舒之言，极重孔子《春秋》，又云仲尼追修经术，以达王道，匡乱世反之于正，为天下制仪法，垂六艺之统纪于后世，其推尊宣圣至矣。

郭嵩焘《史记札记》：案高帝始以太牢祀孔子，太史公适鲁得观孔子庙堂，诸生以时习礼其家。《儒林传》亦称：“陵夷至秦，天下并争于战国，然齐、鲁间学者独不废。”是孔子之道因是以自世其家，不待后世之追崇也。史公列孔子于世家，自纪其实而已，儒者或誉之，或毁之，盖皆未达其旨也。

尚镕《史记辨证》：自孔子以前，无圣人不为帝王者。伊、周之不为帝王，以太甲、成王贤也。孔子既不得位，不能作本纪，然曾为鲁大夫，于是以为陈齐大夫之田敬仲作世家开其端，而次以孔子。王安石驳迁不应为世家，盖心不知其作意也。迁序孔子事多纪年岁，特异于众，以其为古今一人也。

而语或乖谬，则据所传授而然。又谓君子疾没世而名不称，吾道不行，吾何以自见于后世，乃因《史记》作《春秋》，反复致意。盖以己之《史记》，因继《春秋》而作，赞《春秋》即自赞也。末言高皇帝过鲁，以太牢祀孔子，诸侯卿相，至常先谒，然后从政。盖监其宜为世家也。赞以至圣作结，遂为万世称孔子之定号，迁其智足以知圣人者矣。

杨琪光《寄庐读史记臆说》：孔子为鲁大夫，而《史》列之世家，且于《秦纪》备载其生卒，是以诸侯王拟孔子也。王临川谓进退失据，余谓不然。自邪说横行，谁复知味孔氏之言，而史公尊尚其道，无有殊异之能，故列老庄于传，而跻孔子于世家，以示无并，夫以大夫而等为诸侯，崇矣！奚不即跻列之本纪乎？岂犹拘于素王之说欤？盖人必有超世之见，方有卓绝之举。

沈湛钧《读史记孔子世家》：《史记》列孔子于世家，宋王安石斥为自乱其例，多所牴牾；何氏良俊驳之，谓尔时孔子未有封号，而太史公逆知有褒崇之典为列世家，有德者以德而世其家，犹之有土者以土而世其家也。愚按：何氏之说似矣而未尽也。当炎汉之隆，孔子虽未有封号，而举世推崇之盛，则上与周公等。《礼记》凡始立学者必释奠于先圣先师。夷考先圣先师，后儒谓虞庠以舜，夏校以禹，周东胶以文王。汉魏以还，或以周公为先圣，孔子为先师，或以孔子为先圣，颜回为先师。又《后汉·礼乐志》，明帝永明三年，郡县行乡饮酒礼于学校，皆祀圣师孔子周公，是则往古之侪孔子于周公也久矣。史迁承其意，故纪鲁周公曰世家，纪孔子亦曰世家，良以德行道艺后先一揆也。且孔子平生所志者周公耳，公朝诸侯于明堂，制礼作乐，孔子则踵事而修明之，公《诗》咏《豳风》，《书》陈《多士》《无逸》《君奭》诸篇，孔子则特加删订，即至作《彖》《象》、衍爻辞，亦无一不本《易》文遗意。故曰“如有用我，吾其为东周”，又曰“甚矣，吾衰也！久矣吾不复梦见周公”。然则孔子与周公，虽时睽数百年，固冥冥忻合无间者。史迁上不跻之本纪，不下侪之列传，而独登诸世家，不惟揆度当世舆论为允协，无可置喙，抑亦深得孔子从周之志也夫!

李景星《史记评议》：太史公作《孔子世家》，其眼光之高，胆力之大，推崇之至，迥非汉唐以来诸儒所能窥测，故刘知几、王安石辈，皆横加讥刺，以为自乱其例，不知史公之不可及处，正在此也，揭其要旨，厥有三端。孔子以布衣为万世帝王师，泽流后裔，史代罔替，任何侯王，莫之能比，史公列之于世家，是绝大见识，其不可及者一也。天地日月，难以形容，圣如孔子，亦难以形容，孟子称为圣之时，已是创论，而史公世家，更称之为至圣，尤为定评，自是之后，遂远不能易矣，其不可及者二也。王侯世家，各以即位之年纪，孔子无位，则以本身之年纪，等匹夫于国君，侔德行于爵位，尚德若人，是之谓矣，其不可及者三也。至其叙次，摭润群书，自成体段，既不病疏，亦不伤繁，尤是史公天才独擅，承学之士，能读此者，尚难其人，况子作乎！赞语，精微澹远，于平易中见风神，令人读之，不觉肃然起敬。

孔子生鲁昌平乡陬邑。[1]其先宋人也，曰孔防叔。[2]防叔生伯夏，伯夏生叔梁纥。[3]纥与颜氏女野合而生孔子，[4]祷于尼丘，得孔子。[5]鲁襄公二十二年[6]而孔子生。[7]生而首上圩顶，[8]故因名曰丘云。字仲尼，姓孔氏。

集释：

[1]《史记集解》：徐广曰："陬音驺。孔安国曰'陬，孔子父叔梁纥所治邑'。"

《史记索隐》：陬是邑名，昌平，乡号。孔子居鲁之邹邑昌平乡之阙里也。

《史记正义》：《括地志》云："故邹城在兖州泗水县东南六十里。昌平山在泗水县南六十里。孔子生昌平乡，盖乡取山为名。故阙里在泗水县南五十里。《舆地志》云邹城西界阙里有尼丘山。"按：今尼丘山在兖州邹城，阙里即此也。《括地志》云："兖州曲阜县鲁城西南三里有阙里，中有孔子宅，宅中有庙。伍缉之《从征记》云阙里背邾面泗，即此也。"按：夫子生在邹，长徙曲阜，仍号阙里。

[2]《史记索隐》：《家语》："孔子，宋微子之后。宋襄公生弗父何，以让弟厉公。弗父何生宋父周，周生世子胜，胜生正考父，考父生孔父嘉，五世亲尽，别为公族，姓孔氏。孔父生子木金父，金父生睾夷。睾夷生防叔，畏华氏之逼而奔鲁，故孔氏为鲁人也。"

《史记志疑》：孔子六代祖孔父嘉别为公族，故其后以孔为氏，则叙孔子先世当始孔父嘉，不得始防叔。其所以始防叔者，岂缘防叔始奔鲁之故欤？而孔氏之奔鲁，实非防叔始。《潜夫论·志氏姓》云"防叔为华氏所逼，出奔鲁为防大夫"，此本于《世本》，见《商颂》及《左》《榖》桓元二疏，《礼·儒行》《孝经·疏》《家语·本姓》《唐书·世系表》七十五下，皆仍其说。夫孔父为华督所杀，则孔氏应即避难出奔，奚待三世而后适鲁？何孟春谓"防叔避乱，当在湣公末年南宫万弑湣公杀华督国乱之日"，亦非也。汪氏《增订四书大全》曰："方督之见杀，是天假手于万以雪孔氏戴天之大耻，何为反避之他国乎？"惟杜注昭七年《传》云"孔父嘉为宋督所杀，其子奔鲁"，最为明确，《路史·后纪》十从之。是奔鲁者乃孔子五代祖木金父，防叔之祖也。

牛运震评曰：孔子，宋人也。实祖孔父嘉，为得姓之始。防叔，则其奔鲁之别子也。世家当从孔父溯其奠系本末，乃为得体。今始防叔，似失之。

[3]《史记正义》：《括地志》云："叔梁纥庙亦名尼丘山祠，在兖州泗水县五十里尼丘山东趾。《地理志》云鲁县有尼丘山，有叔梁纥庙。"

[4]《史记索隐》：《家语》云："梁纥娶鲁之施氏，生九女。其妾生孟皮，孟皮病足，乃求婚于颜氏徵在，从父命为婚。"其文甚明。今此云"野合"者，盖谓梁纥老而徵在少，非当壮室初笄之礼，故云野合，谓不合礼仪。故《论语》云"野哉由也"，又"先进于礼乐，野人也"，皆言野者是不合礼耳。

《史记正义》：男八月生齿，八岁毁齿，二八十六阳道通，八八六十四阳道绝。女七月生齿，七岁毁齿，二七十四阴道通，七七四十九阴道绝。婚姻过此者，皆为野合。故《家语》云："梁纥娶鲁施氏女，生九女，乃求婚于颜氏，颜氏有三女，小女徵在。"据此，婚过六十四矣。

《史记志疑》：古婚礼颇重，一礼未备，即谓之奔，谓之野合，故自行媒、纳采、纳征、问名、卜吉、请期而后告庙。颜氏从父命为婚，岂有六礼不备者。《檀弓·疏》及《索隐》《正义》以婚姻过期为野合，亦无所据。盖因纥偕颜祷于尼山而为之说耳。野合二字，殊不雅驯，至若《博物志》所引异说，则更妄诞极矣。

《史记评林》：按男女婚姻过期者为野合，纥已娶施氏，老又求婚于颜氏，此过期也。

牛运震曰："野合"者，即以为在野而苟合也。故后文云"由是孔子疑其父墓处，母讳之也"。盖因野合而讳之也。《史记》欲以神奇孔子之生，而不知其侮圣实甚。《索隐》《正义》皆以男女婚姻过期为野合，此欲揜饰《史记》之非而曲为之解。究之义不可通，且后文所谓母讳其父墓者，政不知何故讳之也。

[5]《史记探源》：此文疑本作"纥与颜氏女祷于尼邱，野合而生孔子于尼邱"。

扫地为祭天之坛而祷之，犹《诗》所谓“以弗无子”也；遂感而生孔子，犹《诗》所谓“履帝武敏歆”也。故曰“野合”。《高祖本纪》：“其先刘媪尝息大泽之陂，梦与神遇。是时雷电晦冥，太公往视，则见蛟龙于其上。已而有身，遂产高祖。”即《诗》齐、鲁、韩，《春秋》《公羊》学家所谓圣人皆“感天”而生，此所谓“野合”而生也。《三代世表》张夫子问于褚先生曰：“《诗》言契、后稷皆无父而生，今诸传记咸言有父，得毋与《诗》谬乎？”褚先生曰：“《诗》言契生于卵、后稷人迹者，欲见其有天命精诚之意耳。鬼神不能自成，须人而生，奈何无父而生乎？”即此所谓纥与颜氏女祷于尼邱野合而生孔子也，太史公以受命帝王尊孔子故云尔。《索隐》谓，“梁纥老而徵在少，非当比室初笄之礼，故云‘野合’”。此说谬甚。老夫得其女妻，未闻谓之野合也。且诗人称述文王，归美太任，《世家》表扬孔子，讥其父母可乎？

[6]《史记评林》：按孔子世家以鲁纪年，以孔子鲁人也，且亦作《春秋》之书。

[7]《史记索隐》：《公羊传》：“襄公二十一年十有一月庚子，孔子生。”今以为二十二年，盖以周正十一月属明年，故误也。后序孔子卒，云七十二岁，每少一岁也。

《史记探源》：各本五十一之“一”字脱，今依上下文补。是篇凡言孔子之年者十，皆足与生年相印证，后儒或以《公》《穀》二传“孔子生”句在襄公二十一年，疑《史记》之二十二为误，岂有十处皆误之理？第知以生年校生年，不知以昭、定、哀之世言孔子之年者校生年，何其愚也！且《公》《穀》全体释《经》，此言何以入《传》？当由二家经师附记于旁，后乃误入正文尔。其始附于二十二年“公会诸侯于沙随”之下，一本误脱，而误补于二十一年“公会诸侯于商任”之下。上文相似，易于致误。一本误则各本皆误，一《传》误则二《传》并误。正当引《史记》以纠二《传》，岂应信《公》《穀》以难《世家》耶？惟《世家》无月日，当取二《传》补之。《公羊传》作“十有一月庚子，孔子生”。《释文》曰：“《传》文上有‘十月庚辰朔’。此亦十月也。一本作‘十一月庚子’。

又本无此句。”案：《穀梁传》亦无此句，有者特三本之一，且证以“十月庚辰朔”，则庚子不在十一月，凡有“十一月”句，衍也。惟二十一年十月庚子为二十一日，二十二年十月庚子为二十七日，《长历》是月甲戌朔也，周正十月，夏正八月。今以八月二十七日为孔子生日，得之矣。

《史记志疑》：《左氏春秋》不书孔子之生，《公》《穀》俱书于襄公二十一年，然《公羊》书十有一月庚子孔子生于是年之末，《穀梁》书庚子孔子生于十月之后，微有不同，而使独称二十二年生。（《史通·申左篇》讥刘向《七录》曰：“《列子》书论尼父而云生在郑穆之年，以后为先，曾无所疑。”）从《公》《穀》者，《索隐》《外纪》《黄氏日抄》及宋濂《孔子生卒岁月辨》之类也。（《隶释》边韶《老子铭》以孔子生于周灵王二十年，亦从《公》《穀》。若《索隐》言《史》误以周正十一月属明年，大谬矣。从来三正推法，只以后月属前月，并无以前月属后月。周正十一月第能为夏正九月，未闻倒而为夏正之正月者。）从《史》者杜注《左传》（襄三十年），《拾遗记》《续博物志》《古史》《大纪》《路史》、朱子《论语序说》、《通鉴·前编》、余姚黄氏宗羲《南雷文约》之类也。二十一年是己酉（何休云：“乙卯”误），二十二年是庚戌，当从《史记》为的。其征有三：襄二十一年日食，必非生圣人之岁，一也。《公》《穀》皆口授，《公羊》著于汉景之时，《穀梁》显于汉宣之代，历世既久，宁得无讹，二也。杜注《哀十六年·传》云：“仲尼至今七十三。”《五代史·冯道传》，道卒年七十三，时人皆谓与孔子同寿，则非七十四可知，三也。《困学纪闻》两存其说，以为不可考。（阎注亦从《史》。）《索隐》深悼孔子生年莫定，致寿数不明，殊不然矣。（《三国志·谯周传》孔子七十二而殁，《家语·终记》“二十三年生乎”，谬甚。）若生月必当从《穀》《梁》在十月，以杜《长历》推之，是年十一月庚子，况三《传》经文于十月既书庚辰朔，则庚子应在十月，倘作十一月，则一月只二十日，大不可通。且陆氏《公羊·释文》曰：“上有十月庚辰，此亦十月。一本作‘十一月’，又本无此句。”是知《公羊》传写讹异，非灼然可据者。至生日必庚子无疑，不但《公羊》书之，《南齐书》臧容绪以宣尼生庚子日，陈《五经》拜之，固确证也。综而论之，年宜依《史记》，月宜用《穀》《梁》，日则庚子。《路史·余论》定为八月廿七日孔子生，又引《五行书》谓生庚戌年二月二十三日甲申时，斯不足辨耳。

[8]《史记索隐》：圩音乌。顶音鼎。圩顶言顶上窳也，故孔子顶如反宇。反宇者，若屋宇之反，中低而四傍高也。

《史记正义》：《括地志》云："女陵山在曲阜县南二十八里。干宝《三日纪》云'徵在生孔子空桑之地，今名空窦，在鲁南山之空窦中。无水，当祭时洒扫以告，辄有清泉自石门出，足以周用，祭讫泉枯。今俗名女陵山'。"

《史记志疑》：《索隐》谓："圩音乌，窳也，故孔子顶如反宇。""反宇"二字见《白虎通·圣人篇》，（《姓名篇》云孔子首类尼丘山，盖中低而四旁高，如屋宇之反）。而《论衡·骨相篇》作"反羽"，《宏明集》牟子《理惑论》作"反頨"。

丘生而叔梁纥死，[1]葬于防山。[2]防山在鲁东，由是孔子疑其父墓处，母讳之也。[3]孔子为儿嬉戏，常陈俎豆，[4]设礼容。孔子母死，乃殡五父之衢，[5]盖其慎也。[6]陬[7]人輓父之母诲孔子父墓，然后往合葬于防焉。[8]

集释：

[1]《史记索隐》：《家语》云生三岁而梁纥死。

[2]《史记正义》：《括地志》云："防山在兖州曲阜县东二十五里。《礼记》云孔子母合葬于防也。"

[3]《礼记·檀弓》：孔子既得合葬于防，曰："吾闻之，古也墓而不坟。今丘也，东西南北之人也，不可以弗识也。"于是封之，崇四尺。孔子先反，门人后，雨甚至，孔子问焉，曰："尔来何迟也？"曰："防墓崩。"孔子不应。三，

孔子泫然流涕曰："吾闻之，古不修墓。"《史记索隐》：谓孔子少孤，不的知父坟处，非谓不知其茔地。徵在笄年适于梁纥，无几而老死，是少寡，盖以为嫌，不从送葬，故不知坟处，遂不告耳，非讳之也。

《史记志疑》：古者墓而不坟，故疑其处。《檀弓·疏》云："谓不委曲适知柩之所在，不是全不知墓去处也。"则安得言母讳之乎？《索隐》亦以《史》言母讳为非，而撰出徵在少寡，不从送葬之说，殊属臆解。郑注《檀弓》以为徵在野合而生孔子，耻焉不告，尤谬。（《庄子·盗跖篇》曰"孔子不见母"，《释文》云"未详"，盖妄也。）

[4]《史记正义》：俎豆以木为之，受四升，高尺二寸。大夫以上赤云气，诸侯加象饰足，天子玉饰也。

[5]《史记正义》：《括地志》云："五父衢在兖州曲阜县西南二里，鲁城内衢道也。"

《史记集解》：徐广曰："鲁县有阙里，孔子所居也。又有五父之衢也。"

《史记索隐》：谓孔子不知父墓，乃且殡其母于五父之衢，是其谨慎也。

[6]《史记正义》：慎谓以绋引棺就殡所也。

[7]《史记正义》：上音邹。

[8]《史记志疑》：《孔丛子·陈士义篇》以殡衢为虚造谤言。《博物志》谓蒋济、何晏、夏侯、王肃皆云无此事，注记者谬。元陈澔《云庄礼记集说》曰："颜氏之死，夫子成立久矣，岂有终母之世不寻求父葬之地，至母殡而犹不知父墓乎？殡于衢路，必无室庐，而死于道路者不得已之为耳，圣人礼法之宗主而忍为之乎？"邵氏泰衢《檀弓疑问》曰："五父之衢非殡棺之地，倘无陬母之诲，将终嫔之衢已乎？若不详而有征，又何敢冒昧合葬。夫岂陬母一语，遂成实信哉！"惟明胡震亨以《檀弓》《史记》为然，其《读书杂录》辨之云："古者墓而不坟。防实山墓，葬山者因山，营兆易湮，不能定知其窆，亦事理所有。迨母死葬不可久稽，不得已于五父之衢择地以殡，若谓他日得父葬所，可启之而同葬；终不得葬所，则此虽殡，

亦可，不必再为之葬，有人子无限苦衷焉。康成改慎音为引，失圣人合葬谨慎之心。孔颖达复沿误为疏，以为欲使他人怪而致问，则似圣人因父墓不得，借母殡为招者，世岂有如是访墓之策，亦岂人子所以待亲者哉。五父之衢，当亦傍衢之地，非真衢路也。”毛氏《经问》三亦以《史》为可据，辨颜氏送葬以后全然不至墓所，故不能告墓处。又辨孟皮当孔子生时未必存，或以病足废不墓祭，孔子必望墓而家祭，断无以幼穉野祭，其母帅之而行者，故不能知墓处。胡、毛两家之辨，余不敢信，姑因其言申之。“輓父”《檀弓》作“曼父”，音近而讹，字当作“輓”，盖輓柩之家，是知墓矣。郑注谓“陬母与徵在为邻相善”，殊不足凭。且圣母不告之子而告之邻母，必无此理。万一陬母先圣母而死，夫子将终不知父墓乎？有以知其说之难通耳。（新安江氏永《乡党图考》依高邮孙邃人说以殡衢是孔子父，非也。）

孔子要绖，[1]季氏飨士，孔子与往。[2]阳虎绌曰：“季氏飨士，非敢飨子也。”孔子由是退。[3]

集释：

[1]《史记索隐》：《家语》“孔子之母丧，既练而见”，不非之也。今此谓孔子实要绖与飨，为阳虎所绌，亦近诬矣。一作“要经”。要经犹带经也，故刘氏云嗜学之意是也。

[2]《史记正义》：与音预。季氏为馔饮鲁文学之士，孔子与迎而往，阳虎以孔子少，故折之也。

[3]《史记志疑》：《索隐》曰：“《家语》‘孔子之母丧，既练而见’不非之也。今谓孔子实要绖与飨，为阳虎所绌，亦近诬矣。”（又以“要绖”为“要经”，非。）杨慎曰：“孔子不就季氏，亦无要绖与往之理。”邵氏《疑问》曰：“丧而要绖，丧未除也，而与享者有乎？至闻虎一叱，由是而退，则礼乐之宗，曾不若一窃宝

玉大弓之盗已。瞰亡之拜，将仕之言，迂应不知也。”而方氏《补正》则云：“季氏飨士，卒欲用之。古者既葬，金革之事弗避，孔子所居在季氏分地，要经而往，庶人召之役则往役之义也，故阳虎曰季氏飨士，非敢飨子。《正义》谓飨文学之士，误矣。”方说似胜，但昭公二十七年阳虎始见于《传》，而是时孔子年十七，当昭公七年岂虎已用事于季氏乎？可疑者此耳。（《古史》反据阳虎谓孔子要经当在此后，误也。）

崔述《考信录》：余按：《礼》，居丧者三年不饮酒食肉。小功缌麻，饮酒食肉，不与人乐之。酒肉尚不可饮食，况敢受大夫之享乎？轻丧尚不与人乐，况重丧乎？孔子如是，不几贻笑于阳虎耶？《家语》亦觉其谬，又改其文以曲解，谓阳虎吊孔子，告以享士之事，而孔子曰“某虽衰绖，亦欲与往”，以示不非阳虎之意，则其谬更甚。何则？虎吊而言享士，即失礼，其小焉者耳；衰绖而往，失礼大矣。以此答之，不亦偾乎？且虎果失礼，不非之，足矣，曷为而更甚之？是谄也。不往，而伪告以欲往，是欺也。圣人必不如是。故今皆不录。

孔子年十七，鲁大夫孟釐子病[1]且死，[2]诫其嗣懿子曰：“孔丘，圣人[3]之后，灭于宋。[4]其祖弗父何始有宋而嗣让厉公。[5]及正考父[6]佐戴、武、宣公，三命兹益恭，故鼎铭云：[7]‘一命而偻，再命而伛，三命而俯，[8]循墙而走，[9]亦莫敢余侮。[10]饘于是，粥于是，以餬余口。’[11]其恭如是。吾闻圣人之后，虽不当世，必有达者。[12]今孔丘年少好礼，其达者欤？吾即没，若必师之。”及釐子卒，懿子与鲁人南宫敬叔[13]往学礼焉。是岁，季武子卒，平子代立。[14]

集释：

[1]《史记探源》：各本脱“不能相礼”四字。《索隐》：“昭七年《左传》云‘孟僖子病不能相礼，乃讲学之，及其将死，召大夫’云云。案：谓病者，不能相礼为病，

非疾困之谓也。至二十四年，僖子卒，是此文误也。”不知此后人脱误。若本无“不能相礼”四字，则下文“年少好礼，往学礼焉”二句语何所承？“孔子年十七”者，孟釐子不能相礼之年也，在昭公七年。“且死”即《左传》所谓“及其将死”，在二十四年。太史公本不谓一年之事，犹之懿子学礼，亦与釐子卒非一年之事，不然岂衰绖往学乎？今为补正。惟《仲尼弟子列传》无孟懿子，《论语》“孟懿子问孝，子告樊迟曰：‘孟孙问孝于我。’”不称何忌，则不似弟子，与《世家》《左传》皆异，当从盖阙。《弟子列传》亦以南宫敬叔为鲁人，与此文同，与《左传》异，不以孟釐子之子。《索隐》谓太史公之疏，不知若无“鲁人”二字，但作“懿子与南宫敬叔”，岂非小司马所谓密乎？不为密之省，而为疏之增，非人情也。

[2]《史记索隐》：昭公七年《左传》云“孟僖子病不能相礼，乃讲学之，及其将死，召大夫”云云。按：谓病者，不能礼为病，非疾困之谓也。至二十四年僖子卒，贾逵云：“仲尼时年三十五矣。”是此文误也。

《史记志疑》：鲁昭七年孔子年十七，至昭二十四年孟僖子卒，孔子时年三十四，《左传》载僖子将死之言于昭七年，终言之也，而此即叙于孔子年十七时，是史公疏处，《索隐》《古史》并纠其误。

苏轼曰：孔子用于鲁三月，而齐人畏其霸。以僖子之贤，而知夫子之为圣人也，使之未亡而授之以政，则鲁作东周矣，故曰：孟僖子之过，可悲也已。

[3]《史记集解》：服虔曰：“圣人谓商汤。”王世贞《衍圣公爵系表》曰：昔唐、虞三代之盛，其子孙为宾恪者，久而或替，独孔子起韦布，践素王，以笔札绍明圣人之统，寖明寖昌，称万世师。爵则真王，礼乐则天子，其子孙亦以渐而隆崇，号为上公，秩乃六卿，虽以夷狄僭篡之王，不能有所裁损。呜呼，休哉！然孔子实成汤后，论者不知其所自起，余故因表衍圣公之爵系而备识之，明孔子非国家所得而封建也。

[4]《史记集解》：杜预曰：“孔子六世祖孔父嘉为宋华督所杀，其子奔鲁也。”

[5]《史记集解》：杜预曰："弗父何，孔父嘉之高祖，宋愍公之长子，厉公之兄也。何嫡嗣，当立，以让厉公也。"

[6]《史记集解》：服虔曰："正考父，弗父何之曾孙。"

[7]《史记集解》：杜预曰："三命，上卿也。考父庙之鼎。"

[8]《史记集解》：服虔曰："偻、伛、俯，皆恭敬之貌也。"

[9]《史记集解》：杜预曰："言不敢安行。"

[10]《史记集解》：杜预曰："其恭如是，人亦不敢侮慢。"

[11]《史记集解》：杜预曰："于是鼎中为饘粥。饘粥，餬属。言至俭也。"

[12]《史记集解》：王肃曰："谓若弗父何，殷汤之后，而不继世为宋君也。"杜预曰："圣人之后，有明德而不当大位，谓正考父。"

[13]《史记索隐》：《左传》及《系本》，敬叔与懿子皆孟僖子之子，不应更言"鲁人"，亦太史公之疏耳。

[14]《史记志疑》：平子乃武子之孙，悼子之子也。或疑此为误，殊不然。《左昭十二传》"季悼子卒"，疏云："悼子卒不书《经》，其卒当在武子前。平子以孙继祖，武子卒后即平子立。"又《昭二十五年传》"政在季氏三世"，注云"文子、武子、平子"皆足证《史》之不谬。因思《论语》"政逮大夫四世"，明是文、武、平、桓，而《四书集注》谓武、悼、平、桓，未免失考。孔安国注此章谓文、武、悼、平亦不合。

孔子贫且贱。及长，尝为季氏史，[1] 料量平；尝为司职吏而畜蕃息。由是为司空。已而去鲁，斥乎齐，逐乎宋、卫，困于陈蔡之间，于是反鲁。孔子长九尺有六寸，人皆谓之"长人"而异之。鲁复善待，由是反鲁。[2]

集释：

[1]《史记索隐》：有本作"委吏"。按：赵岐曰"委吏，主委积仓库之吏"。

《史记探源》：各本脱“委”字。《索隐》谓一本作“委吏”，今依以补正。“乘田”误作“司职吏”。吏皆有职，此何符言，今据《孟子》更正。“蕃息”下云“由是为司空”，系下文“由中都宰为司空”之重文。又云：“已而去鲁，斥乎齐，逐乎宋、卫，困于陈、蔡之间，于是反鲁。”“异之”下文“鲁复善待，由是反鲁”。皆定公十四年去鲁后至反鲁之总结，重衍于此也。今删正。

《史记志疑》：《索隐》云：一本作“委吏”，是也，与《孟子》合，朱子《序说》亦从之。

[2] 牛运震曰：先将孔子周历列国总叙一段，固有笔力。但后文“鲁复善待，由是反鲁”，似反鲁适周在游历列国之后，先后次第反欠清楚，不如去此二语为是。

鲁南宫敬叔言鲁君曰：“请与孔子适周。”[1] 鲁君与之一乘车，两马，一竖子俱，适周问礼，盖见老子云。辞去，而老子送之曰：“吾闻富贵者送人以财[2]，仁人者送人以言。吾不能富贵，窃仁人之号，[3] 送子以言，曰：‘聪明深察而近于死者，好议人者也。博辩广大危其身者，发人之恶者也。为人子者毋以有己，[4] 为人臣者毋以有己。’”[5] 孔子自周反于鲁，弟子稍益进焉。

集释：

[1] 《史记索隐》：《庄子》云：“孔子年五十一，南见老聃。”盖系家亦依此为说而不究其旨，遂俱误也。何者？孔子适周，岂访礼之时即在十七耶？且孔子见老聃，云“甚矣道之难行也”，此非十七之人语也，乃既仕之后言耳。

《史记探源》：《庄子》多寓言。《盗跖篇》有孔子与柳下惠相问答语，又可为二人同时之证乎？且孔子年五十一正为中都宰之年，何暇南见老聃？此文在孔子年十七之后、三十以前。适周问礼，当在其间，岂谓年十七之年耶？

《史记志疑》：史载孔子适周见老聃于十七岁后三十岁前，故《隶释》边韶《老子碑》及《水经·渭水注》皆说孔子年十七，问礼老聃，俱承《史》也。《索隐》据《庄子·天运篇》纠其误，曰："庄子云孔子年五十一，南见老聃，（南之沛）云'甚矣道之难行'，此非十七人语，乃既仕之后言耳。"《尚书疏证》八及《四书释地续》，依《皇王大纪》定孔子适周在鲁昭公二十四年，据《曾子问》从老聃助葬日食一条为断，谓昭公七年孔子十七，敬叔尚未从游。定九年孔子五十一，又不日食也。冯氏《解春集》驳之曰："《春秋》昭公世凡七日食，不止二十四年。且二十四年二月僖子卒，五月日食，则此时僖子甫葬，敬叔方在虞祭卒哭之时，焉能与孔子适周。"毛氏《经问》十二驳阎说同。余谓《史》固误，论《史》者亦误。《史记考要》谓："适周之沛非一时事，孔子于老聃不但周沛一再见而已。"此语甚合，观《庄子·天道篇》称孔子藏书周室，因子路言往见老聃可见。盖适周问礼，不知何时？敬叔生于昭公十一年，当昭公七年孔子十七时，不但敬叔未从游，且未生也。若昭二十四年孔子三十四时，不但僖子方卒，敬叔未能出门从师，且生才十四岁，恐亦未见于君，未能至周。而明年昭公即孙于齐，安所得鲁君请之。此皆当缺疑之事，必欲求其年，则庄子五十一之说庶几近之。（金履祥谓孟僖使二子师孔子，非必在死后。孔子适周在二十岁，余，亦妄也。）

[2]《史记索隐》：庄周"财"作"轩"。

[3]《史记集解》：王肃曰："谦言窃仁者之名。"

[4]《史记集解》：王肃曰："身父母之有。"

《史记索隐》：《家语》作"无以有己为人子者"。

[5]《史记索隐》：《家语》作"无以恶己为人臣者"。王肃云："言听则仕，不用则去，保身全行，臣之节也。"

是时也，晋平公淫，六卿擅权，东伐诸侯；楚灵王兵强，凌轹中国；[1]齐大而近于鲁。鲁小弱，附于楚则晋怒；附于晋则楚来伐；不备于齐，齐师侵鲁。[2]

集释：

[1]《史记志疑》：所说以为鲁昭公二十年，孔子年三十之时，而晋乃顷公，去平公已二世。楚乃平王，灵王已死七年。皆误也。《史诠》谓此是《鲁世家》之错简，甚妄。

[2]《史记志疑》：《左传》自襄二十七年会宋弭兵以后，晋、楚之从交相见，无怒伐鲁之事，齐亦未尝侵鲁，此所言皆非实。

鲁昭公之二十年，而孔子盖年三十矣。齐景公与晏婴来适鲁，[1] 景公问孔子曰："昔秦穆公国小处辟，其霸何也？"对曰："秦，国虽小，其志大；处虽辟，行中正。身举五羖，[2] 爵之大夫，起累绁之中，[3] 与语三日，授之以政。以此取之，虽王可也，其霸小矣。"景公说。

集释：

[1]《史记志疑》：《左传》昭二十年无齐侯来鲁事，说见《表》。

[2]《史记正义》：百里奚也。

[3]《史记索隐》：《家语》无此一句。孟子以为"不然"之言也。

孔子年三十五，而季平子与郈昭伯以斗鸡故[1] 得罪鲁昭公，[2] 昭公率师击平子，平子与孟氏、叔孙氏三家共攻昭公，昭公师败，奔于齐，齐处昭公乾侯。[3] 其后顷之，鲁乱。孔子适齐，为高昭子家臣，欲以通乎景公。[4] 与齐太师语乐，闻《韶》音，学之，三月不知肉味，[5] 齐人称之。

集释：

[1]《史记正义》：郈音后。《括地志》云："斗鸡台二所，相去十五步，在兖州曲阜县东南三里鲁城中。《左传》昭二十五年，季氏与郈昭伯斗鸡，季氏芥鸡翼，

郈氏为金距之处。”

[2]《史记志疑》:《昭二十五年传》昭伯怨平子故劝昭公伐季氏，昭伯何曾得罪昭公，此误说。

[3]《史记正义》:相州成安县东南三十里斥丘故城，本春秋时乾侯之邑。

余有丁曰:“乾侯晋地，晋人以居公者。齐处公于郓，非乾侯也。”

[4]余有丁曰:按昭二十年，《齐世家》记景公与晏婴狩鲁界，因入鲁，问礼于孔子。自此，婴与孔子相友善，今鲁乱，孔子适齐，必因婴以通于景公，而世家谓为高昭子家臣，以通景公，或误。

《史记志疑》:景吏部曰:“欲通齐景，不耻家臣，孔子而如是乎?且据《史》所说，孔子三十岁时景公与晏婴适鲁，既有秦缪之对，而景公悦矣。至此又何必自辱为家臣以求通也。故《困学纪闻》十一引《皇王大纪》曰‘迁载孔子言行，不得其真者尤多’。”

[5]《史记集解》:周氏曰:“孔子在齐，闻习《韶》乐之盛美，故忘于肉味也。”

《史记索隐》:按《论语》，子语鲁太师乐，非齐太师也。又“子在齐闻《韶》，三月不知肉味”，无“学之”文。今此合《论语》齐、鲁两文而为此言，恐失事实。

《佩韦斋辑闻》曰:襄二十九年，季札聘鲁请观乐，舞《韶箾》，则鲁未尝无《韶》也，使孔子欲学之归，而求之鲁可也，何为至齐始闻而学之哉。

景公问政孔子，孔子曰:“君君，臣臣，父父，子子。”[1]景公曰:“善哉!信如君不君，臣不臣，父不父，子不子，虽有粟，吾岂得而食诸!”[2]他日又复问政于孔子，孔子曰:“政在节财。”景公说，将欲以尼谿田封孔子。[3]晏婴进曰:“夫儒者滑稽而不可轨法;倨傲自顺，不可以为下;崇丧遂哀，破产厚葬，不可以为俗;游说乞贷，不可以为国。自大贤之息，周室既衰，礼乐缺有间。[4]今孔子盛容饰，繁登降之礼，趋详之节，累世不能殚其学，当年不能究其礼。君欲用之以移齐俗，非所以先细民也。”后景公敬见孔子，不问其礼。异日，景公止孔子曰：“奉子以季氏，[5]吾不能。”以季孟之间待之。[6]齐大夫欲害孔子，孔子闻之。景公曰：“吾老矣，弗能用也。”孔子遂行，反乎鲁。

集释：

[1]《史记集解》：孔安国曰：“当此之时，陈恒制齐，君不君，臣不臣，故以此对也。”

[2]《史记集解》：孔安国曰：“言将危也。陈氏果灭齐。”

司马光《史剡》曰：晏婴忠信以有礼，爱君而乐善。于晋悦叔向，于郑悦子皮，于吴悦季札，岂于孔子，独不知而毁之乎？

《史记志疑》：婴贤者也，与孔子友善，沮封尼谿，必无之事。孔鲋《诘墨》已言之，先儒已历辨其诬。《索隐》谓“说出晏子及墨子”。盖本墨氏非儒谤圣之言，后人羼入《晏子春秋》耳。《吕览·高义》《说苑·立节》载孔子见齐景公，景公致廪丘以为养，孔子辞不受，遂行。据此益征晏婴阻封之非实。后夹谷之会，《史》言晏子与有谋焉，亦妄。

[3]《史记索隐》：此说出《晏子》及《墨子》，其文微异。

[4]《史记索隐》：息者，生也。言上古大贤生则有礼乐，至周室微而始缺有间也。朱锦绶《读史记日记》：案此下文即曰“周室既衰，礼乐阙有间，则此息字当如《中庸》‘其人亡则其政息’之息，犹言大贤之没耳，与下二句，乃贯如索，如《索隐》说，须别出则有礼乐句，非原文意也”。

[5]《史记索隐》：刘氏奉音扶用反，非也。今奉音如字，谓奉待孔子如鲁季氏之职，故下文云“以季孟之间待之”也。

[6]《史记集解》：孔安国曰：“鲁三卿，季氏为上卿，最贵；孟氏为下卿，不用事。言待之以二者之间也。”

孔子年四十二，鲁昭公卒于乾侯，定公立。定公立五年，夏，季平子卒，桓子嗣立。季桓子穿井得土缶，中若羊，[1] 问仲尼云“得狗”[2]。仲尼曰：“以丘所闻，羊也。丘闻之，木石之怪夔、罔阆，[3] 水之怪龙、罔象，[4] 土之怪坟羊[5]。”

集释：

[1]《史记集解》：韦昭曰：“羊，生羊也，故谓之怪也。”

《史记索隐》：《家语》云“桓子穿井于费，得物如土缶，其中有羊焉”是也。

[2]《史记集解》：韦昭曰：“获羊而言狗者，以孔子博物，测之。”

[3]《史记集解》：韦昭曰：“木石谓山也。或云夔，一足，越人谓之山缫也。或言独足魍魉，山精，好学人声而迷惑人也。”

《史记索隐》：夔音逵。阆音两。《家语》作“魍魉”。缫音骚。然山缫独一足是山神名，故谓之夔。夔，一足兽，状如人也。

[4]《史记集解》：韦昭曰：“龙，神兽也，非常见，故曰怪。或云‘罔象食人，一名沐肿’。”

《史记索隐》：沐肿音木踵。

[5]《史记集解》：唐固曰：“坟羊，雌雄未成者也。”

柳宗元曰：“君子于所不知，盖阙如也。”孔氏恶能穷物怪之形也？是必诬圣人矣。史之记地坼犬出者有之矣。近世京兆杜济穿井获土缶，中有狗焉。投之于河，化为龙。

吴伐越，堕会稽，[1] 得骨节专车。[2] 吴使使问仲尼：“骨何者最大？”仲尼曰：“禹致群神于会稽山，[3] 防风氏后至，禹杀而戮之，[4] 其节专车，此为大矣。”吴客曰：“谁为神？”仲尼曰：“山川之神足以纲纪天下，其守为神，[5] 社稷为公侯，[6] 皆属于王者。”客曰：“防风何守？”仲尼曰：“汪罔氏之君守封、禺之山，[7]为釐姓[8]。在虞、夏、商为汪罔，于周为长翟，今谓之大人。”[9]客曰：“人长几何？”仲尼曰：“僬侥氏[10]三尺，短之至也。长者不过十之，数之极也。”[11]于是吴客曰：“善哉圣人！”

集释：

[1]《史记集解》：王肃曰：“堕，毁也。”

《史记索隐》：隳会稽。会稽，山名，越之所都。隳，毁也。吴伐越在鲁哀元年。

余有丁曰：按吴伐越事，在哀公元年。《家语》云：吴子使聘于鲁，问之孔子，命使者曰“无以吾命也”，宾既将事，及发币于大夫，及孔子，孔子爵之。既彻俎而燕，然后客执骨而问。今载于定公五年，此时吴未堕，会稽安得获骨之事？

邓以讃《史记评》曰：“此当在吴败越会稽下，误置此。”

[2]《史记集解》：韦昭曰：“骨一节，其长专车。专，擅也。”

[3]《史记集解》：韦昭曰：“群神谓主山川之君为群神之主，故谓之神也。”

《史记志疑》：此事见《国语》，然禹未尝会诸侯于会稽，此《外传》之妄，假托仲尼语耳，说在《夏纪》中。“群神”，《文十一传》，《疏》引《国语》及《说苑》《家语》《博物志》并作“群臣”。

[4]《史记集解》：韦昭曰：“防风氏违命后至，故禹杀之。陈尸为戮。”

[5]《史记集解》：王肃曰：“守山川之祀者为神，谓诸侯也。”韦昭曰：“足以纲纪天下，谓名山大川能兴云致雨以利天下也。”

[6]《史记集解》：王肃曰：“但守社稷无山川之祀者，直为公侯而已。”

[7]《史记集解》：韦昭曰：“封，封山；禺，禺山：在吴郡永安县。”骃案：晋太康元年改永安为武康县，今属吴兴郡。

[8]《史记索隐》：釐音僖。《家语》云姓漆，盖误。《系本》无漆姓。

《史记志疑》：《鲁语》作“漆姓”，《家语·辩物》、杜注《文十一传》同。《索隐》反以“漆”为误，何也？《路史》亦然，岂《世本》无漆姓，遂足据乎？

[9]《史记集解》：王肃曰："周之初及当孔子之时，其名异也。"

[10]《史记集解》：韦昭曰："僬侥，西南蛮之别名也。"

《史记正义》：按：《括地志》"在大秦国（北）［南］也"。

[11]《史记集解》：王肃曰："十之，谓三丈也，数极于此也。"

桓子嬖臣曰仲梁怀，与阳虎有隙。阳虎欲逐怀，公山不狃[1]止之。其秋，怀益骄，阳虎执怀。桓子怒，阳虎因囚桓子，与盟而醳[2]之。阳虎由此益轻季氏。季氏亦僭于公室，陪臣执国政，是以鲁自大夫以下皆僭离于正道。故孔子不仕，退而修诗书礼乐，[3]弟子弥众，至自远方，莫不受业焉。

集释：

[1]《史记集解》：孔安国曰："不狃为季氏宰。"

《史记索隐》：狃音女久反。邹氏云一作"蹂"。《论语》作"弗扰"。

[2]《史记正义》：醳音释。

[3]《史记志疑》：时为定公五年，恐未曾修诗书礼乐也，疑衍。

定公八年，公山不狃不得意于季氏，因阳虎为乱，欲废三桓之適[1]，更立其庶孽阳虎素所善者，遂执季桓子。[2]桓子诈之，得脱。定公九年，阳虎不胜，奔于齐。是时孔子年五十。

集释：

[1]《史记正义》：適音嫡。

[2]《史记志疑》：定八年《传》阳虎将杀季氏于蒲圃，非执之也。囚季在定五年，前此矣。

公山不狃以费畔，季氏使人召孔子。[1]孔子循道弥久，温温无所试，莫能己用，曰："盖周文武起丰镐而王，今费虽小，傥庶几乎！"[2]欲往。子路不说，止孔子。孔子曰："夫召我者岂徒哉？如用我，其为东周乎！"[3]然亦卒不行。[4]

集释：

[1]《史记志疑》：《论语》：公山弗扰以费叛，召，子欲往，子路不悦。孔安国注云："弗扰与阳货共执季桓子而召孔子。"此即定五年虎囚桓子事，盖虎囚桓子逐仲梁怀，实弗扰使之，则以费宰而谋执君主即是畔，故《论衡·问孔篇》言"公山弗扰与阳货俱叛执季桓子"也。朱子注《论语》依邢《疏》增之曰"据邑以畔"，未免欠考。而《史》尤误，毛氏奇龄《西河集》有《答施愚山问公山弗扰书》，云虎执桓子在定五年，《传》并无公山不狃共事，然实公山氏使之，则囚桓逐怀皆公山氏所为。若据邑以叛，则在定十二年。堕费时夫子已为司寇，亲命申句须、乐欣伐不狃，逐之奔齐，而仲由又身在师中，焉得有召夫子与子路不说之事。故孔安国但据定五年执桓子事，在夫子未仕以前，其于以费叛则不过以费宰畔，不必据邑。盖既执桓子，则共事亦畔，共谋亦畔，若是据邑，则一奔即奔，焉有五年至十二年尚安然在费者。《史记》以定八年蒲圃谋弑，误作定五年囚季之役，云执桓子而桓子诈之得脱，已是悖谬，乃竟造一畔费事在阳虎奔齐归宝玉大弓之后，则与五年之囚季，八年之顺祀，十二年之堕费，并相抵牾。且其时为定九年，而十年之夏夫子已作司寇，即夹谷之事，然且十年以前，先为中都宰一年，而后由司空进司寇则在定九年，夫子已仕鲁，而犹召夫子，谬矣。

[2]《史记索隐》：检《家语》及孔氏之书，并无此言，故桓谭亦以为诬也。

《史记疑问》："迁以孔子欲费与不狃为可以文、武乎？是从畔也，何妄之甚。"

[3]《史记集解》：何晏曰："兴周道于东方，故曰东周也。"

王鏊《震泽长语》曰：尝疑公山不狃之叛也，而孔子欲往。然不狃叛季氏，非叛鲁也。孔子欲往，安知其不欲因之以张公室乎？按《左传》，吴将伐鲁，叔孙辄劝之，不狃曰："非礼也。君子违不适雠国，未臣而有伐之，奔命焉，死之可也。君子不以所恶废乡，今子以小恶而欲覆宗国，不亦难乎！"及吴使不狃将，故道险由武城，其不忘故国如此。则其以费叛也，非以张公室乎？余故表而出之，以明孔子欲往之意。

[4] 苏轼曰：孔子之不助畔人，天下之所知也。畔而召孔子，其心必不在于恶矣。故孔子因其有善心而收之，使不自绝而已。弗扰之不能为东周亦明矣，然而用孔子，则有可以为东周之道，故子欲往者，以其有是道也。卒不往者，知其必不能也。

其后定公以孔子为中都宰，一年，四方皆则之。[1] 由中都宰为司空，由司空为大司寇。[2]

集释：

[1]《史记索隐》：《家语》作"西方"。王肃云："鲁国近东，故西方诸侯皆取法则焉。"

[2]《史记志疑》：此及下文两称大司寇，《公羊》定十四年《疏》云"鲁无司寇之卿，是以大夫亦名大"，恐不然。考《檀弓·王制》疏引崔灵恩云："诸侯三卿，司徒兼冢宰，司马兼宗伯，司空兼司寇。诸侯不立冢宰、宗伯、司寇之官，三卿之下则五小卿为五大夫，司徒下立二人小宰、小司徒，司空下立二人小司寇、小司空，司马下立一人为小司马。"但春秋之世，侯国多不遵三卿之制，即鲁三家之外有东门氏、臧氏、子叔氏，宣成时同在卿列，则亦俨然六卿矣。臧宣叔、武仲皆以世卿而为司寇，此岂犹是小司寇之职乎？昭、定以后臧氏替而以孔子居之，亦事理所有。《史》云大司寇者，别于小司寇之下大夫也，若司空卿，则孟孙世居之，孔子必是为小司空。《韩诗外传》八有孔子为司寇命辞，《续经》

书孔子卒亦为卿之证。毛氏《经问》十二谓“夫子由小卿司空进大司寇”，良是。（宋祝穆《事文类聚·司徒门》引《符子》有鲁侯因左邱明之言召孔子为司徒事，虽不可据，亦是小司徒也。）前贤或谓孔子为小司寇，非卿，或谓孔子为司空、司寇皆卿，并非。

定公十年春，及齐平。[1] 夏，齐大夫黎鉏言于景公曰：“鲁用孔丘，其势危齐。”乃使使告鲁为好会，会于夹谷。[2] 鲁定公且以乘车好往。孔子摄相事，曰：“臣闻有文事者必有武备，有武事者必有文备。古者诸侯出疆，必具官以从。请具左右司马。”[3] 定公曰：“诺。”具左右司马。会齐侯夹谷，为坛位，土阶三等，以会遇之礼相见，[4] 揖让而登。献酬之礼毕，齐有司趋而进曰：“请奏四方之乐。”景公曰：“诺。”于是旍旄羽袚矛戟剑拨鼓噪而至。[5] 孔子趋而进，历阶 [6] 而登，不尽一等，举袂 [7] 而言曰：“吾两君为好会，夷狄之乐何为于此！请命有司！”有司却之，不去，则左右视晏子与景公。景公心怍，麾而去之。有顷，齐有司趋而进曰：“请奏宫中之乐。”景公曰：“诺。”优倡侏儒为戏而前。孔子趋而进，历阶而登，不尽一等，曰：“匹夫而营惑 [8] 诸侯者罪当诛！请命有司！”有司加法焉，手足异处。景公惧而动，知义不若，归而大恐，告其群臣曰：“鲁以君子之道辅其君，而子独以夷狄之道教寡人，使得罪于鲁君，为之奈何？”有司进对曰：“君子有过则谢以质，[9] 小人有过则谢以文。君若悼之，则谢以质。”于是齐侯乃归所侵鲁之郓、汶阳、龟阴之田以谢过。[10]

集释：

[1]《史记索隐》：及，与也。平，成也。谓与齐和好，故云平。

《史记志疑》：《左》《穀》述此事各异，《史》合采二《传》又不同，盖夹谷之会，当世乐道之，后人侈论之，故其言殊。若《家语》，但窃二《传》《史记》以成文耳。

[2]《史记集解》：徐广曰：“司马彪云今在祝其县也。”

[3]余有丁曰：按《左传》云：孔子以公退。曰：“士兵之。”则知设左右司焉。

牛运震曰：止此一语，切合事情已足，“有武事者，必有文备”句可省。“归欤”一叹，凡两引，亦病其复。

[4]《史记集解》：王肃曰：“会遇之礼，礼之简略也。”

[5]《史记索隐》：《家语》作“莱人以兵鼓噪劫定公”。祓音弗，谓舞者所执，故《周礼》乐有《祓舞》。拨音伐，谓大楯也。

《史记琐琐》：旍与旌同，祓音拂，拨音伐，大盾也。按：《诗》“蒙伐有苑”亦作瞂，古伐拨绋声近。《檀弓》为“榆沈设拨”，谓榆木棺重难行，设绋挽之，绋绋同，古送葬执绋，此以拨为伐，亦绋声之转也。

[6]《史记索隐》：谓历阶级也。故王肃云：“历阶，登阶不聚足。”

[7]王维桢曰：举袂见事急之状，不可少此二字。

[8]《史记索隐》：谓经营而惑乱也。《家语》作“荧侮”。

[9]《史记志疑》：一本“质”作“实”，与下句对，当是也。然《公羊》定十年注作“质”。

[10]《史记集解》：服虔曰：“三田，汶阳田也。龟，山名。阴之田，得其田不得其山也。”杜预曰：“太山博县北有龟山。”

《史记索隐》：《左传》“郓、讙及龟阴之田”，则三田皆在汶阳也。

《史记正义》：郓，今郓州郓城县，在兖州龚丘县东北五十四里。故谢城在龚丘县东七十里。齐归侵鲁龟阴之田以谢鲁，鲁筑城于此，以旌孔子之功，因名谢城。

《史记志疑》：《春秋》齐归郓、讙、龟阴田，杜、服以为三邑，何休以为四邑，此以汶阳易讙，误。疑“郓”字误倒在“汶阳”上，又脱“讙”字。三田皆汶阳田也，故孔子使兹无还对齐曰：“而不反我汶阳之田，吾以共命者亦如之。”考汶阳是鲁地，僖元年以赐季友者也，不知何时为齐所取，成公时曾暂还鲁，旋夺于齐，其后遂属焉，故闵子辞宰以汶上为言耳。但定七年齐归郓矣，何烦此时复归，岂阳货之乱，又属于齐乎？

国史修撰高岱评：此段以“其势危齐”一句为纲领，观两用乐而能使景公怍且惧，则孔子之用鲁，其危齐可知矣，以故不得不归侵田以谢过。又评：三个“具”字，妆点孔子之有武备处。

定公十三年夏，孔子言于定公曰：“臣无藏甲，大夫毋百雉[1]之城。”使仲由为季氏宰，将堕三都[2]。于是叔孙氏先堕郈[3]。季氏将堕费，公山不狃、叔孙辄率费人袭鲁。公与三子[4]入于季氏之宫，登武子之台。费人攻之，弗克，入及公侧。[5]孔子命申句须、乐颀[6]下伐之，费人北。国人追之，败诸姑蔑[7]。二子奔齐，遂堕费。将堕成[8]，公敛处父[9]谓孟孙曰：“堕成，齐人必至于北门。且成，孟氏之保鄣，无成是无孟氏也。我将弗堕。”十二月，公围成，弗克。[10]

集释：

[1]《史记集解》：王肃曰：“高丈长丈曰堵，三堵曰雉。”

[2]《史记集解》：服虔曰：“三都，三家之邑也。”

《史记志疑》：余有丁云：“定公十二年堕郈堕费，《史》误以为十三年。”余说是。但考《左传》，侯犯以郈叛，公山不狃以费叛。郈、费之堕，叔季自堕之，郈、费不叛，则二氏方欲资为保障，即欲堕之，其将能乎？观围成弗克，可见已。乃《左传》述此事一若堕郈及费皆出孔子、仲由之谋，《左氏》作之，《公羊》附之，史公信之，而三言成实，岂情也哉！《家语》袭《左传》《史记》之文，谓孔子堕三都之城，并堕成邑，误甚。宋章如愚《山堂考察》有《三家堕都辨》，以为其谋非出孔子。《滹南集·五经辨惑》云：“三山林少颖，近代名儒也，其于兵莱人堕三都等，皆排之而不取，可谓卓识。”（《公羊》定十二年注又异，据《疏》当是《春秋》说也。）

[3]《史记集解》：杜预曰："东平无盐县东南郈乡亭。"

《史记正义》：《括地志》云："郈亭在郓州宿城县东三十二里。"

[4]《史记集解》：服虔曰："三子，季孙、孟孙、叔孙也。"

[5]《史记集解》：服虔曰："人有入及公之台侧。"

《史记探源》：《左传》定公十二年文同。闻之师曰："入当为矢。《说文》矢，从入。脱去下半则为人也。"《左》襄二十三年《传》"矢及君屋"，与此文同例。

[6]《史记集解》：服虔曰："申句须、乐颀，鲁大夫。"

[7]《史记集解》：杜预曰："鲁国卞县南有姑蔑城。"

《史记正义》：《括地志》云："姑蔑故城在兖州泗水县东四十五里。"按：泗水县本汉卞县地。

[8]《史记集解》：杜预曰："泰山钜平县东南有成城也。"

《史记正义》：《括地志》云："故郕城在兖州泗水县西北五十里。"

[9]《史记集解》：服虔曰："成宰也。"

[10] 苏轼曰：三桓不臣，则鲁无可治之理。孔子之用于世，其政无急于此者矣。孔子以羁旅之臣，得政期月，而能举治世之礼，以律亡国之臣，堕名都，出藏甲，而三桓不疑其害己，此必有不言而信，不怒而威者矣。孔子之圣，见于行事，至此为无疑也。

茅坤曰：孔子欲堕三都，堕郈与费矣，而成卒不能堕，以势之无可奈何也。

定公十四年，孔子年五十六，[1] 由大司寇行摄[2] 相事，[3] 有喜色。门人曰："闻君子祸至不惧，福至不喜。"孔子曰："有是言也。不曰'乐其以贵下人'乎？"于是诛鲁大夫乱政者少正卯。[4] 与闻国政三月，粥羔豚者弗饰贾；男女行者别于涂；涂不拾遗；四方之客至乎邑者不求有司，[5] 皆予之以归。[6]

集释：

[1]《史记志疑》：围成事在定公十二年冬，孔子去鲁后，此与《鲁世家》误书于十三年孔子去之前。孔子之去在十二年，《年表》《鲁世家》是，此又误书于定十四年。定十四年，孔子在卫也。余有丁曰："《年表》定十二年，孔子去鲁，而《世家》以为十四年孔子去鲁，前后矛盾。盖定公十二年孔子年五十四，由司寇摄行相事，于是堕郈堕费，三月，鲁大治。齐人惧，馈女乐以阻之，孔子遂行，正值鲁十月有事于郊之日。其围成弗克在十二月，此时孔子已去鲁矣。《史记》必误。"

[2]《史记探源》："摄行"，各本倒作"行摄"，今依《鲁世家》"摄行政"订正。"摄"，周语也，《列子》"周公摄天子之政"是也。"行"，汉语也，《汉书》"御史大夫张汤行丞相事"是也。"摄行"者，以汉语释周语，岂当跻"行"于"摄"上乎？

[3]《史记志疑》：摄相者，乃傧相会盟之事。盖孔子自相会夹谷，后遂以司寇而摄行人之职，《索隐·述赞》曰"摄相夹谷"是也，乃史公以当国为相，故于《秦纪》及吴、齐、晋、楚、魏世家，伍子胥传直书孔子相鲁，岂不误哉！鲁之相季氏尸之，孔子安得摄乎？然其误非始史公，《晏子春秋·外篇》"孔子圣相"，《荀子·宥坐》云：孔子为鲁摄相，宋薛据《孔子集语》引《尹文子》云：孔子为鲁相，《史》妄仍之，王充遂有孔子为相国之说。（见《论衡·自记》）而《经史问答》六力辨孔子以卿当国，余未敢以为然。（《韩子·外储说左》言孔子相卫，尤妄。）

[4]《史记志疑》：《史》本于《荀子·宥坐》。（《王制·疏》引《史》云"七日而诛少正卯"，《史》无"七日"二字，《疏》乃引《尹文子》也。）《孔子集语》及宋高似孙《子略》并引《尹文子》称仲尼诛少正卯，其后如《淮南·泛论》《说苑·指武》《白虎通·诛伐篇》引《韩诗内传》《论衡·讲瑞、定贤》《后书·李膺传》皆述之，然昔贤多议其妄。王若虚《五经辨惑》曰："孔子诛少正卯，事谁所传乎？其始见于荀卿之书，而《吕氏春秋》（今检无之）、《说苑》《家语》

《史记》皆载之，作《王制》者亦依仿其意，著为必杀之令。刑者不得已而后用，若乃诬其疑似，发其隐伏，而曰吾以惩奸防乱，是申、商、曹、马阴贼残忍之术也。少正卯鲁之闻人，自子贡不知其罪，就如孔子之说，何遽至于当死。乃一朝无故而尸诸朝，天下其能无议，而孔子之心安乎？卯兼五恶，借曰可除，而曰有一于人皆所不免，则世之被戮者不胜其众矣。东坡苏氏云‘此叟自知命薄，必不久在位，故及其未发去之。苟少迟疑，已为卯所图已’。夫君子不可则止，卯诚当死，自有常刑，岂如仇敌相轧，以先举为计哉！永嘉叶氏云，‘少正卯之诛，果于察奸，非先王之正刑’，窃亦以为不然。”王氏此辨甚惬。明张时彻《皇明文范》有陆瑞家《诛少正卯辨》，其上篇略曰：“昔季康子问政，孔子曰‘子为政，焉用杀’。岂有已为政未满旬日，而诛一大夫耶？卯既为闻人，亦非不可教诲者，何至绝其迁善之路，而使之身首异处耶？鲁季氏三家阳货奸雄之尤者，司寇正刑明弼，当自尤者始。尤者尚缓而不诛，诛者可疑而不缓，两观之鬼，不亦有辞于孔氏哉！不告而诛，不啻专杀大夫矣，圣人为之乎？凡此皆涉于无理，故不可信。”下篇略曰：“诛卯之言，殆始荀况也。朱元晦尝疑此以为不载于《论语》，不道于《孟子》，虽以《左氏春秋》《内外传》之诬且夸而犹不言，独荀况言之。愚谓况忍人也，惟以此为倡。当是时吾见三桓之弱鲁矣，未闻卯之夺君也。此其刑政缓急之间，一庸吏能辨之，况吾夫子哉！”长洲尤氏侗《看鉴偶评》曰：“卯既为闻人，聚徒营众，无不交结三桓之事，子何能骤诛之。朱子疑而未信。大抵诸子之说，寓言居多，如以《荀子》为真，则《庄子·盗跖篇》亦果有之耶？”《四书释地·又续》云：“少正卯之诛，朱子极辨其无，而《论语序说》犹载之，此厘革之未尽者也。”（刘书《新论·心稳篇》独信之。）

苏轼曰：孔子为鲁司寇七日而诛少正卯，或以为太速。此叟盖自知其头方命薄，必不得久在相位，故汲汲及其未去发之。使更迟疑两三日，已为少正卯所图矣。

[5]《史记集解》：王肃曰：“有司常供其职，客求而有在也。”

[6]《史记索隐》：《家语》作“皆如归”。

王应麟曰：夫子行乎季孙，三月不违，曰：“家不藏甲，邑无百雉之城。”于是堕郈、堕费，使夫子不去鲁，则成亦堕，三都皆毁，而公室强矣。然“三桓”之无君，与晋之三大夫、齐之田氏一也，“三桓”终不敢篡鲁，夫子之功也。

齐人闻而惧，曰：“孔子为政必霸，霸则吾地近焉，我之为先并矣。盍致地焉？”黎鉏曰：“请先尝沮之；沮之而不可则致地，庸迟乎！”于是选齐国中女子好者八十人，皆衣文衣而舞《康乐》[1]，文马三十驷，遗鲁君。陈女乐文马于鲁城南高门外，季桓子微服往观再三，将受，乃语鲁君为周道游，[2]往观终日，怠于政事。子路曰：“夫子可以行矣。”孔子曰：“鲁今且郊，如致膰[3]乎大夫，则吾犹可以止。”桓子卒受齐女乐，三日不听政；郊，又不致膰俎于大夫。孔子遂行，宿乎屯[4]。而师己送，曰：“夫子则非罪。”孔子曰：“吾歌可夫？”歌曰：“彼妇之口，可以出走；彼妇之谒，可以死败。[5]盖优哉游哉，维以卒岁！”[6]师己反，桓子曰：“孔子亦何言？”师己以实告。桓子喟然叹曰：“夫子罪我以群婢故也夫！”[7]

集释：

[1]《史记索隐》：《家语》作“容玑”。王肃云：“舞曲名也。”

[2]《史记索隐》：谓请鲁君为周偏道路游行，因出观齐之女乐。

[3]《史记集解》：王肃曰：“膰，祭肉。”

[4]《史记集解》：屯在鲁之南也。

《史记索隐》：地名。

[5]《史记集解》：王肃曰：“言妇人之口请谒，足以忧使人死败，故可以出走也。”

[6]《史记集解》：王肃曰：“言仕不遇也，故且优游以终岁。”

[7]《史记校》：孔子能诛齐廷之侏儒，而不能逐来鲁之女乐耶？前一事，江永驳之矣。后一事，史公序于摄相之后，则孔子为相所司何事耶？且既曰“行摄相事”，又曰“与闻国政”，亦重复而又失次第。

孔子遂适卫，主于子路妻兄颜浊邹家。[1] 卫灵公问孔子：“居鲁得禄几何？”对曰：“奉粟六万。”卫人亦致粟六万[2]。居顷之，或譖孔子于卫灵公。灵公使公孙余假一出一入。[3] 孔子恐获罪焉，居十月，去卫。

集释：

[1]《史记索隐》：孟子曰：“孔子于卫主颜雠由，弥子之妻与子路之妻，兄弟也。”今此云浊邹是子路之妻兄，所说不同。

《史记志疑》：后文《正义》“浊邹音卓聚”，盖误认为颜涿聚。涿聚夫子仕齐，于卫之浊邹何涉？浊邹即雠由，《孟子疏》言之极明。（朱子《序说》从之。）《索隐》谓此与《孟子》所说不同，其实两说无殊。雠由、浊邹，音近传别耳。《孔丛·记义》言：“雠由善事亲，后以非罪执，子路请赎焉，二三子纳金于子路。或谓孔子曰：‘受人之金以赎其私昵义乎？’子曰：‘贫取于友，非义而何。’”可为子路妻兄之证。且雠由是子路妻兄，便是弥子瑕妻兄。瑕见主其妻兄之家，遂邀孔子来主，亦非无因。而浊邹缘孔子主于家，受业为弟子，理故宜然。至涿聚是齐人，《吕子·尊师》《淮南·泛论》言其为梁父大盗，学于孔子，为齐忠臣。（《泛论》“涿”作啄，讹。）涿聚名庚，其子名晋，见《左·哀二十三、二十七年传》。《汉书·人表》毛本作颜烛邹，《绎史》本同，各本作“浊邹”。（师古曰：“即颜涿聚子也。”“子”字衍。）考《韩子·十过》有颜涿聚谏田成子游海事，《说苑·正谏》作颜烛趋。《晏子·外篇》言景公使烛邹主鸟，《韩诗外传》九作颜邓聚，（“邓”字讹，有本作“斲”。）《说苑·正谏》亦载其事，作烛雏。（《集韵》《类篇》又作浊雏，雏音聚。）并因形声相状，通借用字也。

《史记校》：颜浊邹，孟子作颜雠由，忆某书作颜浊聚，聚盖鄹之省文也。邹、鄹、郰盖一字。故恒言曰："邹鲁者，以孔子之邑冠鲁上也。不然邹既小国又孟子所生地也。何以加乎鲁？"

[2]《史记索隐》：若六万石似太多，当是六万斗，亦与汉之秩禄不同。

《史记正义》：六万小斗，计当今二千石也。周之斗升斤两皆用小也。

[3]《史记索隐》：谓以兵仗出入，以胁夫子也。

将适陈，过匡[1]，颜刻[2]为仆，以其策指之曰："昔吾入此，由彼缺也。"[3]匡人闻之，以为鲁之阳虎。阳虎尝暴匡人，匡人于是遂止孔子。[4]孔子状类阳虎，拘焉五日。[5]颜渊后[6]，子曰："吾以汝为死矣。"颜渊曰："子在，回何敢死！"[7]匡人拘孔子益急，弟子惧。孔子曰："文王既没，文不在兹乎？[8]天之将丧斯文也，后死者不得与于斯文也。[9]天之未丧斯文也，匡人其如予何！[10]"孔子使从者为宁武子臣于卫，[11]然后得去。[12]

集释：

[1]《史记正义》：故匡城在滑州匡城县西南十里。

《史记志疑》：《论语》"畏匡"无注，梁皇侃《论语义疏》本孔安国"在陈绝粮"注以为宋地名，盖据《庄子·秋水篇》"孔子游匡，宋人围之"也。但宋虽有地名承匡，（见文十一年《春秋》）而此时未至宋。孔子之宋，遇桓魋之难，不是匡人，并不闻一如宋而桓魋、匡人遭两难者。况《庄子》《释文》引司马云"宋当作'卫'"，固与《史》合，然阳货与卫又风马牛不及，焉能暴匡。若朱子《序说》谓适陈过匡，乃误删《世家》文，其实匡非陈地，过匡在适陈之先耳。毛氏奇龄《四书賸言》曰："《春秋传》公侵郑取匡，在定公六年，季氏虽在军，不得专制，凡过卫不假道，反穿城而蹦其地，其令皆出阳虎，是虎实帅师。当侵郑时，匡本郑鄙邑，必欲为晋伐取以释憾，而匡城适缺，虎与颜剋就穿垣而入之，虎之暴匡以是也。至夫子过匡，适颜剋为仆，匡遂以为虎而围之。”毛氏此解，明白可据。考《春秋》僖十五年“次于匡”，杜注“卫地，在陈留长垣县西南”。《左传》文元年“卫侵郑及匡”，杜注“在颍川新汲县东北”。二县相近，疑匡是一地而分属。何以征之？文八年《传》“晋侯使解扬归匡、戚之田于卫”，杜注“匡本卫邑，中属郑，晋令郑还卫”。则定六年取郑匡，安知非复属于郑乎？所谓疆场之邑，一彼一此，何常之有也。

[2]《史记探源》：高，各本作“刻”，误也。《弟子列传》：“颜高，字子骄。”《正义》：“孔子在卫，南子招夫子为次乘，过市，颜高为御。”《家语》：“孔子适卫，子骄为仆。灵公与夫子、南子同车出，使孔子为次乘，颜刻曰：‘夫子何耻之？’”是颜刻即颜高。高以“克”篆作亭，行近而讹作“克”，克又以声同而讹作“刻”也。知“刻”讹，非“高”讹者，骄读为“乔”，乔，高也，名高字乔，义正相应。《左》定八年《传》：“颜高之弓六钧。”当即此人。今正。

[3]《史记索隐》：谓昔所被攻缺破之处也。

《史记正义》：《琴操》云：“孔子到匡郭外，颜渊举策指匡穿垣曰：‘往与阳货正从此入。’匡人闻其言，告君曰：‘往者阳货今复来。’乃率众围孔子数日，乃和琴而歌，音曲甚哀，有暴风击军士僵仆，于是匡人有知孔子圣人，自解也。”

[4]《史记索隐》：匡，宋邑也。《家语》云匡人简子以甲士围夫子。

[5]《史记志疑》：《论语》注，包咸曰：“阳虎曾暴于匡，夫子弟子颜剋时又与虎俱行。后剋为夫子御至于匡，匡人相与共识剋，又夫子容貌与虎相似，故以兵围之。”《庄子·秋水》《释文》同。足解此《史》颜刻为仆一段不明处，(《琴操》作颜渊，非）盖不说刻与虎俱，则其事未晰也。《正义》引《琴操》略同，但《檀弓》“死而不吊者三”《疏》引《世家》云：“阳虎尝侵暴于匡，时又孔子弟子颜刻为阳虎御车。后孔子亦使御车从匡过，孔子与阳虎相似，故匡人谓孔子为阳虎，

因围，欲杀之。”非但言刻为虎御与诸说异，且与《世家》文不同，疑孔《疏》误。《疏》以微服避桓魋，嫁其词以为媚悦匡人，其妄可知。所谓匡人者，《韩诗外传》六、《说苑·杂言》《家语·困誓》称“匡简子将杀阳货，孔子似之，带甲围孔子舍”也。

[6]《史记集解》：孔安国曰：“言与孔子相失，故在后也。”

[7]《史记集解》：包氏曰：“言夫子在，己无所致死也。”

[8]《史记集解》：孔安国曰：“兹，此也。言文王虽已没，其文见在此。此，自谓其身也。”

[9]《史记集解》：孔安国曰：“文王既没，故孔子自谓后死也。言天将丧此文者，本不当使我知之；今使我知之，未欲丧之也。”

[10]《史记集解》：马融曰：“如予何犹言‘奈我何’也。天未丧此文，则我当传之，匡人欲奈我何！言不能违天以害己。”

[11]《史记探源》：武子死，宁氏灭久矣，安能复为之臣？宁武子当是孔文子之讹，犹《晋世家》魏文子实范武子之讹也。《左·哀十一年传》：“孔文子将攻太叔，访于仲尼。”则二人固同时也。

[12]《史记索隐》：《家语》“子路弹剑而歌，孔子和之，曲三终，匡人解围而去”。今此取《论语》“文王既没”之文，及从者臣宁武子然后得去。盖夫子再厄匡人，或设辞以解围，或弹剑而释难。今此合《论语》《家语》之文以为一事，故彼此文交互耳。

《史记志疑》：匡围之解，《琴操》谓因暴风击仆军士之故，固属妄谈。《韩诗外传》六、《说苑·杂言》《家语·困誓》皆谓歌终释难。而《庄子·秋水》谓匡人知非阳虎，请辞而退。《礼》《疏》引《世家》谓孔子自说解围，又各不同，未知孰实。独《史》谓从者臣宁武子，然后得去，则尤可怪。《困学纪闻》十一引胡致堂曰：“穆公末，武子之子相，已与孙良夫将兵侵齐，武子非老则卒矣。穆公卒，历定公、献公（阎注宁氏灭于献公手）。凡三十七年，至灵公三十八年而孔子来。使有两武子则可，若犹俞也，其年当百有五十六矣，何子长之疏也。”毛氏奇龄《四书索解》曰：“武子仕卫在僖公年，历文、宣、成、襄、昭五公，而后至定之十二年。是在宁武时，孔子未生，在孔子畏匡时，则宁氏族灭已久，期间相去实百五六十年，而谓为其臣解难，直笑话也。”

去即过蒲[1]。月余，反乎卫，主蘧伯玉家。灵公夫人有南子者，使人谓孔子曰：“四方之君子不辱欲与寡君为兄弟者，必见寡小君。寡小君愿见。”孔子辞谢，不得已而见之。夫人在絺帷[2]中。孔子入门，北面稽首。夫人自帷中再拜，环珮玉声璆[3]然。孔子曰：“吾乡为弗见，见之礼答焉。”[4]子路不说。孔子矢之曰：“予所不者，天厌之！天厌之！”[5]居卫月余，灵公与夫人同车，宦者雍渠参乘，出，使孔子为次乘，招摇市过之。[6]孔子曰：“吾未见好德如好色者也。”[7]于是丑之，去卫，过曹。是岁，鲁定公卒。

集释：

[1]《史记集解》：徐广曰：“长垣县有匡城、蒲乡。”

《史记正义》：《括地志》云：“故蒲城在滑州匡城县北十五里。匡城本汉长垣县。”

[2]《史记琐琐》：按絺帷，今之纱帐，细绘曰絺。凡布帛希薄皆称絺，不独葛耳。《书》“黼黻絺绣”，《诗》“蒙被绉絺”，皆薄纱也。解者谓葛，葛不可绣，亦复不绉。

[3]《史记正义》：璆音虬。

[4]《史记索隐》：上“见”如字。下“见”音贤遍反，去声。言我不为相见之礼现而答之。

[5]《史记集解》：蔡谟曰：“矢，陈也。夫子为子路陈天命也。”

杨慎曰：子矢之辞，亦甚昭矣。而后世王符、刘子玄犹有异说。虽朱子谓“矢”

为誓，“否”谓不合理、不由道，亦浅之乎观圣贤矣。孔鲋云：“古者大享，夫人与焉，于时犹有行之者。意卫君夫人享夫子，则夫子亦弗获已矣。”栾肇曰：“见南子者，时不获也，犹文王之居羑里也。天厌之者，言我之否屈乃天命所厌也。”合二说而观之，则“矢”者直告之，非“誓”也。否，音否塞之“否”。古者仕于其国，则见其小君。子路意以孔子既不仕卫矣，而又见其小君，是求仕。“不说”者，不说夫子之仕，非不说夫子之见也。子直告之曰：“予道之不行，其否屈乃天弃绝也。天之所弃，岂南子所能兴，而吾道赖之行哉。见之者，不过答其礼耳。”如此，则圣贤之心始白，而王符之徒亦无所吠其声矣。

[6]《史记集解》：徐广曰：“招摇，翱翔也。”《史记索隐》：《家语》作“游过市”。

《史记志疑》：《示儿编》曰：“圣人方以季桓子受女乐而去鲁，适卫而又为灵公南子骖乘。不知子长何所本而云然？”《史记疑问》曰：“欲通齐景，不耻家臣。欲媚夫人，帷中交拜，且使为次乘，俨同宦寺之流，过市招摇，不顾辱身之丑，小人之所不为也。而谓孔子为之乎？马迁诬圣，罪在难宽。”余谓《吕氏春秋·贵因篇》言孔子道弥子瑕见釐夫人，同妄也。

[7]《史记集解》：何晏曰：“疾时薄于德，厚于色，故发此言也。”李充曰：“使好德如好色，则弃邪而反正矣。”

孔子去曹适宋，[1]与弟子习礼大树下。宋司马桓魋欲杀孔子，拔其树。孔子去。弟子曰：“可以速矣。”孔子曰：“天生德于予，桓魋其如予何！”[2]

集释：

[1]《史记集解》：徐广曰：“年表定公十三年，孔子至卫；十四年，至陈；哀公三年，孔子过宋。”

[2]《史记集解》：包氏曰：“天生德者，谓授以圣性，德合天地，吉无不利，

故曰其如予何。”

李梦阳曰：我不为祸端，而或祸我也，此无妄之灾也，若孔子厄宋魋。

孔子适郑，与弟子相失，孔子独立郭东门。[1] 郑人或谓子贡曰[2]：“东门有人，其颡似尧，[3] 其项类皋陶，其肩类子产，然自要以下不及禹三寸。累累若丧家之狗。”[4] 子贡以实告孔子。孔子欣然笑曰：“形状，末也。[5] 而谓似丧家之狗，然哉！然哉！”[6]

集释：

[1]《史记志疑》：《韩诗外传》九说此事颇详别，未知何所本？《白虎通·寿命》《论衡·骨相》皆仍《史》。

[2]《史记索隐》：《家语》姑布子卿谓子贡曰。

[3]《史记索隐》：《家语》云：“河目而隆颡，其颡似尧。”

[4]《史记集解》：王肃曰：“丧家之狗，主人哀荒，不见饮食，故累然而不得意。孔子生于乱世，道不得行，故累然不得志之貌也。《韩诗外传》曰‘丧家之狗，既敛而椁，有席而祭，顾望无人’也。”

[5]《史记志疑》：《白虎通》《论衡》《家语》“末”皆作“未”，《史诠》谓字之讹。

[6]《史记校》：周庙有尧舜之象、桀纣之容，而郑人之目孔子也，亦以似尧、似皋陶、似子产及禹，非所习见，何由知之？可知当时所画，皆古人备法戒也。即后世图《豳风》《无逸》，皆其遗法，且如画周公负成王，则必有朝堂百官及礼器，是色色皆工而后能为之。

孔子遂至陈，主于司城贞子家。岁余，吴王夫差伐陈，取三邑而去。[1] 赵鞅伐朝歌。楚围蔡，蔡迁于吴。[2] 吴败越王勾践会稽。[3]

集释：

[1]《史记志疑》：吴无取三邑而去事。哀元年《传》及《年表》可证，说见《陈世家》。

[2]《史记志疑》："蔡"下缺"请"字。

[3] 邓以瓒曰：前胥节事当在此下，不然，入此吴败越无谓矣，且吴未尝再堕会稽也。

有隼集于陈廷而死，楛矢贯之，石砮，矢长尺有咫。[1] 陈湣公 [2] 使使问仲尼。仲尼曰："隼来远矣，此肃慎之矢也。[3] 昔武王克商，通道九夷百蛮，[4] 使各以其方贿来贡，[5] 使无忘职业。于是肃慎贡楛矢石砮，长尺有咫。先王欲昭其令德，以肃慎矢分大姬 [6]，配虞胡公而封诸陈。分同姓以珍玉，展亲；[7] 分异姓以远方职，使无忘服。[8] 故分陈以肃慎矢。"试求之故府 [9]，果得之。[10]

集释：

[1]《史记集解》：韦昭曰："隼，鸷鸟，今之鹗也。楛，木名。砮，镞也，以石为之。八寸曰咫。楛矢贯之，坠而死。"

《史记正义》：隼音笋。《毛诗义疏》："鹞，齐人谓之击征，或谓之题肩，或曰省雁，春化为布谷。此属数种皆为隼。"

[2]《史记索隐》：《家语》《国语》皆作"陈惠公"，非也。按：惠公以鲁昭元年立，定四年卒。又按系家，湣公（十）六年孔子适陈，十三年亦在陈，则此湣公为是。

[3]《史记正义》：《肃慎国记》云："肃慎，其地在夫馀国东北，（河）[可]六十日行。其弓四尺，强劲弩射四百步，今之靺鞨国方有此矢。"

[4]《史记集解》：王肃曰："九夷，东方夷有九种也。百蛮，夷狄之百种。"

[5]《史记集解》：王肃曰："各以其方面所有之财贿而来贡。"

[6]《史记集解》：韦昭曰："大姬，武王元女也。"

[7]《史记集解》：韦昭曰："展，重也。玉谓若夏后氏之璜。"

[8]《史记集解》：王肃曰："使无忘服从于王也。"

[9]《史记集解》：韦昭曰："故府，旧府也。"

[10]邵宝曰：吾以是知孔子之未尝为陈侯周臣也，使诚为臣者，隼之问，曷为不于廷而使使即其所主乎？又曷为其不召乎？太史公不曰仕陈而曰居陈三岁，其不为陈臣也，明矣。

邵泰衢曰：子不语怪，吾闻之矣，博学多闻，非羵羊、罔象、防风、肃慎之谓也，以此多圣，诚不若太宰矣！立极之圣，岂若张华之知诡物，东方朔滑稽逢君者流哉，此事《家语》亦载之，汉儒之伪也。

孔子居陈三岁，会晋楚争强，更伐陈，[1]及吴侵陈，陈常被寇。孔子曰："归与归与！吾党之小子狂简，进取不忘其初。"[2]于是孔子去陈。

集释：

[1]《史记志疑》：时为定公十五年，哀元、二年无晋、楚伐陈事，即三岁前后亦未尝伐陈，此妄也。

[2]《史记志疑》：后文亦载归乎云云，此出《孟子》，后见《论语》，其实皆一时之言，但辞少异耳。《朱子序说》《滹南辨惑》俱从《索隐》，以为《史记》之失。《四书释地续》曰"孔子在陈凡二次，（一居于定公十五年，哀公元年、二年，一居于哀公二年、三年、四年）《世家》并载有归于之辞，哀公三年载者得之，盖兴起于鲁之召冉求，于情事为得"。《四书賸言》曰"大抵夫子之叹，在第二次适陈之际"。

过蒲，会公叔氏以蒲畔，蒲人止孔子。弟子有公良孺者，以私车五乘从孔子。

其为人长贤，有勇力，谓曰："吾昔从夫子遇难于匡，今又遇难于此，命也已。吾与夫子再罹难，宁斗而死。"斗甚疾。蒲人惧，[1]谓孔子曰："苟毋适卫，吾出子。"与之盟，出孔子东门。孔子遂适卫。子贡曰："盟可负邪？"孔子曰："要盟也，神不听。"

集释：

[1]《史记索隐》：《家语》云"我宁斗死，挺剑而合众，将与之战，蒲人惧"是也。

卫灵公闻孔子来，喜，郊迎。问曰："蒲可伐乎？"对曰："可。"灵公曰："吾大夫以为不可。今清，卫之所以待晋楚也，[1]以卫伐之，无乃不可乎？"孔子曰："其男子有死之志，[2]妇人有保西河之志。[3]吾所伐者不过四五人。"[4]灵公曰："善。"然不伐蒲。

集释：

[1]《史记正义》：卫在濮州，蒲在滑州，在卫西也。韩魏及楚从西向东伐，先在蒲，后及卫。

[2]《史记集解》：王肃曰："公叔氏欲以蒲适他国，而男子欲死之，不乐适他。"

[3]《史记集解》：王肃曰："妇人恐惧，欲保西河，无战意也。"

《史记索隐》：此西河在卫地，非魏之西河也。

[4]《史记集解》：王肃曰："本与公叔同畔者。"

灵公老，怠于政，不用孔子。孔子喟然叹曰："苟有用我者，期月而已，三年有成。"[1]孔子行。

集释：

[1]《史记集解》：孔安国曰："言诚有用我于政事者，期年而可以行其政教，必三年乃有成也。"

佛肸为中牟宰。[1] 赵简子攻范、中行，伐中牟。佛肸畔，使人召孔子。孔子欲往。子路曰："由闻诸夫子，'其身亲为不善者，君子不入也'[2]。今佛肸亲以中牟畔，子欲往，如之何？"孔子曰："有是言也。不曰坚乎，磨而不磷；不曰白乎，涅而不淄。[3] 我岂匏瓜也哉，焉能系而不食？[4]"

集释：

[1]《史记集解》：孔安国曰："晋大夫赵简子之邑宰。"

《史记索隐》：此河北之中牟，盖在汉阳西。

[2]《史记集解》：孔安国曰："不入其国。"

[3]《史记集解》：孔安国曰："磷，薄也。涅，可以染皂者也。言至坚者磨之而不薄，至白者染之于涅中而不黑，君子虽在浊乱，不能污也。"

[4]《史记集解》：何晏曰："言匏瓜得系一处者，不食故也。吾自食物当东西南北，不得如不食之物系滞一处。"

孔子击磬。有荷蒉[1] 而过门者，曰："有心哉，击磬乎！硁硁[2] 乎，莫己知也夫而已矣！"

集释：

[1]《史记集解》：何晏曰："蒉，草器也。有心谓契契然也。"

[2]《史记集解》：何晏曰："此硁硁，信己而已，言亦无益也。"

孔子学鼓琴师襄子，[1]十日不进。师襄子曰："可以益矣。"孔子曰："丘已习其曲矣，未得其数也。"有间，曰："已习其数，可以益矣。"孔子曰："丘未得其志也。"有间，曰："已习其志，可以益矣。"孔子曰："丘未得其为人也。"有间，有所穆然深思焉，有所怡然高望而远志焉。曰："丘得其为人，黯[2]然而黑，几然而长，[3]眼如望羊，[4]如[5]王四国，非文王其谁能为此也！"师襄子辟席再拜，曰："师盖云文王操也。"[6]

集释：

[1]《史记索隐》：《家语》师襄子曰："吾虽以击磬为官，然能于琴。"盖师襄子鲁人，《论语》谓之"击磬襄"是也。

《史记志疑》：《索隐》据《家语·辨乐》以师襄子即《论语》"击磬襄"，（《索隐》误作"击鼓"）而《家语》本于《韩诗外传》五，元无击磬为官之言，盖王肃妄增耳。《淮南·主术》"师襄"注"鲁乐太师"，此高诱之误，肃岂仍其说欤？《四书释地又续》云"孔子在卫年五十九时，学鼓琴师襄子，与《论语》曰襄者自别一人。《论语》之襄乃鲁伶官，以击磬为职，当未入海前，岂容抽身至卫，俾孔子从之学乎？注本《家语》非，然则高诱、王肃以二襄同名，合为一人，殊谬。《索隐》妄引为征，朱子《集注》亦误从之也"。余疑师襄子必《列子·汤问篇》之师襄。（邹衍一语犹上文夏革对汤称师旷，记事者润益之。）《汉书·人表》二襄判列为两人。但孔子不应五十九始学琴，余有丁引《历聘纪年》记孔子二十九岁适卫学琴，亦无据。（《文选·七发》"师堂操畅"李善注引《韩诗外传》作"师堂子京"，堂襄音近，子京其字。《初学记》十六云《韩诗》为"师堂子"。）

[2]《史记集解》：王肃曰："黯，黑貌。"

[3]《史记集解》：徐广曰："《诗》云'颀而长兮'。"

《史记索隐》："几"与注"颀"，并音祈，《家语》无此四字。

[4]《史记集解》：王肃曰："望羊，望羊视也。"

《史记索隐》：王肃云："望羊，望羊视也。"

《史记琐琐》：视也。按：望羊，犹望洋，远视貌。

[5]《史记志疑》：一本"如"上有"心"字。

[6]《韩诗外传》载：师襄子曰："敢问何以知其文王之操也？"孔子曰："然。夫仁者好伟，和者好粉，知者好弹，有殷勤之者好丽，丘是以知文王之操也。"

孔子既不得用于卫，将西见赵简子。至于河而闻窦鸣犊、舜华[1]之死也，临河而叹曰："美哉水，洋洋乎！丘之不济此，命也夫！"子贡趋而进曰："敢问何谓也？"孔子曰："窦鸣犊、舜华，晋国之贤大夫也。赵简子[2]未得志之时，须此两人而后从政；及其已得志，杀之乃从政。丘闻之也，刳胎杀夭则麒麟不至郊，竭泽涸渔则蛟龙[3]不合阴阳，覆巢毁卵则凤皇不翔。何则？君子讳伤其类也。夫鸟兽之于不义也尚知辟之，而况乎丘哉！"乃还息乎陬乡，作为《陬操》[4]以哀之。而反乎卫，入主蘧伯玉家。

集释：

[1]《史记集解》：徐广曰："或作'鸣铎窦犨'，又作'窦犨鸣犊、舜华也'。"

《史记索隐》：《家语》云"闻赵简子杀窦犨鸣犊及舜华"，《国语》云"鸣铎窦犨"，则窦犨字鸣犊，声转字异，或作"鸣铎"。庆华当作"舜华"，诸说皆同。

《史记志疑》：窦其姓，鸣犊其字，而其名曰犨，以为二人者误。别详余所著《人表考》。

[2]《史记志疑》：《史诠》曰当作"赵孟"。

[3]《史记索隐》：有角曰蛟龙。龙能兴云致雨，调和阴阳之气。

[4]《史记集解》：王肃曰："陬操，琴曲名也。"

《史记索隐》：此陬乡非鲁之陬邑。《家语》云作"槃操"也。

《史记志疑》：《家语》作"槃操"，殆取"考槃"之义欤？

他日，灵公问兵陈[1]。孔子曰："俎豆之事则尝闻之，军旅之事未之学也。"[2]明日，与孔子语，见蜚雁，仰视之，色不在孔子。孔子遂行，[3]复如陈。

集释：

[1]《史记集解》：孔安国曰："军陈行列之法。"

[2]《史记集解》：郑玄曰："万二千人为军，五百人为旅。军旅末事，本未立不可教以末也。"

[3]《史记索隐》：此鲁哀二年也。

夏，卫灵公卒，立孙辄，是为卫出公。六月，赵鞅内太子蒯聩于戚。阳虎使太子绕，八人衰绖，伪自卫迎者，哭而入，遂居焉。冬，蔡迁于州来。是岁鲁哀公三年，而孔子年六十矣。[1]齐助卫围戚，以卫太子蒯聩在故也。[2]

集释：

[1]《史记志疑》：蔡迁州来之岁，孔子年五十九，哀公二年也，此误，"是岁"当作"明岁"。

[2]《史记探源》：《春秋》"蔡迁于州来"以上，皆在哀公二年。"齐助卫围戚"以下，乃在三年。此文"是岁"以上有阙文，本不谓一年之事，故上文已言冬，下文复云夏、秋也。

夏，鲁桓釐庙燔，南宫敬叔救火。孔子在陈，闻之，曰："灾必于桓釐庙乎？"[1]已而果然。[2]

集释：

[1]《史记集解》：服虔曰："桓釐当毁，而鲁事非礼之庙，故孔子闻有火灾，

知其加桓僖也。”

[2]《说苑》载：孔子与齐景公坐。左右白曰：“周使来，言周庙燔。”齐景公出，问曰：“何庙也？”孔子曰：“是釐王庙也。”景公曰：“何以知之？”孔子曰：“《诗》云：‘皇皇上帝，其命不忒。天之与人，必报有德。’祸亦如之。夫釐王变文、武之制而作玄黄，宫室舆马奢侈，不可振也。故天殃其庙。是以知之。”景公曰：“天何不殃其身？”曰：“天以文王之故也。若殃其身，文王之祀无乃绝乎？故殃其庙，以章其过也。”左右入报曰：“周釐王庙也。”景公大惊，起，再拜曰：“善哉！圣人之智，岂不大乎！”

秋，季桓子病，辇而见鲁城，喟然叹曰：“昔此国几兴矣，以吾获罪于孔子，故不兴也。”顾谓其嗣康子曰：“我即死，若必相鲁；[1]相鲁，必召仲尼。”后数日，桓子卒，康子代立。已葬，欲召仲尼。公之鱼曰：“昔吾先君用之不终，终为诸侯笑。今又用之，不能终，是再为诸侯笑。”康子曰：“则谁召而可？”曰：“必召冉求。”于是使使召冉求。冉求将行，孔子曰：“鲁人召求，非小用之，将大用之也。”是日，孔子曰：“归乎归乎！[2]吾党之小子狂简，斐然成章，吾不知所以裁之。”[3]子赣知孔子思归，送冉求，因诫曰“即用，以孔子为招”云。

集释：

[1]《史记志疑》：《哀公三年传》季桓子命正常语，则相鲁之言非其实也，岂桓子逆知南氏生男必不得立乎？

[2]《史记索隐》：此系家再有“归与”之辞者，前辞出《孟子》，此辞见《论语》，盖止是一称“归与”，二书各记之，今前后再引，亦失之也。

[3]《史记集解》：孔安国曰：“简，大也。孔子在陈思归欲去，曰：‘吾党之小子狂者进取于大道，妄穿凿以成章，不知所以裁制，当归以裁耳。’”

冉求既去，明年，孔子自陈迁于蔡。蔡昭公[1]将如吴[2]，吴召之也。前昭公欺其臣迁州来，后将往，大夫惧复迁，公孙翩射杀昭公。[3]楚侵蔡。秋，齐景公卒。[4]

集释：

[1]《史记志疑》：此及下两“昭公”皆当作“昭侯”。

[2]《史记探源》：《春秋》“盗杀蔡侯申”在哀公四年，“齐侯杵臼卒”在五年，则中亦有阙文也。

[3]《史记集解》：徐广曰：“哀公四年也。”

[4]《史记集解》：徐广曰：“哀公五年也。”

明年，[1]孔子自蔡如叶。[2]叶公问政，孔子曰：“政在来远附迩。”他日，叶公问孔子于子路，子路不对。[3]孔子闻之，曰：“由，尔何不对曰‘其为人也，学道不倦，诲人不厌，发愤忘食，乐以忘忧，不知老之将至’云尔。”

集释：

[1]《史记志疑》：“明年”当书于“秋”字之上，盖哀公五年事，误在四年也。又考《春秋》及《史》是时无楚侵蔡事。

[2]《史记志疑》：孔子至卫凡五：去鲁司寇适卫，一也；将适陈过匡蒲而反乎卫，二也；过曹而宋而郑而陈仍适卫，三也；将西见赵简子未渡河而反卫，四也；如陈而蔡而叶复如蔡，将至楚而不果仍反乎卫，五也。金履祥谓至叶即是至楚，《史记》于在卫之事，叶、蔡之事，皆重出而不考，则不然。史公亲见古文家语，故能年经月纬，自少至老，历历如是，不可以意论也。《战国·燕策》苏代曰“阳货之难，孔子逃于卫”而虎难在定八年，岂孔子未用于鲁之前已曾至卫耶？游士之言，恐未足信。

[3]《史记集解》：孔安国曰：“叶公名诸梁，楚大夫，食菜于叶，僭称公。不对，未知所以对也。”

去叶，反于蔡。长沮、桀溺耦而耕，孔子以为隐者，使子路问津焉。[1]长沮曰：“彼执舆者为谁？”子路曰：“为孔丘。”曰：“是鲁孔丘与？”曰：“然。”曰：“是知津矣。”[2]桀溺谓子路曰：“子为谁？”曰：“为仲由。”彐：“子，孔丘之徒与？”曰：“然。”桀溺曰：“悠悠者天下皆是也，而谁以易之？[3]且与其从辟人之士，岂若从辟世之士哉！”[4]耰而不辍。[5]子路以告孔子，孔子怃然[6]曰：“鸟兽不可与同群[7]。天下有道，丘不与易也。[8]”

集释：

[1]《史记集解》：郑玄曰：“耜广五寸，二耜为耦。津，济渡处也。”

《史记正义》：《括地志》云：“黄城山俗名菜山，在许州叶县西南二十五里。《圣贤冢墓记》云黄城山即长沮、桀溺所耕处。下有东流，则子路问津处也。”

[2]《史记集解》：马融曰：“言数周流，自知津处。”

[3]《史记集解》：孔安国曰：“悠悠者，周流之貌也。言当今天下治乱同，空舍此适彼，故曰‘谁以易之’。”

[4]《史记集解》：何晏曰：“士有辟人之法，有辟世之法。长沮、桀溺谓孔子为士，从辟人之法者也；己之为士，则从辟世之法也。”

[5]《史记集解》：郑玄曰：“耰，覆种也。辍，止也。覆种不止，不以津告也。”

[6]《史记集解》：何晏曰：“为其不达己意而非己。”

[7]《史记集解》：孔安国曰：“隐于山林是同群。”

[8]《史记集解》：何晏曰：“凡天下有道者，丘皆不与易也，己大而人小故也。”

他日，子路行，遇荷蓧丈人，[1]曰："子见夫子乎？"丈人曰："四体不勤，五谷不分，孰为夫子！"[2]植其杖而芸。[3]子路以告，孔子曰："隐者也。"复往，则亡。[4]

集释：

[1]《史记集解》：包氏曰："丈人，老者。蓧，草器名也。"

[2]《史记集解》：包氏曰："丈人曰不勤劳四体，分植五谷，谁为夫子而索也。"

[3]《史记集解》：孔安国曰："植，倚也。除草曰芸。"

[4]《史记集解》：孔安国曰："子路反至其家，丈人出行不在。"

孔子迁于蔡三岁，吴伐陈。楚救陈，[1]军于城父。闻孔子在陈蔡之间，楚使人聘孔子。孔子将往拜礼，陈蔡大夫谋曰："孔子贤者，所刺讥皆中诸侯之疾。今者久留陈蔡之间，诸大夫所设行皆非仲尼之意。今楚，大国也，来聘孔子。孔子用于楚，则陈蔡用事大夫危矣。"于是乃相与发徒役围孔子于野。不得行，绝粮。[2]从者病，莫能兴[3]。孔子讲诵弦歌不衰。子路愠见曰："君子亦有穷乎？"孔子曰："君子固穷，小人穷斯滥矣。"[4]

集释：

[1]《史记集解》：徐广曰："哀公四年也。"

《史记探源》：孔子自哀公四年迁于蔡，则此为六年也，下有明文。《集解》徐广亦当云"六年"，今作"四年"，后人所误也。不然，岂上已云五年，此转谓四年耶？

[2]《史记志疑》：朱子《序说》云"是时陈、蔡臣服于楚，若楚王来聘孔子，陈、蔡大夫安敢围之。据《论语》绝粮当在去卫如陈之时"。（谓蔡服楚微有不合。）《经

史问答》云：当时楚与陈睦，而蔡全属吴，迁于州来，与陈远。且陈事楚蔡事吴，则仇国矣，安得二国之大夫合谋乎？且哀公六年（各本徐广注讹以哀公六年为“四年”），吴志在灭陈，楚昭至誓死以救之，陈之仗楚何如，感楚何如，而敢围其所用之人乎？乃知陈、蔡兵围之说，盖《史记》之妄，而绝粮则以陈之被兵，孔注可信。（孔安国《论语注》谓绝粮乃孔子初次适陈时事。）然则楚昭之聘，亦为虚语。（说在后。）而孔子厄于陈、蔡，孟子以为无上下之交，必去之惟恐不及，所云可速则速也。乃自定十五年至哀六年，徘徊陈、蔡，一至再至，毋乃非危邦不入、乱邦不居之义乎？未识当时情事若何，参考无由，深所难晓。（江氏永谓绝粮当在哀四年孔子自陈如蔡时，指故地上蔡言之，与迁于州来之蔡无涉，非也。）

[3]《史记集解》：孔安国曰：“兴，起也。”

[4]《史记集解》：何晏曰：“滥，溢也。君子固亦有穷时，但不如小人穷则滥溢为非。”

子贡色作。孔子曰：“赐，尔以予为多学而识之者与？”曰：“然[1]。非与？[2]”孔子曰：“非也。予一以贯之。”[3]

集释：

[1]《史记集解》：孔安国曰：“然谓多学而识之。”

[2]《史记集解》：孔安国曰：“问今不然耶。”

[3]《史记集解》：何晏曰：“善有元，事有会，天下殊涂而同归，百虑而一致。知其元则众善举也，故不待学，以一知之。”

孔子知弟子有愠心，乃召子路而问曰：“《诗》云‘匪兕匪虎，率彼旷野’[1]。吾道非邪？吾何为于此？”子路曰：“意者吾未仁邪？人之不我信也。[2]意者吾未知邪？人之不我行也。”[3]孔子曰：“有是乎！由，譬使仁者而必信，安有伯夷、叔齐？[4]使知者而必行，安有王子比干？[5]”

集释：

[1]《史记集解》：王肃曰：“率，循也。言非兕虎而循旷野也。”

[2]《史记集解》：王肃曰：“言人不信吾，岂以未仁故乎？”

[3]《史记集解》：王肃曰：“言人不使通行而困穷者，岂以吾未智乎？”

[4]《史记正义》：言仁者必使四方信之，安有伯夷、叔齐饿死乎？

[5]《史记正义》：言智者必使处事通行，安有王子比干剖心哉？

子路出，子贡入见。孔子曰：“赐，《诗》云‘匪兕匪虎，率彼旷野’。吾道非邪？吾何为于此？”子贡曰：“夫子之道至大也，故天下莫能容夫子。夫子盖[1]少贬焉？”孔子曰：“赐，良农能稼而不能为穑，[2]良工能巧而不能为顺。[3]君子能修其道，纲而纪之，统而理之，而不能为容。今尔不修尔道而求为容。赐，而志不远矣！”

集释：

[1]《史记志疑》：《史诠》谓“盖”乃“盍”字之讹，是也。《家语·在厄》作“盍”。

[2]《史记集解》：王肃曰：“种之为稼，敛之为穑。言良农能善种之，未必能敛获之。”

[3]《史记集解》：王肃曰：“言良工能巧而已，不能每顺人之意。”

子贡出，颜回入见。孔子曰：“回，《诗》云‘匪兕匪虎，率彼旷野’。吾道非邪？吾何为于此？”颜回曰：“夫子之道至大，故天下莫能容。虽然，夫子推而行之，不容何病，不容然后见君子！夫道之不修也，是吾丑也。夫道既已大修而不用，是有国者之丑也。不容何病，不容然后见君子！”孔子欣然而笑曰：“有是哉颜氏之子！使尔多财，吾为尔宰。”[1]

集释：

[1]《史记集解》：王肃曰：“宰，主财者也。为汝主财，言志之同也。”

于是使子贡至楚。楚昭王兴师迎孔子，然后得免。

昭王将以书社地七百里[1]封孔子。楚令尹子西曰：“王之使使诸侯有如子贡者乎？”曰：“无有。”“王之辅相有如颜回者乎？”[2]曰：“无有。”“王之将率有如子路者乎？”曰：“无有。”“王之官尹有如宰予者乎？”曰：“无有。”“且楚之祖封于周，号为子男五十里。今孔丘述三五之法[3]，明周召之业，王若用之，则楚安得世世堂堂方数千里乎？夫文王在丰，武王在镐，百里之君卒王天下。今孔丘得据土壤，贤弟子为佐，非楚之福也。”昭王乃止。其秋，楚昭王卒于城父。

集释：

[1]《史记集解》：服虔曰：“书，籍也。”

《史记索隐》：古者二十五家为里，里则各立社，则书社者，书其社之人名于籍。盖以七百里书社之人封孔子也，故下冉求云“虽累千社而夫子不利”是也。

《史记志疑》：《经史问答》曰：“是时楚昭在陈，何必使子贡如楚。而楚果迎孔子，信宿可至，孔子何以终不得一见楚昭，（《古史》谓孔子曾见昭王，无据）而其所迎之兵，中道而闻子西之沮，又竟弃孔子而去，皆情理之必无者。且楚昭旋卒于陈，则孔子又尝入楚乎？”朱子《序说》曰“书社地七百里，恐无此理”。司马氏《史剡》曰：“子西楚之贤令尹也，楚国赖之亡而复存，其言岂容鄙浅如是哉？”余合考之，知孔子未尝入楚，但至叶耳，而子西未尝沮孔子。昭王未尝迎孔子欲封之，并未尝聘孔子。夫昭王军于城父，方师旅不遑，何暇修礼贤之事。子西即嫉娼，何不沮于征聘之时，而乃沮于议封之日，益足见此段之全虚矣。前哲历辨其诬，皆确不可易。又《朱子语录》云："昭王之招无此事，邹、鲁闲陋儒尊孔子之意如此。"

[2] 余有丁曰："按此时，颜子尚从在楚，无恙也。或谓颜子卒于哀公六年，非也。"

[3]《史记志疑》：《文选》班固《东都赋》"事勤乎三、五"，刘琨《劝进表》"三、五以降"，王融《曲水诗序》"迈三、五而不追"，袁宏《三国名臣序赞》"三、五迭隆"，及李康《运命论》"仲尼见忌于子西"李善注并引《史》作"三、五之法"，则今本讹也。

楚狂接舆歌而过孔子，[1] 曰："凤兮凤兮，何德之衰！[2] 往者不可谏兮，[3] 来者犹可追也！[4] 已而已而，今之从政者殆而！"[5] 孔子下 [6]，欲与之言。趋而去，弗得与之言。

集释：

[1]《史记集解》：孔安国曰："接舆，楚人也。佯狂而来歌，欲以感切孔子也。"

[2]《史记集解》：孔安国曰："比孔子于凤鸟，待圣君乃见。非孔子周行求合，故曰'衰'也。"

[3]《史记集解》：孔安国曰："已往所行，不可复谏止也。"

[4]《史记集解》：孔安国曰："自今已来，可追自止，避乱隐居。"

[5]《史记集解》：孔安国曰："言'已而'者，言世乱已甚，不可复治也。再言之者，伤之深也。"

[6]《史记集解》：包氏曰："下，下车也。"

于是孔子自楚反乎卫。是岁也，孔子年六十三，而鲁哀公六年也。

其明年[1]，吴与鲁会缯，征百牢。[2]太宰嚭召季康子。康子使子贡往，然后得已。

集释：

[1]《史记探源》：会缯在哀公七年。战于郎，《左传》作"战于郊"，未知孰是。事在哀公十一年，则不得谓明年也。中亦有阙文。

[2]《史记索隐》：此哀七年时也。百牢，牢具一百也。周礼上公九牢，侯伯七牢，子男五牢。今吴征百牢，夷不识礼故也。子贡对以周礼，而后吴亡是征也。

《史记正义》：《括地志》云："故鄫城在沂州承县。《地理志》云缯县属东海郡也。"

孔子曰："鲁卫之政，兄弟也。"[1]是时，卫君辄父不得立，在外，诸侯数以为让。而孔子弟子多仕于卫，卫君欲得孔子为政。子路曰："卫君待子而为政，子将奚先？"[2]孔子曰："必也正名乎！"[3]子路曰："有是哉，子之迂[4]也！何其正也？"孔子曰："野[5]哉由也！夫名不正则言不顺，言不顺则事不成，事不成则礼乐不兴，礼乐不兴则刑罚不中，[6]刑罚不中则民无所错手足矣。夫君子为之必可名，言之必可行。[7]君子于其言，无所苟而已矣。"[8]

集释：

[1]《史记集解》：包氏曰："周公、康叔既为兄弟，康叔睦于周公，其国之政亦如兄弟也。"

[2]《史记集解》：包氏曰："问往将何所先行。"

《史记志疑》：《论语》有冉有、子贡以夷齐问孔子事。《古史》曰："前此三年，（当作‘四年’，其时为哀七年）季康子召冉有矣。后此五年冉有为鲁帅师败齐于清矣。今冉有在卫，岂自鲁来见孔子欤？哀公七年，子贡在鲁为季氏说吴太宰嚭，岂今岁自卫反鲁欤？子路与冉有同为季氏家臣，既而仕卫孔氏以死，岂与孔子皆归于鲁复自鲁仕卫欤？传记脱略，无所考证矣。”

[3]《史记集解》：马融曰：“正百事之名也。”

[4]《史记集解》：包氏曰：“迂犹远也。言孔子之言远于事也。”

[5]《史记集解》：孔安国曰：“野，不达也。”

[6]《史记集解》：孔安国曰：“礼以安上，乐以移风。二者不行，则有淫刑滥罚也。”

[7]《史记集解》：王肃曰：“所名之事，必可得明言；所言之事，必可得遵行者。”

[8]王阳明曰：岂有一人致敬尽礼，待我而为政，我就先去废他？岂人情天理？孔子既肯与辄为政，必已是他能倾心委国而听。圣人盛德至诚，必已感化卫辄，使知无父之不可以为人，必将痛哭奔走，往迎其父。父子之爱，本于天性，辄能悔痛真切如此，蒯聩岂不感动底豫。蒯聩既还，辄乃致国请戮。聩已见化于子，又有夫子至诚调和其间，当亦决不肯受，仍以命辄。群臣百姓又必欲得辄为君，辄乃自暴其罪恶，请于天子，告于方伯诸侯，而必欲致国于父。聩与群臣百姓，亦皆表辄悔悟仁孝之美，请于天子，告于方伯诸侯，必欲得辄而为之君。于是集命于辄，使之复君卫国。辄不得已，乃如后世上皇故事，率群臣百姓尊聩为太公，备物致养，而始退复其位焉。则君君、臣臣、父父、子子，名正言顺，一举而可为政于天下矣！孔子正名，或是如此。

其明年，[1]冉有为季氏将师，与齐战于郎，克之。季康子曰：“子之于军旅，学之乎？性之乎？”冉有曰：“学之于孔子。”季康子曰：“孔子何如人哉？”对曰：“用之有名；播之百姓，质诸鬼神而无憾。求之至于此道，虽累千社，夫子不利也。”康子曰：“我欲召之，可乎？”对曰：“欲召之，则毋以小人固之，则可矣。”而卫孔文子[2]将攻太叔[3]，问策于仲尼。仲尼辞不知，退而命载而行，曰：“鸟能择木，木岂能择鸟乎！”[4]文子固止。会季康子逐[5]公华、公宾、公林，以币迎孔子，孔子归鲁。

集释：

[1]《史记集解》：徐广曰：“此哀公十一年也，去吴会缯已四年矣。年表哀公十年，孔子自陈至卫也。”

《史记志疑》：“其明年”三字误当作四年。故徐广曰：“此哀公十一年也，去吴会缯已四年矣。”

[2]《史记集解》：服虔曰：“文子，卫卿也。”

[3]《史记集解》：《左传》曰太叔名疾。

[4]《史记集解》：服虔曰：“鸟喻己，木以喻所之之国。”

[5]《史记志疑》：《左哀公十一年疏》引《史》“逐”作“使”，据冉求“毋以小人固之”一语，则“逐”字近之，而康子实未尝用孔子，则“使”字是。未定孰从。（江氏永谓：“《世家》误‘使’为‘逐’，康子岂能遽逐小人哉。”）

孔子之去鲁凡十四岁而反乎鲁。[1]

集释：

[1]《史记索隐》：前文孔子以定公十四年去鲁，计至此十三年。《鲁系家》云定公十二年孔子去鲁，则首尾计十五年矣。

《史记探源》：自定公十四年，凡越十四岁，乃在哀公十二年也。《春秋》书哀公十二年春用田赋，则季孙访田赋亦当在是年春。《左传》系之十一年冬，以便文也。《索隐》以定十四至哀十二为十三年，误除本年计之，非古法也。余详《鲁世家》下。

鲁哀公问政，对曰："政在选臣。"季康子问政，曰："举直错诸枉，[1]则枉者直。"康子患盗，孔子曰："苟子之不欲，虽赏之不窃。"[2]然鲁终不能用孔子[3]，孔子亦不求仕。

集释：

[1]《史记集解》：包氏曰："错，置也。举正直之人用之，废置邪枉之人。"

《史记索隐》：《论语》"季康子问政，子曰'政者，正也'"。又"哀公问曰'何为则人服'？子曰'举直错诸枉则人服'"。今此初论康子问政，未合以孔子答哀公使人服，盖太史公撮略《论语》为文而失事实。

《史记志疑》：汪绳祖曰："《史》盖以封哀公之言为告康子，而谬以告樊迟之语为答问政。故《索隐》讥史公撮《论语》为文而失事实也。"

[2]《史记集解》：孔安国曰："欲，情欲也。言民化于上，不从其所令，从其所好也。"

[3]《史记评林》：按篇中以用、不用二字为关键。

孔子之时，周室微而礼乐废，《诗》《书》缺。追迹三代之礼，序《书传》，上纪唐虞之际，下至秦缪，编次其事。曰："夏礼吾能言之，杞不足征也。殷礼吾能言之，宋不足征也。[1]足，则吾能征之矣。"观殷夏所损益，曰："后虽百世可知也，[2]以一文一质。周监二代，郁郁乎文哉。吾从周。"[3]故《书传》《礼记》自孔氏。[4]

集释：

[1]《史记集解》：包氏曰："征，成也。杞宋二国，夏殷之后也。夏殷之礼吾能说之，杞宋之君不足以成也。"

[2]《史记集解》：何晏曰："物类相召，势数相生，其变有常，故可预知

者也。”

[3]《史记集解》：孔安国曰：“监，视也。言周文章备于二代，当从之也。”

[4]《史记探源》：先序《礼》，次序《书》，末乃总述《书》《礼》，次第甚明。各本“序《书传》”至“编次其事”十七字误在“曰夏礼”句上，致与上文言三代之礼语意间隔。今正。

尤瑛曰：撮略《论语》为文而得其条理。

黄省曾曰：圣人作经，匪观凡庶，待王者也；匪传须顷，待万世也。万世之下，有王者兴，式而行之，仲尼之言不为徒矣。

孔子语鲁大师：“乐其可知也。始作翕如，[1]纵之纯如，[2]皦如，[3]绎如也，以成。”[4]“吾自卫反鲁，然后乐正，《雅》《颂》各得其所。”[5]

集释：

[1]《史记集解》：何晏曰：“太师，乐官名也。五音始奏，翕如盛也。”

[2]《史记集解》：何晏曰：“言五音既发放纵尽，其声纯和谐也。”

[3]《史记集解》：何晏曰：“言其音节明。”

[4]《史记集解》：何晏曰：“纵之以纯如、皦如、绎如，言乐始于翕如而成于三者也。”

[5]《史记集解》：郑玄曰：“反鲁，鲁哀公十一年冬。是时道衰乐废，孔子来还，乃正之，故《雅》《颂》各得其所。”

古者《诗》三千余篇，[1]及至孔子，去其重，[2]取可施于礼义，上采契、后稷，中述殷、周之盛，至幽、厉之缺，始于衽席，故曰“《关雎》之乱以为《风》始，[3]《鹿鸣》为《小雅》始，[4]《文王》为《大雅》始，[5]《清庙》为《颂》始”[6]。三百五篇孔子皆弦歌之，以求合《韶》《武》《雅》《颂》之音。[7]礼乐自此可得而述，以备王道，成六艺。[8]

集释：

[1]《史记探源》：此所言古《诗》篇数，非之者，孔颖达、朱彝尊、赵翼、崔述也；是之者，欧阳修、郑樵、王应麟、王崧也。崧所著《说纬》载之甚详，辩之甚当，今择其要录之。欧阳氏曰："以郑康成《谱图》推之，有更十君而取其一篇者，又有二十余君面取其一篇者。由此观之，何啻三千？"王氏曰："赵氏备列群书所引逸《诗》，谓不及删存《诗》二三十分之一，此但就见存之书计之也。古书之著录于《汉书·艺文志》而不传于今者，其中岂遂无之？则二三十分之一未足尽逸《诗》之数也。世儒所论皆以孔子于《诗》，一似昭明之《文选》，但因其辞意为去取。迁谓孔子皆弦歌之，以求合《韶》《武》《雅》《颂》之音，可知非独取其辞意已。"又引《通志·乐略》第一曰："乐以《诗》为本，《诗》以声为用。仲尼编《诗》为燕享祀之时用以歌，非用以说义也。得《诗》而得声者三百篇，则系《风》《雅》《颂》。得《诗》而不得声者则置之，谓之逸《诗》。"合观郑氏、王氏之言，《世家》可藉以证明矣。始者对终而言，《关雎》为《风》始，则《狼跋》为《风》终，《雅》《颂》类是。《毛诗》浑言《风》《小雅》《大雅》《颂》为四始，无终而称始，可乎？孔子取《诗》止有三百五篇，《史记》此言上本三家，下至《汉书》《艺文志》及《儒林传》王式之言犹然。《经典释文》始云孔子录取三百十一篇，此依《毛诗序》合《南陔》《白华》等六篇而言。然《序》云有其义而亡其辞。亡对有而言，乃有无之"无"、非亡佚"亡"也。本无其辞，则所谓有义其者，义于何见？见之于《序》而已，未尝有《诗》也，安得列于篇数？此古文家之谬说，大背于《世家》者也。

[2]《史记正义》：去，丘吕反。重，逐龙反。

[3]《史记正义》：乱，理也。《诗小序》云："《关雎》，后妃之德也，风之始也，所以风天下而正夫妇也。"毛苌云："关关，和声。睢鸠，王雎也，鸟挚而有别。后妃悦乐君子之德，无不和谐，又不淫色，慎固幽深，若雎鸠之有别，然后可以风化天下。夫妇有别则父子亲，父子亲则君臣敬，君臣敬则朝廷正，朝

廷正则王化成也。”按：王雎，金口鹗也。

[4]《史记正义》：《小序》云：“《鹿鸣》，宴群臣嘉宾也。既饮食之，又实币帛筐篚以将其厚意，然后忠臣嘉宾得尽其心矣。”毛苌云：“鹿得苹，呦呦鸣而相呼，恳诚发乎中，以兴嘉乐宾客，当有恳诚相招呼以成礼也。”

[5]《史记正义》：《小序》云：“《文王》，文王受命作周。”郑玄云：“文王初为西伯，有功于民，其德著见于天，故天命之以为王，使君天下。”

[6]《史记正义》：《小序》云：“《清庙》，祀文王也。周公既成雒邑，朝诸侯，率以祀文王焉。”毛苌云：“《清庙》者，祭有清明之德者之宫也。谓祭文王，天德清明，文王象焉，故祭之而歌此诗也。”

[7]《史记志疑》：《诗谱序》《疏》曰：“《书》《传》所引之诗，见在者多，亡逸者少，孔子所录，不容十分去九，马迁言三千余篇，未可信。《诗》凡三百十一篇，《史记》《汉书》云三百五篇，阙其亡者，以见在为数也。”又《左襄二十九疏》曰“季札歌《诗》《风》有十五国，其名皆与《诗》同，惟次第异。则仲尼以前，篇目先具，其所删削，盖亦无多。《记》《传》引《诗》亡逸甚少，知本先不多也。《史记》云古诗三千余篇，孔子去其重，取三百五篇，盖马迁之谬耳”。而吕氏《读诗记》引欧阳公曰：“郑学之徒，以迁谬言。予考之迁说然也。《书》《传》所在逸诗何可数，以郑《诗谱图》推之，有更十君而取其一篇者。又有而是二十余君而取其以一篇者，由是言之，何啻三千？”《池北偶谈》曰：“孔子但正乐，使各得其所而已。未尝删《诗》。且一则曰‘《诗》三百’，再则曰‘《诵诗》三百’。《家语》对哀公问郊，（当引礼器）亦曰‘臣闻颂诗三百，不可以一献’。知古诗本来有三百篇，非孔氏删定也。又《左传》列国卿大夫燕享赋《诗》，率皆三百篇中之诗，多在孔子之前，其非夫子手删，了然可见。”《习学记言》云：“《史记》言古诗三千，孔安国亦言删诗为三百篇。按《诗》周及诸侯用为乐章，今载于左氏者皆史官先所采定，就有逸诗殊少矣，不待孔子而后删十取一也。《论语》称‘《诗》三百’，本谓古人已具之诗，不应指其自删者言之。”辅广亦谓

司马迁言古诗三千，传闻之误，昔贤所论，惟欧阳公以《史》为然，余俱非之。余谓孔子于诗不止去其重，亦未必删去十之九。窃疑三百五篇，古人采定诗数如此，自为一集，余诗固在也。又其后诗人之作，积久愈多，学者或不免增续，遂致杂乱。惟朝廷乐章尚守其旧。孔子因据古《诗》旧本，仍其《诗》数，删校而录之。譬如《文选》，昭明所定，而诸名家别集固行于世。且有《续文选》者，有《广文选》者，设不幸遇妄人取而混刻之，则失昭明之旧矣。好古之士重加厘订，俾还其旧，诗亦犹是也。但今之三百五篇，未知即古之三百五篇否？《宋史·儒林传》王柏言："今《诗》非尽定于夫子之手，所删之诗，容或有存闾巷浮薄之口。汉儒取以补亡。"斯论虽创，似非无见，盖《诗》遭秦火，不能独全，汉儒传《诗》而不全得。因取世俗流传者缀辑以足三百五篇之数。无怪也。夫孔子删《书》，而《书》之真伪相淆，定《礼》《乐》而《礼》《乐》不传，安见《诗》之为全经耶？且更有疑者，太师陈《诗》以观民风，周之盛时环海内而封者千八百诸侯，何以独邶、鄘至曹十一国有诗，又皆作于春秋之世乎？一矣。吴、楚无《风》，当是采《诗》所不到，若虢、桧皆郑灭，陈、蔡皆同盟，而滕、薛亦陈、桧之比，何以四国一无所录？至许无《风》而《载驰》之诗录于鄘，黎无《风》而《式微》之诗录于邶，岂非残缺失次乎？二矣。经典所载，如《狸首》《采荠》《九夏》《武王之支》以及《新宫》《祈招》《茅鸱》《辔之柔矣》并宴享所用，列国所赋，他若《左传》所引诸诗句，以及《表记》"昔吾有先正"，《论语》"素以为绚"之类，皆必不见删于孔子，亦必不先子而亡，何以不在三百五篇内乎？三矣。子云《雅》《颂》各得其所，宜鲜有倒错者，乃正声之中或类于变声，后王之什或先于前王，即以《周颂》一篇论。《左传》楚庄王引诗谓武王作《武》，其卒章曰"耆定尔功"，其三曰"铺时绎思"，其六曰"绥万邦"，今但以耆定一章为《武》，其三其六，乃《赉》之与《桓》，不惟次第相隔，抑亦分合各殊，乌在其为所乎？四矣。（《困学纪闻》七引叶石林云："以所作为先后，《诗》未删之序也。"恐非。）然则孔子所称《诗》三百者，安必即今所传三百五篇哉。或问朱子注《诗》多以郑、卫为淫奔之作。故王柏说《诗》尽削而黜之。毛氏奇龄《白鹭洲主客说诗》驳之云，向使为淫诗，则不惟礼义所绝，几见有淫诗而可弦歌以合《韶》《武》《雅》《颂》耶？汉王式为昌邑王师，以三百五篇谏，假使淫诗，则导之不足，何有于谏？龚遂谏昌邑王亦言“大王诵《诗》三百五篇。所行中诗一篇何等”。若果淫奔诗藉藉而有，则昌邑所中《诗》不一篇矣。又毛《经问》十五深辨王柏之非，子以为奚若？曰：此则王柏过信朱子之故，朱子于郑、卫之诗不依《小序》，解作淫诗，而于郑诗尤甚，原有可议。盖淫者其声，而非诗淫也。季札观乐于郑、卫皆曰美哉！而不讥其淫，亦可概见。虽然楚申叔跪嗤巫臣有《桑中》之喜，郑伯有歌《鹑》奔，此古诗旧本也，独非淫诗乎哉？因以识播管弦而合圣乐者，只可就施礼乐诸章言之尔。王、龚所称亦然，况正者足以发善心，邪者足以惩逸志，岂说《诗》必此诗欤？（《墨子·公孟篇》：“诵《诗》三百，弦《诗》三百，歌《诗》三百，舞《诗》三百。”）

[8]《史记探源》：“以备王道，成六艺”接“孔子以《诗》《书》《礼》《乐》教弟子……不试”，“故艺”接“孔子晚而喜《易》”，接“读《易》韦编三绝……若是我于《易》则彬彬矣”，接“鲁哀公十四年……作《春秋》”。序《诗》《书》《礼》《乐》，文本相接，序《易》与《春秋》，文亦相接。各本误移“孔子晚而喜《易》”以下在“孔子以《诗》《书》《礼》《乐》教弟子”上，以致上下文义皆相间断，今正。“晚而喜《易》”句下有“《序》《彖》《系》《象》《说卦》《文言》”八字，南海某氏谓刘歆窜入是也。《序卦》先于《彖辞》，《说卦》先于《文言》，语无伦次。且此八字列于“喜《易》”以下，“读《易》”以上，则是孔子所喜而读之不厌者，即其所自作《彖》《象》《文言》之属，有是理乎？《论衡·正说篇》：“孝宣皇帝之时，河内女子发老屋得逸《易》《礼》《尚书》各一篇，奏之。”《隋书·经籍志》曰：“及秦焚书，《周易》惟失《说卦》三篇，后河内女子得之。”然则宣帝以前未有《说卦》，太史公何自知之？依今本尚少《杂卦》，傎倒错杂，妄续明矣。今正。然则孔子所喜而读之者指何篇文，曰《卦

辞》《爻辞》也。《卦辞》《爻辞》谁作？西汉师说今无存者。马融、陆绩谓文王作《卦辞》，周公作《爻辞》，其言信而有征，当是田氏相传之旧说。汉末去古未远，故能述之。南海某氏谓文王惟演重卦而无《卦辞》，经文皆孔子所作者，非也。《周本纪》及《法言》、《问神》《问明》二篇、《汉书·扬雄传》云云，第谓重卦始于文王，不谓文王止于重卦也。请列四证以明之：《太史公自序》云“昔西伯拘羑里演《周易》，孔子厄陈、蔡作《春秋》，及《离骚》《国语》《吕览》之属皆有文辞，若《周易》但有卦画而无《卦辞》，岂当与《春秋》《离骚》《国语》《吕览》相比例乎？证一也。如《卦辞》《爻辞》皆孔子作，何以所引古事至箕子之明夷而止，不及成、康以下一字耶？《爻辞》‘王用享于岐山’‘王用享于帝’，称王而不系‘文’，当是称王郊天时语。文王未崩故未有谥，若出孔子，焉得去‘文’？《系辞传》孔子作也，曰‘文王与纣之事耶’，则系‘文’于王矣。‘东邻、西邻’亦殷、周并王时语，干宝注‘东邻，纣也；西邻，周也’是也。若孔子作，当自鲁言之。鲁处东偏，更无东邻，只有西邻。岂谓鲁国杀牛不如齐、晋之礿祭受福耶？证二也。《彖传》释《卦辞》，《小象》释《爻辞》。《卦辞》《爻辞》皆经，《彖传》《小象》则传也。如谓皆孔子作，岂有自为之经复自为之传之体？何不自为《春秋》作传耶？证三也。韦编者，册书而非简书也。古者字少用简，字多用册。简用一竹，义取单简，故曰简。册用五竹，编之以韦，篆文作册，五直象竹，二横象韦。《周易》分上经为三十卦，下经为三十四卦者，卦画初成，各以十八简书之，上经《乾》纯阳，《坤》纯阴，《颐》《大过》《坎》《离》皆阴阳反对，不能共简，故六卦分为六简，《屯》倒之为《蒙》，《蒙》倒之为《屯》，他卦皆然，故二十四卦合为十二简，总为十八简；下经惟《既济》《未济》各为一简，其余三十二卦，合为十六简，总亦为十八简。及为《卦辞》《爻辞》后，卦数分上下经，即源于此。说详《序卦正义》及师说。然惟卦画可书于简，若兼《卦辞》《爻辞》，非册不胜书矣。孔子所读之《易》，若止有卦画，当是简而非册，安得韦编而绝之？证四也”。

孔子晚而喜《易》，序[1]《彖》[2]、《系》[3]、《象》[4]、《说卦》[5]、《文言》[6]。读《易》，韦编三绝。[7]曰："假我数年，若是，我于《易》则彬彬矣。"[8]

集释：

[1]《史记正义》：序，《易·序卦》也。夫子作《十翼》，谓《上彖》《下彖》《上象》《下象》《上系》《下系》《文言》《序卦》《说卦》《杂卦》也。《易·正义》曰："文王既繇六十四卦分为上下篇，先后之次，其理不易。孔子就上下二经，各序其相次之义。"

[2]《史记正义》：吐乱反。《上彖》，卦下辞；《下彖》，爻卦下辞。《易·正义》曰："夫子所作，统论一卦之义，或说其卦德，或说其卦义，或说其卦名。庄氏云'彖，断也，言断定一卦之义'也。"

[3]《史记正义》：如字，又音系。《易·正义》云："《系辞》者，圣人系属此辞于爻卦之下。分为上下篇者，以简编重大，是以分之。"又言"《系辞》者，取纲系之义"也。

[4]《史记正义》：《上象》，卦辞；《下象》，爻辞。《易·正义》云："万物之体自然，各有形象，圣人设卦以写万物之象，今夫子释此卦之象也。"

[5]《史记正义》：《易·正义》云："《说卦》者，陈说八卦德业变化法象所为也。"

[6]《史记正义》：《易·正义》云："夫子赞明《易》道，申说义理，释《乾》《坤》二卦经文之言，故称《文言》。"又："杂卦者，六十四卦以为义，于序卦之外，别言圣人之兴，因时而作，随其事宜，不必相因袭，当有损益。"又云："杂揉众卦，错综其义，或以同相类，或以异相明。"按：史不出《杂卦》，故附之。

《史记志疑》：孔子作《彖》《象》《系》各上下篇及《文言》《序卦》《说卦》《杂卦》谓之十翼，此错叙而不出《杂卦》何也？

[7]《史记志疑》：《抱朴子·祛惑篇》有古强者云"孔子尝劝我读《易》，

曰：‘此良书也，丘窃好之，韦编三绝，铁擿三折。’今乃大悟”。《困学纪闻》十云：“铁擿见于此。擿一作‘挝’。方士寓言也。”而薛据《集语》引《史记》曰“孔子读《易》，韦编三绝，铁擿三折，漆书三灭”。《御览》六百十六同，岂后人删之欤？

[8]《史记志疑》：此与《论语》异，似非孔子之言。

孔子以诗书礼乐教，弟子盖三千焉，身通六艺者七十有二人。[1]如颜浊邹[2]之徒，颇受业者甚众。

集释：

[1]《史记志疑》：案，弟子之数，有作七十人者，《孟子》云“七十子”，《吕氏春秋·遇合篇》“达徒七十人”，《淮南子·泰族》及《要略训》俱言七十，《汉书·艺文志》序楚元王传所称“七十子丧而大义乖”是已。有作七十二人者，《孔子世家》、文翁《礼殿图》、《后书·蔡邕传》鸿都画像、《水经注》八、汉鲁峻冢壁像、《魏书·李平传》学堂图皆七十二人，《颜氏家训·诫兵篇》所称“仲尼门徒升堂者七十二”是已。有作七十七人者，此传及《汉·地理志》是已。《孔子家语》七十二弟子解实七十七人，今本脱颜何，止七十六，其数无定，难以臆断。《汉·艺文志》有《孔子徒人图法》二卷，《集解》载郑康成《孔子弟子目录》，隋、唐《志》云一卷，此二书久亡，《汉书人表》既疏略不备，而鸿都像李平图俱失传，鲁峻石壁仅覩《隶续》残碑，文翁图在显晦之间，不尽可凭，世儒据以考弟子者惟《史记》《家语》。而古文《家语》已不得见，今《家语》并非王肃旧本，则《史记》又较《家语》为确，史公从孔安国受学，亲身安国撰集之古文《家语》，故曰“弟子籍出孔氏古文者近是”。但转相传写，未免颠倒讹脱，谨补而辨之如左。虽然弟子之数岂止七十七人而已哉，《家语》与《史记》异者，《家语》有琴牢、陈亢，以当《史记》秦冉、公伯僚。又叔仲会传内有孔璇，又别有

惠叔兰。夫陈亢儗子贡于仲尼，故朱注“或曰亢，子贡弟子”，但康成注《论语》以为孔子弟子，《西河集》有《答柴陛升论子贡弟子书》，辨之甚明。至卫人琴牢字子开，一字张，《庄子·则阳篇》又称子牢，事见《论语》《孟子》《左传》。惠叔兰与子游善，子游使之受学于孔子，即《檀弓》之司寇惠子。孔璇与叔仲会年相比，执笔迭侍孔子。此四人为孔子之徒，显有明文矣。《索隐》引文翁图有蘧伯玉、林放。夫伯玉乃孔子所严事，不当在弟子列，先儒已多言其谬。若林放者，夫子大其问礼之本，与善樊迟问崇德语气相同。孔子于弟子呼名，“泰山不如林放”，指其名而称之。皇侃《论语义疏序》言放在弟子之数，唐、宋俱有封爵，孔农部《阙里文献考》言“乾隆己卯泰安崇礼乡之放城集，掘地得古碑，字画磨灭，隐隐见‘林放’及‘唐大和二年’数字，著放之字曰子丘”。镇洋毕尚书沅《关中金石记》言“开宝八年韩从顺苍颉庙碑在白水，其阴列弟子姓名，余见碑阴拓本，字画完善分明，共七十四人，亦云放字子丘。其十哲另列居首，与孔氏考合。千年已上之物，尤可凭信也”。又碑有孟孙字子嗣一人，必孟懿子何忌，其字子嗣可以补遗。何忌奉父僖子之命，偕其弟说并事孔子，明载《左传》《论语》《孔丛》，皆有问答。再鲁峻石壁残象，与《史》同者十四人，又有子景伯即子服何，有子象即县亶。夫伯僚之愬，叔孙之毁，景伯必以告，当属弟子，朱氏弟子考引唐刘怀玉《孔圣真宗录》，以景伯在七十子之间。而鲁壁别有左子虑、襄子孺、襄子鱼、公子虚、颜子思、驷子□、平子、苟子八人，未知所出，《史》亦缺焉。《论语》有阙党、互乡二童子，孟武伯问仁问孝，往来圣门，疑父子俱师孔子。《孟子》有牧皮，与曾皙、牢张号为狂士，孔子之所与者，尤不应遗之。《礼·杂记》有孺悲，哀公使学士丧礼于孔子。《射义》有公罔之裘、序点从孔子射矍相之圃，《家语》载子路曰“由与二三子之为司马何如”，则其为弟子无疑。左丘明受经孔子，汉、晋以来诸儒均以为孔子弟子。《史·孔子世家》有颜浊邹，《吕览·尊师》及《淮南·泛论》有颜涿聚，并受业孔子。又《泛论训》：“季襄立节抗行，不入洿君之朝，不食乱世之食，遂饿而死。”高诱注：“季襄鲁人，孔子弟子。”《晏子春秋·外篇》有孔子门人盆成造，称为孝子顺弟。又有孔子之徒鞠语，明于礼乐，审于服丧。《庄子·德充符》有常季，郭注“孔子弟子”。朱氏《考》谓《乐记》宾牟贾在弟子之列，又谓文翁《礼殿图》有廉瑀。凡兹群贤，未必尽在三千之数，若以此陈亢、琴牢、牧皮、林放、仲孙何忌、仲孙说、孟武伯、麁子服何、孺悲、左丘明、公冈之裘、序点、宾牟贾、颜浊邹、颜涿聚、盆成造、鞠语、季襄、惠叔兰、常季、孔璇、阙党互乡二童子、廉瑀、左子虑、襄子孺、襄子鱼、公子虚、驷子□、颜子思、平子、苟子三十二人，增入七十七弟子，通计一百九人。乃所传异词，既无定数，而唐、宋封爵，颇多漏舛，唐封八十三人，较史多蘧瑗、申枨、琴牢、琴张、林放、陈亢，宋从祀止去琴牢，封八十二人，《古史》益以琴牢、陈亢为七十九人，讵可为典要哉。今因考七十七弟子，而附纪其不著录者以备参证云。

[2]《史记正义》：浊音卓。邹音聚。颜浊邹，非七十二人数也。

孔子以四教：文、行、忠、信。[1]绝四：毋意，[2]毋必，[3]毋固，[4]毋我。[5]所慎：齐、战、疾。[6]子罕言利与命与仁。[7]不愤不启，举一隅不以三隅反，[8]则弗复也。[9]

集释：

[1]《史记集解》：何晏曰：“四者有形质，可举以教。”

王鏊曰：此处叙下，如出一口。

[2]《史记集解》：何晏曰：“以道为度，故不任意也。”

[3]《史记集解》：何晏曰：“用之则行，舍之则藏，故无专必。”

[4]《史记集解》：何晏曰：“无可无不可，故无固行也。”

[5]《史记集解》：何晏曰：“述古而不自作，处群萃而不自异，唯道是从，故不有其身。”

[6]《史记集解》：何晏曰："此三者人所不能慎，而夫子慎也。"

[7]《史记集解》：何晏曰："罕者，希也。利者，义之和也。命者，天之命也。仁者，行之盛也。寡能及之，故希言之。"

[8]《史记志疑》："不悱不发"一句何以删之？"启"字何以不避讳？

[9]《史记集解》：郑玄曰："孔子与人言，必待其人心愤愤，口悱悱，乃后启发为说之，如此则识思之深也。说则举一端以语之，其人不思其类，则不重教也。"

其于乡党，恂恂[1]似不能言者。其于宗庙朝廷，辩辩[2]言，唯谨尔。[3]朝，与上大夫言，訚訚如也；[4]与下大夫言，侃侃如也。[5]

集释：

[1]《史记集解》：王肃曰："恂恂，温恭貌也。"

《史记索隐》：有本作"逡逡"，音七旬反。

[2]《史记索隐》：《论语》作"便便"。

[3]《史记集解》：郑玄曰："唯辩而谨敬也。"

[4]《史记集解》：孔安国曰："中正之貌也。"

[5]《史记集解》：孔安国曰："和乐貌。"

入公门，鞠躬如也；趋进，翼如也。[1]君召使傧，[2]色勃如也。[3]君命召，不俟驾行矣。[4]

集释：

[1]《史记集解》：孔安国曰："言端好也。"

[2]《史记集解》：郑玄曰："有宾客，使迎之也。"

[3]《史记集解》：孔安国曰："必变色。"

[4]《史记集解》：郑玄曰："急趋君命也，行出而车驾随之。"

鱼馁[1]，肉败，割不正，不食。席不正，不坐。食于有丧者之侧，未尝饱也。

集释：

[1]《史记集解》：孔安国曰："鱼败曰馁也。"

是日哭，则不歌。见齐衰、瞽[1]者，虽童子必变。

集释：

[1]《史记集解》：包氏曰："瞽，盲。"

"三人行，必得我师。"[1]"德之不修，学之不讲，闻义不能徙，不善不能改，是吾忧也。"[2]使人歌，善，则使复之，然后和之。[3]

集释：

[1]《史记集解》：何晏曰："言我三人行，本无贤愚，择善而从之，不善而改之，无常师。"

[2]《史记集解》：孔安国曰："夫子常以此四者为忧也。"

《史记志疑》：此段总书行事，前后皆记者之辞，而"三人行"二章是孔子之言，无端插入，与上文叙愤悱章同。王若虚云："史氏所记，孔子之言，岂可混而不别。迁采《经》摭《传》，大抵踳驳，不足观。"

[3]《史记集解》：何晏曰："乐其善，故使重歌而自和也。"

子不语：怪、力、乱、神。[1]

集释：

[1]《史记集解》：王肃曰："怪，怪异也。力谓若奡荡舟，乌获举千钧之属也。乱谓臣弑君，子弑父也。神谓鬼神之事。或无益于教化，或所不忍言也。"李充曰："力不由理，斯怪力也。神不由正，斯乱神也。怪力，乱神，有与于邪，无益于教，故不言也。"

子贡曰："夫子之文章，可得闻也。[1] 夫子言天道与性命，弗可得闻也已。"[2] 颜渊喟然叹曰："仰之弥高，钻之弥坚。[3] 瞻之在前，忽焉在后。[4] 夫子循循然善诱人，[5] 博我以文，约我以礼，欲罢不能。既竭我才，如有所立，卓尔。虽欲从之，蔑由也已。"[6] 达巷党人（童子）[7] 曰："大哉孔子，博学而无所成名。"[8] 子闻之曰："我何执？执御乎？执射乎？我执御矣。"[9] 牢曰："子云'不试，故艺'。"[10]

集释：

[1]《史记集解》：何晏曰："章，明。文，彩。形质著见，可以耳目循也。"

[2]《史记集解》：何晏曰："性者，人之所受以生也。天道者，元亨日新之道。深微，故不可得而闻之。"

[3]《史记集解》：何晏曰："言不可穷尽。"

[4]《史记集解》：何晏曰："言忽恍不可为形象。"

[5]《史记集解》：何晏曰："循循，次序貌也。诱，进也。言夫子正以此道进劝人学有次序也。"

[6]《史记集解》：孔安国曰："言夫子既以文章开博我，又以礼节节约我，使我欲罢不能。已竭吾才矣，其有所立，则卓然不可及。言己虽蒙夫子之善诱，犹不能及夫子所立也。"

[7]《史记志疑》："童子"二字不知何据而增之。考有以达巷党人为项橐者，

孟康注《汉书·董仲舒传》是也。有谓项橐是孔子师者，乃《战国·秦策》甘罗语，《甘茂传》述之。《新序》五齐闾丘卬曰“秦项橐七岁为圣人师”。（以为秦人何也？）《淮南·说林》云“项託使婴儿矜”。《修务》云“项託七岁为孔子师”。《颜氏家训·归心》云“项橐、颜回短折”。《宏明集·正诬论》云“颜、项夙夭”。《抱朴子·微旨》云“愚人项託、伯牛辈，谓天地之不能辨臧否”。《论衡·实知》云“项託七岁教孔子以为学，人见其幼成早就，称之过度。七岁是必十岁，教孔子是必孔子问之，其实此事妄传，犹说蒲衣八岁舜让以天下也”。（见《庄子·应帝王》《释文》引《尸子》。）明黄瑜《双槐岁抄》载保定府西北四十五里满城县之南门有先圣大王祠，神姓项名託，周末鲁人，年八岁孔子见而奇之，十岁而亡，时人尸祝之，号“小儿神”，真无稽之谈。

[8]《史记集解》：郑玄曰：“达巷者，党名。五百家为党。此党之人美孔子学道艺，不成一名而已。”

[9]《史记集解》：郑玄曰：“闻人美之，承以谦也。吾执御者，欲明六艺之卑。”

[10]《史记集解》：郑玄曰：“牢者，弟子子牢也。试，用也。言孔子自云我不见用故多伎艺也。”

鲁哀公十四年春，狩大野。[1]叔孙氏车子鉏商获兽，[2]以为不祥。仲尼视之，曰：“麟也。”取之。[3]曰：“河不出图，雒不出书，[4]吾已矣夫！”[5]颜渊死，孔子曰：“天丧予！”[6]及西狩见麟，曰：“吾道穷矣！”[7]喟然叹曰：“莫知我夫！”子贡曰：“何为莫知子？”[8]子曰：“不怨天，不尤人，[9]下学而上达，[10]知我者其天乎！[11]”

集释：

[1]《史记集解》：服虔曰：“大野，薮名，鲁田圃之常处，盖今钜野是也。”

《史记正义》：《括地志》云：“获麟堆在郓州钜野县东十二里。《春秋》哀十四年《经》云‘西狩获麟’。《国都城记》云‘钜野故城东十里泽中有土台，广轮四五十步，俗云获麟堆，去鲁城可三百馀里’。”

[2]《史记集解》：服虔曰：“车子，微者也；鉏商，名也。”

《史记索隐》：《春秋传》及《家语》并云“车子鉏商”，而服虔以“子”为姓，非也。今以车子为主车车士，微者之人也。人微故略其姓，则“子”非姓也。

[3]《史记集解》：服虔曰：“麟非时所常见，故怪之，以为不祥也。仲尼名之曰‘麟’，然后鲁人乃取之也。明麟为仲尼至也。”

[4]《史记志疑》：《论语》曰“凤鸟不至，河不出图”，此岂别见本乎?

[5]《史记集解》：孔安国曰：“圣人受命，则河出图，今无此瑞。吾已矣夫者，（伤）不得见（也）。河图，八卦是也。”

[6]《史记集解》：何休曰：“予，我也。天生颜渊为夫子辅佐，死者是天将亡夫子之证者也。”

凌约言曰：孔子追思颜渊，而子长系之获麟之下，其意至矣。

[7]《史记集解》：何休曰：“麟者，太平之兽，圣人之类也。时得而死，此天亦告夫子将殁之证，故云尔。”

[8]《史记集解》：何晏曰：“子贡怪夫子言何为莫知己，故问之。”

[9]《史记集解》：马融曰：“孔子不用于世，而不怨天不知己，亦不尤人。”

[10]《史记集解》：孔安国曰：“下学人事，上达天命。”

[11]《史记集解》：何晏曰：“圣人与天地合其德，故曰唯天知己。”

王韦曰：帝王本纪及《孔子世家》本非太史公力量所及，然采经摭传，其用心亦勤矣。虽时有浅陋，而往往能识其大者。《世家》末引子贡、颜渊语，甚有见。乃获麟与颜渊死相次，自此以后叙夫子卒时，读之令人凄怆，起千载之感。今人读书，一何容易？非好学深思，心知其意，固难为浅见寡闻道也。

“不降其志，不辱其身，伯夷、叔齐乎！”[1]谓“柳下惠、少连降志辱身矣”[2]。谓“虞仲、夷逸隐居放言，[3]行中清，废中权”[4]。“我则异于是，无可无不可。”[5]

集释：

[1]《史记集解》：郑玄曰：“言其直己之心，不入庸君之朝。”

[2]《史记志疑》：此下缺“言中伦行中虑”六字。

[3]《史记集解》：包氏曰：“放，置也。置不复言世务也。”

[4]《史记集解》：马融曰：“清，纯絜也。遭世乱，自废弃以免患，合于权也。”

[5]《史记集解》：马融曰：“亦不必进，亦不必退，唯义所在。”

子曰：“弗乎弗乎，君子病没世而名不称焉。吾道不行矣，吾何以自见于后世哉？”乃因史记作《春秋》，上至隐公，[1]下讫哀公十四年，十二公。据鲁，亲周，[2]故殷，运之三代。[3]约其文辞而指博。故吴楚之君自称王，而《春秋》贬之曰“子”；践土之会实召周天子，而《春秋》讳之曰“天王狩于河阳”：推此类以绳当世。贬损之义，后有王者举而开之。《春秋》之义行，则天下乱臣贼子惧焉。[4]

集释：

[1]《史记志疑》：《日知录四》云：“春秋不始于隐公，晋韩宣子聘鲁，观书于太史氏，见《易象》与《鲁春秋》，曰：周礼尽在鲁矣。（《左昭二》）盖必起自伯禽以洎中世，自隐公以下，世道衰微，史失其官，于是孔子惧而修之。然则自惠公以上之《春秋》，固孔子所善而从之者，惜其书不存。”

[2]《史记索隐》：言夫子修《春秋》，以鲁为主，故云据鲁。亲周，盖孔子

之时周虽微，而亲周王者，以见天下之有宗主也。

[3]《史记正义》：般，中也。又中运夏、般、周之事也。

《史记探源》：《春秋》宣公十六年，“成周宣榭灾”。《公羊传》曰：“外灾不书，此何以书？新周也。”《解诂》曰：“孔子以《春秋》当新王，上黜杞，下新周而故宋。因天灾中兴之乐器，示周不复兴，故系宣榭于成周，使若国文，黜而新之，从为王者之后记灾也。”阮公校勘记曰：“董子、《史记》‘亲周’皆‘新周’之误。”案：孔子以《春秋》当新王者，新受命为王也。新周者，新为王者之后也。周为王者之后新，则宋为王者之后故矣。般即宋也，故此文曰“新周”“故般”。小司马读“亲”如字，望文生训耳。运当为“通”。形近致误也。隐公三年，“春，王二月”。《解诂》曰：“二月三月皆有王者，二月，般之正月；三月，夏之正月。王者存三王之后，所以尊先圣、通三统也。”此言出自《繁露》，太史公亦闻之董生，故曰“通之三代”也。张守节以“故般”属下读而别为作训，岂有般、周并称，而般非国名者乎？

《史记志疑》：《正义》训般为“中”，言《春秋》“中运夏、般、周之事”，非也。《史诠》曰：“据鲁者，以鲁为据也。亲周者，以周为亲也。故般者，以般为故也。言《春秋》之作，兼鲁、周、般三代之法而运之也。康成云‘《春秋》从般之质’，是也，《正义》谬。”（《史记考异》谓即《春秋》《公羊》家王鲁亲周故宋黜杞之说，与《史诠》相发。）

[4]《史记评林》：宋祁曰：“《春秋》，天下之正法也。孔子有天下之才，而不得位，故见其志于《春秋》，是以引天下之誉褒之，贤者不敢私，引天下之议贬之，奸人不敢乱，故汉人以《春秋》决狱，所以法仲尼也。”

孔子在位听讼，文辞有可与人共者，弗独有也。至于为《春秋》，笔则笔，削则削，子夏之徒不能赞一辞。[1]弟子受《春秋》，孔子曰：“后世知丘者以《春秋》，而罪丘者亦以《春秋》。”[2]

集释：

[1]《史记志疑》：《困学纪闻六》云：曹子建与杨德祖书“游、夏之徒”注引《史记》“子游、子夏之徒”，今本无“子游”二字。余考薛据《集语》引史亦无“子游”，而《文选》杨《答临淄侯笺》注引史又作“子夏之徒”。

[2]《史记集解》：刘熙曰：“知者，行尧舜之道者也。罪者，在王公之位，见贬绝者。”

徐孚远曰：前既总叙删述之事，此专言作《春秋》者，以孔子所自作，故推而尊之，又以自寓也。

李廷机曰：知丘罪丘，应自见于后世。

明岁，子路死于卫。孔子病，子贡请见。孔子方负杖逍遥于门，曰：“赐，汝来何其晚也？”孔子因叹，歌曰：“太山坏乎！[1]梁柱摧乎！哲人萎[2]乎！”因以涕下。谓子贡曰：“天下无道久矣，莫能宗予。[3]夏人殡于东阶，周人于西阶，殷人两柱间。昨暮予梦坐奠两柱之间，予始殷人也。”后七日卒。[4]

集释：

[1]《史记集解》：郑玄曰：“太山，众山所仰。”

[2]《史记集解》：王肃曰：“萎，顿也。”

[3]《史记集解》：王肃曰：“伤道之不行也。”

[4]《史记集解》：郑玄曰：“明圣人知命也。”

《史记正义》：《括地志》云：“汉封夫子十二代孙忠为褒成侯；生光，为丞相，封侯；平帝封孔霸孙莽二千户为褒成侯；后汉封十七代孙志为褒成侯；魏封二十二代孙羡为崇圣侯；晋封二十三代孙震为奉圣亭侯；后魏封二十七代孙为崇圣大夫；孝文帝又封三十一代孙珍为崇圣侯，高齐改封珍为恭圣侯，周武帝改封邹国公；隋文帝仍旧封邹国公，炀帝改为绍圣侯；皇唐给复二千户，封孔子裔孙孔德伦为褒圣侯也。”

吴澄曰：窃详此文所载事辞皆妄，圣人德容，始终如一，至死不变，今负手曳杖，消摇于门，盛德之至，动容周旋中礼者不如是，其妄一也；圣人乐天知命，视死生如昼夜，岂自为歌辞以悲其死？且以哲人为称，又以泰山、梁木为比，若是它人悲圣人之将死，而为此歌辞则可，圣人自为此歌而自称自比乃若是，其妄二也；圣人清明在躬，气志如神，生死固所自知，又岂待占梦而后知其将死哉，其妄三也。盖是周末七十子以后之人撰造为之，欲表明圣人之豫知其死，将以尊圣人，而不知适以卑之也，记者无识而采取其言，记文既妄，而诸家解又谬，不足论也。

牛运震曰：《檀弓》《史记》记孔子知其将死，而自为歌诗以哀之，此固不足以重圣人，而政无害其为圣人也。吴澄力攻其非，而以为圣人必不如是，真迂儒之见也。

孔子年七十三，以鲁哀公十六年四月己丑卒。[1]

集释：

[1]《史记索隐》：若孔子以鲁襄二十一年生，至哀十六年为七十三；若襄二十二年生，则孔子年七十二。《经传》生年不定，致使孔子寿数不明。

《史记考证》：考《年表》自襄公二十二年庚戌至哀公十六年壬戌，正七十三年，若自襄公二十一年巳酉至壬戌，则七十四矣。《索隐》不知如何计算。

《史记志疑》：史公依《春秋》作“己丑日”，杜注云“四月十八日乙丑，无己丑，己丑五月十二日，日月必有误”。《经史问答》四曰：“问《史记》《孔丛》皆作‘己丑’，与左氏合，则恐是杜《长历》之讹。吴程以《大衍历》推之，乃四月十一日，不知谁是？答：前二年五月庚申朔，是左氏所纪，下距是年四月，中间当有一闰，以庚申朔递推之，是年四月朔为戊申，是四月十八日乙丑也。若四月十一日，乃戊午，杜氏似不谬。”（宋濂亦云戊申朔。）

哀公诔[1]之曰："旻天不吊，不憖遗一老，[2]俾屏余一人以在位，茕茕余在疚[3]。呜呼哀哉！尼父，毋自律！[4]"子贡曰："君其不没于鲁乎！夫子之言曰：'礼失则昏，名失则愆。失志为昏，失所为愆。'[5]生不能用，死而诔之，非礼也。称'余一人'，非名也。"[6]

集释：

[1]《学斋佔毕》曰："宣圣之诔，《檀弓》与左氏异，《世家》与左氏同，而《汉书·五行志》又与《史》异。大圣人之诔，尚纷纷异同如此，况其下者乎！"（《周礼》太祝引《春秋传》"不吊"作"不淑"。《路史·发挥》五以诔集《诗》言为疑。）

[2]《史记集解》：王肃曰："吊，善也。憖，且也。一老谓孔子也。"

[3]《史记集解》：王肃曰："疚，病也。"

[4]《史记集解》：王肃曰："父，丈夫之显称也。律，法也。言毋以自为法也。"

[5]《史记索隐》：失礼为昏，失所为僁。《左传》及《家语》皆云"失志为昏，失礼为僁"，与此不同也。

《史记志疑》：《索隐》本作"失礼为昏，失所为愆"，又引《左传》《家语》作"失礼为愆"，并非。

[6]《史记集解》：服虔曰："天子自谓'一人'，非诸侯所当名也。"

孔子葬鲁城北泗上，[1]弟子皆服三年。三年心丧毕，相诀[2]而去，则哭，各复尽哀；或复留。唯子赣庐于冢上，[3]凡六年，然后去。弟子及鲁人往从冢而家者百有余室，因命曰孔里。鲁世世相传以岁时奉祠孔子冢，而诸儒亦讲礼乡饮大射于孔子冢。[4]孔子冢大一顷。故所居堂、弟子内，后世因庙，藏孔子衣冠琴车书，[5]至于汉二百余年不绝。高皇帝过鲁，以太牢祠焉。诸侯卿相至，常先谒然后从政。

集释：

[1]《史记集解》：《皇览》曰："孔子冢去城一里。冢茔百亩，冢南北广十步，东西十三步，高一丈二尺。冢前以瓴甓为祠坛，方六尺，与地平。本无祠堂。冢茔中树以百数，皆异种，鲁人世世无能名其树者。民传言'孔子弟子异国人，各持其方树来种之'。其树柞、枌、雒离、安贵、五味、毚檀之树。孔子茔中不生荆棘及刺人草。"

《史记索隐》：雒离，各离二音，又音落藜。藜是草名也。安贵，香名，出西域。五味，药草也。毚音谗。毚檀，檀树之别种。

[2]《史记索隐》：诀音决。诀者，别也。

[3]《史记索隐》：按：《家语》无"上"字。且《礼》云"适墓不登陇"，岂合庐于冢上乎？盖"上"者，亦是边侧之义。

《史记志疑》：《四书释地续》曰"庐于冢上，总不若孟子筑室于场佳。筑室处在今孔墓之右十数步，户东向"。

[4]《史记志疑》：《日知录》十五辨古无卢墓祭墓之礼，且引此文论之云："礼教出于圣人之门，岂有就冢而祭，至乡饮大射，尤不可于冢上行之。盖孔子教于洙、泗之间，所葬之冢在讲堂之后，孔子既没，弟子即讲堂而祀之，且行饮射之礼，太史公不达，以为祭于冢也。"顾氏之言殊不然，《四书释地续》曰"诸儒讲礼乡饮大射于孔子家，误写作'冢'。此'家'字与《赞》曰'以时习礼其家'合"。斯说雅符人情，至祠冢则自昔有之，《七修类稿》十七载张元祯《思礼堂记》，据《周礼》冢人及世家发明墓祭之礼。《四书释地续》曰："余每读东郭墦间之祭者，以为古墓祭之切证。不知何缘至东汉建宁五年蔡邕从车驾上陵，谓同坐者曰'闻古不墓祭'。（见《后书·礼仪志》注引谢承书，又见《祭祀志》。）魏文帝黄初三年诏曰：'古不墓祭。'自作终制曰：'礼不墓祭。'此言既兴，到

今皆以墓祭为非古，虽高明如顾宁人，亦惑其说。余谓孟子且勿论，成阳灵台碑‘庆都仙没，盖葬于兹，名曰灵台，上立黄屋，尧所奉祠’，非墓祭之见于集乎？《韩诗外传》曾子曰‘椎牛而祭墓，不如鸡豚逮亲存’，非墓祭之见于子乎？《周本纪》武王上祭于毕，毕文王墓地，非墓祭之见于史乎？《周礼》冢人‘凡祭墓为尸’，非墓祭之见于经乎？更孟子之前，鲁奉祠孔子冢，岂有非礼之祭，而敢辄上圣人之冢者哉。”毛氏奇龄《辨定祭礼通俗谱》曰：“汉极重墓祭，自高帝至宣帝皆于陵旁立庙曰寝园，每日祭之。民间亦然，如《朱买臣传》‘其故妻夫妇上冢’。《原涉传》‘上冢到车数十乘’。后儒见三礼未经记及，便云古无墓祭。而不学之徒，妄求事始，唐侍郎郑正则《祠享仪》谓始于光武诸将出征有经乡里者，诏有司给少牢扫墓。《闻见录》谓始于曹公过桥玄墓致祭。而《性理》载宋儒引周元阳《祭录》谓始唐开元二十年诏士庶于寒食上墓拜扫，则不惟不读《汉书》，且不读《孟子》矣。又有谓始于《曾子问》望墓为坛以时祭，则尤不通。”毛氏《经问》三亦历引《经》《传》以征古人之重墓祭，而《经问》十二复申之云“两汉纯用墓祭，大抵祭祖宗皆在园陵，而宗庙不备，不惟同堂异室大乖典制，即西京洛阳且有不具寝室者。故蔡邕言之，魏文述之，不为无故。宋儒真以为无墓祭而戒之，陋矣”。由是言之，《日知录》谓古人于墓礼但有本丧去国二事，臆说不足信，即其所称苏武谒武帝园庙，楼护上书求上先人冢因会宗族故人，班伯上书愿上父祖冢，诏太守都尉以下会，董贤上冢有会，太官为供，凡此皆可证古之重墓祭，与毛氏所引朱买臣、原涉二条相发。

[5]《史记索隐》：谓孔子所居之堂，其弟子之中，孔子没后，后代因庙藏夫子平生衣冠琴书于寿堂中。

《史记志疑》：《索隐》所说非也。方氏《补正》曰“当作‘故弟子所居堂内’，传写误倒”。

孔子生鲤，字伯鱼。[1] 伯鱼年五十，先孔子死。[2]

集释：

[1]《史记索隐》：按：《家语》孔子年十九，娶于宋之并官氏之女，一岁而生伯鱼。伯鱼之生，鲁昭公使人遗之鲤鱼。夫子荣君之赐，因以名其子也。

[2]《史记集解》：《皇览》曰："伯鱼冢在孔子冢东，与孔子并，大小相望也。"

伯鱼生伋，字子思，年六十二。[1] 尝困于宋。[2] 子思作《中庸》。[3]

集释：

[1]《史记志疑》：王肃《家语·后序》从《史》作"六十二"，考伯鱼先夫子五年卒，则夫子卒时，子思当不甚幼，而《孟子》《檀弓》并称子思在鲁穆公时，故《汉艺文志》云子思为缪公师也。夫子没于哀公十六年，历悼公元至穆公即位之岁已七十年，（哀公二十七，悼三十七，元二十一。）安得子思年止六十二乎？毛氏《四书賸言》载王草堂《复礼》辩《史记》"六十二"是"八十二"之误，曲阜孔农部继汾《阙里文献考》亦云然，当不谬也。刘恕《外纪》卷末据《孔丛·记问篇》子思、孔子问答，与《抗志篇》子思居卫，鲁穆公卒之言，以子思年寿为疑，而不知《孔丛》伪书，自不足信。《通考》二百九引《书录解题》及《馀冬叙录》二十六俱辨之。《通鉴》书子思言苟变于卫侯在周安王二十五年，亦误信《孔丛》耳。（见《居卫篇》）

[2]《说苑》载：子思居于卫，缊袍无表，二旬而九食。田子方闻之，使人遗狐白之裘，恐其不受，因谓之曰："吾假人，遂忘之。吾与人也，如弃之。"子思辞而不受。子方曰："我有子无，何故不受？"子思曰："伋闻之：妄与不如遗，弃物于沟壑。伋虽贫也，不忍以身为沟壑，是以不敢当也。"

[3]《史记集解》：《皇览》曰："子思冢在孔子冢南，大小相望。"

子思生白，字子上，年四十七。子上生求，字子家，[1]年四十五。子家生箕，字子京，[2]年四十六。子京生穿，字子高，年五十一。[3]子高生子慎，[4]年五十七，尝为魏相。

集释：

[1]《史记志疑》：《后序》子家名傲，后名永。

[2]《史记志疑》：《汉书·孔光传》“子京”作“子真”，《后序》作“子直”，名榼。

[3]《史记志疑》：《后序》子高年五十七。但此后书孔氏之年，慎、鲋、襄、忠四人三代皆五十七岁，并子高则四世同寿，可疑也。

[4]《史记志疑》：《孔光传》作“顺”。《后序》子高生武字子顺，名微，后名斌。《阙里文献考》云名谦，或作“武”，后名斌。《孔丛·陈士义篇》“子顺为相”注“孔武后名斌”。《唐世系表》穿生斌，一名胤，考子慎曾孙名武，则“武”必“斌”之讹文，但何以一人而有四名，疑莫能定，故史缺不书也。慎、顺古通。又《世系表》谓斌相魏封文信君，明程敏政《圣裔考》曰圣裔之受封始此。

子慎生鲋，[1]年五十七，为陈王涉博士，死于陈下。[2]

集释：

[1]《史记志疑》：《孔光传》是“鲋”，而《儒林传》作“甲”，师古曰“名鲋字甲”。《后序》子鱼名鲋，后名甲。《孔丛·独治篇》子鱼名鲋甲，陈人或谓之子鲋，或称孔甲。《史》失书其字。

[2]《史记志疑》：《史》《汉·儒林传》及《盐铁论·毁学篇》皆云鲋與涉具死，而此及《孔光传》言死陈下。《孔丛·答问篇》云博士凡仕六旬，老于陈，有将没戒弟子语，则非不良死矣，未知孰是。

鲋弟子襄，[1] 年五十七。尝为孝惠皇帝博士，迁为长沙太守。[2] 长九尺六寸。

集释：

[1]《史记志疑》：《史》失书名，《后序》子襄名腾，子鱼之弟。《唐世袭表》《阙里志》并名腾也，即藏书壁中者。陆氏《释文》《隋志》《史通·古今正史篇》作“孔惠”，俱非。毛氏《古文冤词》云此必以子襄之子名忠，“忠”与“惠”字形相近而致误者。

[2]《史记志疑》：长沙是时为封国，不应有太守。《孔光传》及《唐表》《后序》皆作“太傅”，则《史》误也。

子襄生忠，[1] 年五十七。忠生武，武生延年及安国。[2] 安国为今皇帝博士，至临淮太守，蚤卒。安国生卬，[3] 卬生驩。[4]

集释：

[1]《史记志疑》：《后序》子襄生季中，名员。《唐表》忠字子贞。考夫子兄之子名忠，不应子襄之子同名，当作“中”为是，《书序》《疏》引史作“中”也。“季”字衍，而“员”乃讹文。又《史》失书字子贞。

[2]《史记探源》：《汉书·孔光传》云“忠生武及安国，武生延年”，未知孰是。

《史记志疑》：《孔光传》忠生武及安国，武生延年。《后序》季中生武及子国。（安国字）《唐表》忠二子，武、安国。武生延年。则《史》以安国为武子，误也。（《书序》疏引《史》“延年”作“延陵”，非。）《孔丛·叙世篇》尤为伪谬，《七修类稿》二十四、王世贞《读书后》皆辩之，故不采录。《阙里考》云武字子威。

[3]《史记志疑》：金陵本作“卭”，“卭”乃“卬”之讹。

[4]《史记探源》：安国生卬止。各本下有“卬生驩”句，当是褚先生补。安国蚤卒，卒在元朔末年，详《序证·古文尚书节》。此后即获麟之岁，《史记》止矣，是时安国岂及有孙耶？

徐孚远曰：历叙后世，与王侯同，此所谓世家也。

太史公曰：《诗》有之：“高山仰止，景行行止。”[1]虽不能至，然心乡往之。余读孔氏书，想见其为人。适鲁，观仲尼庙堂车服礼器，诸生以时习礼其家，余祗回[2]留之不能去云。天下君王至于贤人众矣，当时则荣，没则已焉。孔子布衣，传十余世，学者宗之。自天子王侯，中国言六艺者折中于夫子，[3]可谓至圣矣！[4]

集释：

[1]《史记志疑》：王应麟《诗考》引《史》作“景行行之”，而今《史记》本与《诗》同，惟《礼·表记》《释文》云“行止，诗作‘行之’”，与《诗》又不合。《补三王世家》云“高山仰之，景行乡之”。

《鹤林玉露》：《诗》曰：“高山仰止，景行行止。”景，明也。谓所行之光明也。世俗有“景仰”“景慕”之语，遂失其义。妄以“景”训“仰”，多取前贤名姓，加“景”字于上以为字。如景周、景颜之类，失之矣。前史王景略，近世范景仁，何尝以景为仰哉？真西山旧字景元，后悟其非，乃改为希元云。

[2]《史记索隐》：祗，敬也。言祗敬迟回不能去之。有本亦作“低回”，义亦通。

[3]《史记索隐》：《离骚》云：“明五帝以折中。”王师叔云：“折中，正也。”宋均云：“折，断也。中，当也。”按：言欲折断其物而用之，与度相中当，故以言其折中也。

《史记索隐·述赞》：孔子之胄，出于商国。弗父能让，正考铭勒。防叔来奔，邹人搞足。尼丘诞圣，阙里生德。七十升堂，四方取则。卯诛两观，摄相夹谷。歌凤遽衰，泣麟何促！九流仰镜，万古钦躅。

[4] 玄烨：《御制文集·孔子世家赞》：只至圣二字，千古赞孔子者何以复加。

集　评

李康曰：夫以仲尼之才也，而器不周于鲁、卫；以仲尼之辩也，而言不行于定、哀；以仲尼之谦也，而见忌于子西；以仲尼之仁也，而取雠于桓魋；以仲尼之智也，而屈厄于陈、蔡；以仲尼之行也，而招毁于叔孙。夫道足以济天下，而不得贵于人；言足以经万世，而不见信于时；行足以应神明，而不能弥纶于俗。应聘七十国，而不一获其主，驱骤于蛮夏之域，屈辱于公卿之门，其不遇也如此！及其孙子思，希圣备体，而未之至，封已养高，势动人主，其所游历，诸侯莫不结驷而造门，虽造门犹有不得宾者焉；其徒子夏，升堂而未入于室者也，退老于家，魏文侯师之，西河之人，肃然归德，比之于夫子，而莫敢间其言。故曰：治乱，运也；穷达，命也；贵贱，时也。

王安石曰：古之人，仆仆然劳其身，以求行道于世，而曰吾以学孔子者，惑矣！孔子之始也，食于鲁。鲁乱而适齐，齐大夫欲害已，则反而食乎鲁。鲁受女乐，不朝者三日，义不可以留也，则乌乎之？曰："甚矣，卫灵公之无道也！其遇贤者，庶乎其犹有礼耳。"于是之卫。卫灵公不可与处也，于是不暇择而之曹，以适于宋、郑、陈、蔡、卫、楚之郊，其志犹云卫而之曹也。老矣，遂归于鲁以卒。孔子之行如此，乌在其求行道也？夫天子、诸侯不以身先于贤人，其不足与有为明也，孔子而不知，其何以为孔子也？曰："沽之哉！沽之哉！我待价者也。"仆仆然劳其身，以求行道于世，是沽也。子路曰："君子之仕，行其义也。道之不行，已知之矣。"盖孔子之心云耳。然则，孔子无意于世之人乎？曰："道之将兴与，命也；道之将废欤，命也。"

苟命矣，则如世之人何？

陈仁锡曰：史迁可谓知圣人之道者矣，班氏谓其先黄老而后六经非也。观其作《史记》，于孔子则立“世家”，于老氏则立“传”。至论孔子，则曰“可谓至圣”，论老氏，但曰“隐君子”。非知足以知圣人而能若是乎？或谓迁非知孔子之至者，必述其道德精微，然后谓之至，噫，道德精微，虽夫子亦自难言也，而欲责迁言之欤？愈言而愈远矣。

凌约言曰：太史公叙孔子，自少至老，历详其出处，而必各记之曰时孔子年若干岁。其卒也，则又叙其葬地与弟子之哀痛，叙鲁人之从冢而聚居，与高皇帝之过鲁而祠。若曰夫子生而关世道之盛衰，没而为万世之典刑，故其反复恻怛如此，虽不能至，然心响往之。“天下君王至贤人众矣，当时则荣，没则已焉。”若曰自开辟以来，唯孔子一人，故其尊慕称诵如此。孔子虽不待此而尊，然太史公之知尊孔子可概见矣。

储欣曰：余读太史公书，其间考信六艺，推尊孔子，可谓至矣。先黄老者谈也，非迁也。谈习道论，以虚无为宗，迁博极群书，又与董生辈往来究切，师友渊源，超出其父。以其父诋其子，不亦奇乎！

牛运震曰：详叙孔子后人世系，是世家体。赞语精微淡远，平易中自有风神，读之令人肃然生敬。称孔子为“至圣”，在此时则为公家常语，在秦、汉时实为创论。特见此太史公识力不可及处。试问宋儒，当此扫群圣、簸百家之际，能有此精当之论耶？或云赞语称孔子处极浅近，不知正太史公笔力高妙、意思含蓄处。若胪扬孔子圣智文章之实，非揭之不精，则举之不详，正柳子厚所谓“誉天地之大，褒日月之明，非愚则惑”者也。《孔子世家》摭润群书，自成篇段。既不病其疎略，亦不伤于繁碎。肃古雅驯，是极有体格文字。

王治皞：太史公虽未深知孔子之道，而能尊孔子于黄老纷纭之日，其识盖卓矣。昌黎之前，知尊孔子，此其首也。

俞正燮曰：《史记》世家言极纤悉，盖情深文明。其言世家，记世禄也，其名至当矣。王安石言孔子可世天下，以史为失例，其说可怪叹。

林伯桐曰：大圣人之德，如乾坤之容、日月之光，岂人所能绘画耶？故《孔子世家》所载皆博学多能之事，盖其外之所见者如此而已。涌水李氏乃谓所以称夫子者何其陋也，似非公论。

刘鸿翱曰：余谓迁实有上下千古之识，其不后六经，进奸雄、羞贫贱犹次也。孔子以生民未有之圣，汉时犹孔、墨并称，迁独尊为至圣，列于世家。圣人之至德要道，累千万言不能竟其蕴，迁独赞曰"'高山仰止，景行行止。'虽不能至，心向往之"，有希慕无穷之意焉，可谓善言圣也。

丁晏曰：案世家通篇以"不用"二字为眼目：曰"弗能用"，曰"莫能己用"，曰"不用"，曰"既不能用于卫"，曰"鲁终不能用"。史公于世家三致意焉，深慨圣道之不行也。

论 语 集 注

〔宋〕朱 熹

编者按：《论语集注》是朱熹诠注《论语》的经典之作，每篇起始均有对该篇的概述，《论语》原文用黑体字标出，对其中字音的标注则用楷体小字，紧随其后。集注部分引用他人之语，皆用“某某曰”表示，所引各家，在子封页一一列出，以方便读者查阅；而朱子的观点或直接写出，或用“愚谓”“愚按”表示。

《论语集注》，朱熹集采诸家之说，凡所取诸家有所发明者，略备于下：

马氏：马融，字季长
郑氏：郑玄，字康成
何氏：何晏，字平叔
孔氏：孔颖达，字冲远
邢氏：邢昺，字叔明
周氏：周敦颐，字茂叔
张子：张载，字子厚
程子：程颢，字伯淳
　　　程颐，字正叔
尹氏：尹焞，字彦明
范氏：范祖禹，字淳夫
杨氏：杨时，字中立
谢氏：谢良佐，字显道
吕氏：吕希哲，字原明
　　　吕大临，字与叔
游氏：游酢，字定夫
侯氏：侯仲良，字师圣
胡氏：胡瑗，字翼之
　　　胡寅，字明仲
洪氏：洪兴祖，字庆善
吴氏：吴浩，字义夫
张氏：张栻，字敬夫
陆氏：陆九渊，字子静
李氏：李侗，字愿中
　　　李衡，字彦平
刘聘君：刘勉之，字致中
赵氏：赵匡，字伯循
黄氏：黄祖舜，字继道
苏氏：苏轼，字子瞻
晁氏，晁说之，字以道
王氏：王雱，字元泽
曾氏：曾几，字吉甫

学而第一

此为书之首篇，故所记多务本之意，乃入道之门、积德之基、学者之先务也。凡十六章。

子曰：“学而时习之，不亦说乎？有朋自远方来，不亦乐乎？人不知而不愠，不亦君子乎？”说、悦同。愠，纡问反。乐，音洛。

学之为言效也。人性皆善，而觉有先后，后觉者必效先觉之所为，乃可以明善而复其初也。习，鸟数飞也。学之不已，如鸟数飞也。说，喜意也。既学而又时时习之，则所学者熟，而中心喜说，其进自不能已矣。

程子曰：“习，重习也。时复思绎，浃洽于中，则说也。”

又曰：“学者，将以行之也。时习之，则所学者在我，故说。”

谢氏曰：“时习者，无时而不习。坐如尸，坐时习也；立如齐，立时习也。”

朋，同类也。自远方来，则近者可知。

程子曰：“以善及人，而信从者众，故可乐。”

又曰：“说在心，乐主发散在外。”

愠，含怒意。君子，成德之名。

尹氏曰：“学在己，知不知在人，何愠之有？”

程子曰：“虽乐于及人，不见是而无闷，乃所谓君子。”

愚谓，及人而乐者顺而易；不知而不愠者，逆而难，故惟成德者能之。然德之所以成，亦曰学之正、习之熟、说之深而不已焉耳。

程子曰："乐由说而后得，非乐不足以语君子。"

有子曰："其为人也孝弟，而好犯上者，鲜矣；不好犯上，而好作乱者，未之有也。君子务本，本立而道生。孝弟也者，其为仁之本与！"弟、好，皆去声。鲜，上声，下同。与，平声。

有子，孔子弟子，名若。善事父母为孝，善事兄长为弟。犯上，谓干犯在上之人。鲜，少也。作乱，则为悖逆争斗之事矣。此言人能孝弟，则其心和顺，少好犯上，必不好作乱也。

务，专力也。本，犹根也。仁者，爱之理，心之德也。为仁，犹曰行仁。与者，疑辞，谦退不敢质言也。言君子凡事专用力于根本，根本既立，则其道自生。若上文所谓孝弟，乃是为仁之本，学者务此，则仁道自此而生也。

程子曰："孝弟，顺德也，故不好犯上，岂复有逆理乱常之事？德有本，本立则其道充大。孝弟行于家，而后仁爱及于物，所谓亲亲而仁民也。故为仁以孝弟为本。论性，则以仁为孝弟之本。"或问："孝弟为仁之本，此是由孝弟可以至仁否？"曰："非也。谓行仁自孝弟始，孝弟是仁之一事。谓之行仁之本则可，谓是仁之本则不可。盖仁是性也，孝弟是用也，性中只有个仁、义、礼、智四者而已，曷尝有孝弟来。然仁主于爱，爱莫大于爱亲，故曰：'孝弟也者，其为仁之本与！'"

子曰："巧言令色，鲜矣仁！"

巧，好。令，善也。好其言，善其色，致饰于外，务以悦人，则人欲肆而本心之德亡矣。圣人辞不迫切，专言鲜，则绝无可知，学者所当深戒也。

程子曰：“知巧言令色之非仁，则知仁矣。”

曾子曰：“吾日三省吾身：为人谋而不忠乎？与朋友交而不信乎？传不习乎？”省，悉井反。为，去声。传，平声。

曾子，孔子弟子，名参，字子舆。尽己之谓忠。以实之谓信。传，谓受之于师。习，谓熟之于己。曾子以此三者日省其身，有则改之，无则加勉，其自治诚切如此，可谓得为学之本矣。而三者之序，则又以忠信为传习之本也。

尹氏曰：“曾子守约，故动必求诸身。”

谢氏曰：“诸子之学，皆出于圣人，其后愈远而愈失其真。独曾子之学，专用心于内，故传之无弊，观于子思、孟子可见矣。惜乎！其嘉言善行，不尽传于世也。其幸存而未泯者，学者其可不尽心乎！”

子曰：“道千乘之国：敬事而信，节用而爱人，使民以时。”道、乘，皆去声。

道，治也。马氏云：“八百家出车一乘。”千乘，诸侯之国，其地可出兵车千乘者也。敬者，主一无适之谓。敬事而信者，敬其事而信于民也。时，谓农隙之时。言治国之要，在此五者，亦务本之意也。

程子曰：“此言至浅，然当时诸侯果能此，亦足以治其国矣。圣人言虽至近，上下皆通。此三言者，若推其极，尧、舜之治亦不过此。若常人之言近，则浅近而已矣。”

杨氏曰：“上不敬则下慢，不信则下疑，下慢而疑，事不立矣。敬事而信，以身先之也。《易》曰：‘节以制度，不伤财，不害民。’盖侈用则伤财，伤财必至于害民，故爱民必先于节用。然使之不以其时，则力本者不获自尽，虽有爱人之心，而人不被其泽矣。然此特论其所存而已，未及为政也。苟无是心，则虽有政，不行焉。”

胡氏曰：“凡此数者，又皆以敬为主。”

愚谓，五者反复相因，各有次第，读者宜细推之。

子曰：“弟子入则孝，出则弟，谨而信，泛爱众，而亲仁。行有余力，则以学文。”弟子之弟，上声。则弟之弟，去声。

谨者，行之有常也。信者，言之有实也。泛，广也。众，谓众人。亲，近也。仁，谓仁者。余力，犹言暇日。以，用也。文，谓《诗》《书》六艺之文。

程子曰：“为弟子之职，力有余则学文，不修其职而先文，非为己之学也。”

尹氏曰：“德行，本也。文艺，末也。穷其本末，知所先后，可以入德矣。”

洪氏曰：“未有余力而学文，则文灭其质；有余力而不学文，则质胜而野。”

愚谓，力行而不学文，则无以考圣贤之成法，识事理之当然，而所行或出于私意，非但失之于野而已。

子夏曰：“贤贤易色，事父母能竭其力，事君能致其身，与朋友交言而有信。虽曰未学，吾必谓之学矣。”

子夏，孔子弟子，姓卜，名商。贤人之贤，而易其好色之心，好善有诚也。致，犹委也。委致其身，谓不有其身也。四者皆人伦之大者，而行之必尽其诚，学求如是而已。故子夏言有能如是之人，苟非生质之美，必其务学之至。虽或以为未尝为学，我必谓之已学也。

游氏曰：“三代之学，皆所以明人伦也。能是四者，则于人伦厚矣。学之为道，何以加此。子夏以文学名，而其言如此，则古人之所谓学者可知矣。故

《学而》一篇，大抵皆在于务本。”

吴氏曰：“子夏之言，其意善矣。然辞气之间，抑扬太过，其流之弊，将或至于废学。必若上章夫子之言，然后为无弊也。”

子曰：“君子不重则不威，学则不固。主忠信。无友不如己者。过则勿惮改。”

重，厚重。威，威严。固，坚固也。轻乎外者，必不能坚乎内，故不厚重则无威严，而所学亦不坚固也。

人不忠信，则事皆无实，为恶则易，为善则难，故学者必以是为主焉。

程子曰：“人道惟在忠信，不诚则无物，且出入无时，莫知其乡者，人心也。若无忠信，岂复有物乎？”

无、毋通，禁止辞也。友所以辅仁，不如己，则无益而有损。

勿，亦禁止之辞。惮，畏难也。自治不勇，则恶日长，故有过则当速改，不可畏难而苟安也。

程子曰：“学问之道无他也，知其不善，则速改以从善而已。”程子曰：“君子自修之道当如是也。”

游氏曰：“君子之道，以威重为质，而学以成之。学之道，必以忠信为主，而以胜己者辅之。然或吝于改过，则终无以入德，而贤者亦未必乐告以善道，故以过勿惮改终焉。”

曾子曰：“慎终追远，民德归厚矣。”

慎终者，丧尽其礼。追远者，祭尽其诚。民德归厚，谓下民化之，其德亦归于厚。盖终者，人之所易忽也，而能谨之；远者，人之所易忘也，而能追之，厚之道也。故以此自为，则己之德厚，下民化之，则其德亦归于厚也。

子禽问于子贡曰：“夫子至于是邦也，必闻其政，求之与？抑与之与？”子贡曰：“夫子温、良、恭、俭、让以得之。夫子之求之也，其诸异乎人之求之与？”之与，平声，下同。

子禽，姓陈，名亢。子贡，姓端木，名赐。皆孔子弟子。或曰：“亢，子贡弟子。”未知孰是。抑，反语辞。

温，和厚也。良，易直也。恭，庄敬也。俭，节制也。让，谦逊也。五者，夫子之盛德光辉接于人者也。其诸，语辞也。人，他人也。言夫子未尝求之，但其德容如是，故时君敬信，自以其政就而问之耳，非若他人必求之而后得也。圣人过化存神之妙，未易窥测，然即此而观，则其德盛礼恭而不愿乎外，亦可见矣。学者所当潜心而勉学也。

谢氏曰：“学者观于圣人威仪之间，亦可以进德矣。若子贡亦可谓善观圣人矣，亦可谓善言德行矣。今去圣人千五百年，以此五者想见其形容，尚能使人兴起，而况于亲炙之者乎？”

张敬夫曰：“夫子至是邦必闻其政，而未有能委国而授之以政者。盖见圣人之仪刑而乐告之者，秉彝好德之良心也，而私欲害之，是以终不能用耳。”

子曰：“父在，观其志；父没，观其行；三年无改于父之道，可谓孝矣。”行，去声。

父在，子不得自专，而志则可知；父没，然后其行可见，故观此足以知其人之善恶，然又必能三年无改于父之道，乃见其孝，不然，则所行虽善，亦不得为孝矣。

尹氏曰："如其道，虽终身无改可也。如其非道，何待三年？然则三年无改者，孝子之心有所不忍故也。"

游氏曰："三年无改，亦谓在所当改而可以未改者耳。"

有子曰："礼之用，和为贵。先王之道斯为美，小大由之。有所不行，知和而和，不以礼节之，亦不可行也。"

礼者，天理之节文，人事之仪则也。和者，从容不迫之意。盖礼之为体虽严，而皆出于自然之理，故其为用，必从容而不迫，乃为可贵。先王之道，此其所以为美，而小事大事无不由之也。

承上文而言，如此而复有所不行者，以其徒知和之为贵而一于和，不复以礼节之，则亦非复理之本然矣，所以流荡忘反，而亦不可行也。

程子曰："礼胜则离，故礼之用和为贵。先王之道以斯为美，而小大由之。乐胜则流，故有所不行者，知和而和，不以礼节之，亦不可行。"

范氏曰："凡礼之体主于敬，而其用则以和为贵。敬者，礼之所以立也；和者，乐之所由生也。若有子可谓达礼乐之本矣。"

愚谓，严而泰，和而节，此理之自然，礼之全体也。毫厘有差，则失其中正，而各倚于一偏，其不可行均矣。

有子曰："信近于义，言可复也；恭近于礼，远耻辱也；因不失其亲，亦可宗也。"近、远，皆去声。

信，约信也。义者，事之宜也。复，践言也。恭，致敬也。礼，节文也。因，犹依也。宗，犹主也。言约信而合其宜，则言必可践矣。致恭而中其节，则能远耻辱矣。所依者不失其可亲之人，则亦可以宗而主之矣。此言人之言行交际，皆当谨之于始而虑其所终，不然，则因仍苟且之间，将有不胜其自失之悔者矣。

子曰：“君子食无求饱，居无求安，敏于事而慎于言，就有道而正焉，可谓好学也已。”好，去声。

不求安饱者，志有在而不暇及也。敏于事者，勉其所不足。慎于言者，不敢尽其所有余也。然犹不敢自是，而必就有道之人，以正其是非，则可谓好学矣。凡言道者，皆谓事物当然之理，人之所共由者也。

尹氏曰：“君子之学，能是四者，可谓笃志力行者矣。然不取正于有道，未免有差，如杨、墨学仁义而差者也，其流至于无父无君，谓之好学，可乎？”

子贡曰：“贫而无谄，富而无骄，何如？”子曰：“可也。未若贫而乐，富而好礼者也。”子贡曰：“《诗》云：‘如切如磋，如琢如磨。’其斯之谓与？”子曰：“赐也，始可与言《诗》已矣！告诸往而知来者。”乐，音洛。好，去声。磋，七多反。与，平声。

谄，卑屈也。骄，矜肆也。常人溺于贫富之中，而不知所以自守，故必有二者之病。无谄无骄，则知自守矣，而未能超乎贫富之外也。凡曰可者，仅可而有所未尽之辞也。乐则心广体胖而忘其贫，好礼则安处善，乐循理，亦不自知其富矣。子贡货殖，盖先贫后富，而尝用力于自守者，故以此为问。而夫子答之如此，盖许其所已能，而勉其所未至也。

《诗·卫风·淇澳》之篇，言治骨角者，既切之而复磋之；治玉石者，既琢之而复磨之；治之已精，而益求其精也。子贡自以无谄无骄为至矣，闻夫子之言，又知义理之无穷，虽有得焉，而未可遽自足也，故引是诗以明之。

往者，其所已言者。来者，其所未言者。

愚按：此章问答，其浅深高下，固不待辨说而明矣。然不切则磋无所施，不琢则磨无所措。故学者虽不可安于小成，而不求造道之极致；亦不可骛于虚远，而不察切己之实病也。

子曰：“不患人之不己知，患不知人也。”

尹氏曰：“君子求在我者，故不患人之不己知。不知人，则是非邪正或不能辨，故以为患也。”

为政第二

凡二十四章。

子曰："为政以德，譬如北辰，居其所而众星共之。"共，音拱，亦作拱。

政之为言正也，所以正人之不正也。德之为言得也，得于心而不失也。北辰，北极，天之枢也。居其所，不动也。共，向也，言众星四面旋绕而归向之也。为政以德，则无为而天下归之，其象如此。

程子曰："为政以德，然后无为。"

范氏曰："为政以德，则不动而化，不言而信，无为而成。所守者至简而能御烦，所处者至静而能制动，所务者至寡而能服众。"

子曰："《诗》三百，一言以蔽之，曰'思无邪'。"

《诗》三百十一篇，言三百者，举大数也。蔽，犹盖也。"思无邪"，《鲁颂·駉》篇之辞。凡《诗》之言，善者可以感发人之善心，恶者可以惩创人之逸志，其用归于使人得其情性之正而已。然其言微婉，且或各因一事而发，求其直指全体，则未有若此之明且尽者。故夫子言《诗》三百篇，而惟此一言足以尽盖其义，其示人之意亦深切矣。

程子曰："'思无邪'者，诚也。"

范氏曰："学者必务知要，知要则能守约，守约则足以尽博矣。经礼三百，曲礼三千，亦可以一言以蔽之，曰'毋不敬'。"

子曰："道之以政，齐之以刑，民免而无耻。道之以德，齐之以礼，有耻且格。"道，音导，下同。

道，犹引导，谓先之也。政，谓法制禁令也。齐，所以一之也。道之而不从者，有刑以一之也。免而无耻，谓苟免刑罚。而无所羞愧，盖虽不敢为恶，而为恶之心未尝亡也。

礼，谓制度品节也。格，至也。言躬行以率之，则民固有所观感而兴起矣，而其浅深厚薄之不一者，又有礼以一之，则民耻于不善，而又有以至于善也。一说，格，正也。《书》曰："格其非心。"

愚谓，政者，为治之具。刑者，辅治之法。德、礼则所以出治之本，而德又礼之本也。此其相为终始，虽不可以偏废，然政、刑能使民远罪而已，德礼之效，则有以使民日迁善而不自知。故治民者不可徒恃其末，又当深探其本也。

子曰："吾十有五而志于学，三十而立，四十而不惑，五十而知天命，六十而耳顺，七十而从心所欲，不踰矩。"从，如字。

古者十五而入大学。心之所之谓之志。此所谓学，即大学之道也。志乎此，则念念在此而为之不厌矣。

有以自立，则守之固而无所事志矣。

于事物之所当然，皆无所疑，则知之明而无所事守矣。

天命，即天道之流行而赋于物者，乃事物所以当然之故也。知此则知极其精，而不惑又不足言矣。

声入心通，无所违逆，知之之至，不思而得也。

从，随也。矩，法度之器，所以为方者也。随其心之所欲，而自不过于法度，安而行之，不勉而中也。

程子曰："孔子生而知之也，言亦由学而至，所以勉进后人也。立，能自立于斯道也。不惑，则无所疑矣。知天命，穷理尽性也。耳顺，所闻皆通也。从心所欲，不踰矩，则不勉而中矣。"

又曰："孔子自言其进德之序如此者，圣人未必然，但为学者立法，使之盈科而后进，成章而后达耳。"

胡氏曰："圣人之教亦多术，然其要，使人不失其本心而已。欲得此心者，惟志乎圣人所示之学，循其序而进焉。至于一疵不存、万理明尽之后，则其日用之间，本心莹然，随所意欲，莫非至理。盖心即体，欲即用，体即道，用即义，声为律而身为度矣。"

又曰："圣人言此，一以示学者当优游涵泳，不可躐等而进；二以示学者当日就月将，不可半途而废也。"

愚谓，圣人生知安行，固无积累之渐，然其心未尝自谓已至此也。是其日用之间，必有独觉其进而人不及知者。故因其近似以自名，欲学者以是为则而自勉，非心实自圣而姑为是退托也。后凡言谦辞之属，意皆放此。

孟懿子问孝。子曰："无违。"樊迟御，子告之曰："孟孙问孝于我，我对曰'无违'。"樊迟曰："何谓也？"子曰："生，事之以礼；死，葬之以礼，祭之以礼。"

孟懿子，鲁大夫仲孙氏，名何忌。无违，谓不背于理。

樊迟，孔子弟子，名须。御，为孔子御车也。孟孙，即仲孙也。夫子以懿子未达而不能问，恐其失指，而以从亲之令为孝，故语樊迟以发之。

生事葬祭，事亲之始终具矣。礼，即理之节文也。人之事亲，自始至终，一于礼而不苟，其尊亲也至矣。是时三家僭礼，故夫子以是警之，然语意浑然，又若不专为三家发者，所以为圣人之言也。

胡氏曰："人之欲孝其亲，心虽无穷，而分则有限。得为而不为，与不得为而为之，均于不孝。所谓以礼者，为其所得为者而已矣。"

孟武伯问孝。子曰："父母唯其疾之忧。"

武伯，懿子之子，名彘。言父母爱子之心，无所不至，唯恐其有疾病，常以为忧也。人子体此，而以父母之心为心，则凡所以守其身者，自不容于不谨矣，岂不可以为孝乎？旧说，人子能使父母不以其陷于不义为忧，而独以其疾为忧，乃可谓孝。亦通。

子游问孝。子曰："今之孝者，是谓能养。至于犬马，皆能有养；不敬，何以别乎？"养，去声。别，彼列反。

子游，孔子弟子，姓言，名偃。养，谓饮食供奉也。犬马待人而食，亦若养然。言人畜犬马，皆能有以养之，若能养其亲而敬不至，则与养犬马者何异。甚言不敬之罪，所以深警之也。

胡氏曰："世俗事亲，能养足矣。狎恩恃爱，而不知其渐流于不敬，则非小失也。子游圣门高弟，未必至此，圣人直恐其爱踰于敬，故以是深警发之也。"

子夏问孝。子曰："色难。有事弟子服其劳，有酒食先生馔，曾是以为孝乎？"食，音嗣。

色难，谓事亲之际，惟色为难也。食，饭也。先生，父兄也。馔，饮食之也。曾，犹尝也。盖孝子之有深爱者，必有和气；有和气者，必有愉色；有愉色者，必有婉容。故事亲之际，惟色为难耳，服劳奉养，未足为孝也。旧说，承顺父母之色为难，亦通。

程子曰："告懿子，告众人者也。告武伯者，以其人多可忧之事。子游能养而或失于敬，子夏能直义而或少温润之色。各因其材之高下，与其所失而告之，故不同也。"

子曰："吾与回言终日，不违如愚。退而省其私，亦足以发。回也不愚。"

回，孔子弟子，姓颜，字子渊。不违者，意不相背，有听受而无问难也。私，谓燕居独处，非进见请问之时。发，谓发明所言之理。愚闻之师曰："颜子深潜纯粹，其于圣人体段已具。其闻夫子之言，默识心融，触处洞然，自有条理。故终日言，但见其不违如愚人而已。及退省其私，则见其日用动静语默之间，皆足以发明夫子之道，坦然由之而无疑，然后知其不愚也。"

子曰："视其所以，观其所由，察其所安。人焉廋哉？人焉廋哉？"焉，于虔反。廋，所留反。

以，为也。为善者为君子，为恶者为小人。

观，比视为详矣。由，从也。事虽为善，而意之所从来者有未善焉，则亦不得为君子矣。或曰："由，行也。谓所以行其所为者也。"

察，则又加详矣。安，所乐也。所由虽善，而心之所乐者不在于是，则亦伪耳，岂能久而不变哉？

焉，何也。廋，匿也。重言以深明之。

程子曰：“在己者能知言穷理，则能以此察人如圣人也。”

子曰：“温故而知新，可以为师矣。”

温，寻绎也。故者，旧所闻。新者，今所得。言学能时习旧闻，而每有新得，则所学在我，而其应不穷，故可以为人师。若夫记问之学，则无得于心，而所知有限，故《学记》讥其“不足以为人师”，正与此意互相发也。

子曰：“君子不器。”

器者，各适其用而不能相通。成德之士，体无不具，故用无不周，非特为一才一艺而已。

子贡问君子。子曰：“先行其言而后从之。”

周氏曰：“先行其言者，行之于未言之前；而后从之者，言之于既行之后。”范氏曰：“子贡之患，非言之艰而行之艰，故告之以此。”

子曰：“君子周而不比，小人比而不周。”

周，普遍也。比，偏党也。皆与人亲厚之意，但周公而比私耳。

君子小人所为不同，如阴阳昼夜，每每相反。然究其所以分，则在公私之际，毫厘之差耳。故圣人于周比、和同、骄泰之属，常对举而互言之，欲学者察乎两间，而审其取舍之几也。

子曰："学而不思则罔，思而不学则殆。"

不求诸心，故昏而无得。不习其事，故危而不安。

程子曰："博学、审问、慎思、明辨、笃行五者，废其一，非学也。"

子曰："攻乎异端，斯害也已！"

范氏曰："攻，专治也，故治木石金玉之工曰攻。异端，非圣人之道，而别为一端，如杨、墨是也。其率天下至于无父无君，专治而欲精之，为害甚矣！"

程子曰："佛氏之言，比之杨、墨，尤为近理，所以其害为尤甚。学者当如淫声美色以远之，不尔，则骎骎然入于其中矣。"

子曰："由！诲女知之乎？知之为知之，不知为不知，是知也。"女，音汝。

由，孔子弟子，姓仲，字子路。子路好勇，盖有强其所不知以为知者，故夫子告之曰：我教女以知之之道乎！但所知者则以为知，所不知者则以为不知。如此则虽或不能尽知，而无自欺之蔽，亦不害其为知矣。况由此而求之，又有可知之理乎？

子张学干禄。子曰："多闻阙疑，慎言其余，则寡尤；多见阙殆，慎行其余，则寡悔。言寡尤，行寡悔，禄在其中矣。"行寡之行，去声。

子张，孔子弟子，姓颛孙，名师。干，求也。禄，仕者之奉也。

吕氏曰："疑者所未信，殆者所未安。"

程子曰："尤，罪自外至者也。悔，理自内出者也。"

愚谓，多闻见者学之博，阙疑殆者择之精，慎言行者守之约。凡言“在其中”者，皆不求而自至之辞。言此以救子张之失而进之也。

程子曰：“修天爵则人爵至，君子言行能谨，得禄之道也。子张学干禄，故告之以此，使定其心而不为利禄动，若颜、闵则无此问矣。或疑如此亦有不得禄者，孔子盖曰‘耕也馁在其中’，惟理可为者为之而已矣。”

哀公问曰：“何为则民服？”孔子对曰：“举直错诸枉，则民服；举枉错诸直，则民不服。”

哀公，鲁君，名蒋。凡君问，皆称“孔子对曰”者，尊君也。错，舍置也。诸，众也。

程子曰：“举错得义，则人心服。”

谢氏曰：“好直而恶枉，天下之至情也。顺之则服，逆之则去，必然之理也。然或无道以照之，则以直为枉，以枉为直者多矣，是以君子大居敬而贵穷理也。”

季康子问：“使民敬、忠以劝，如之何？”子曰：“临之以庄则敬，孝慈则忠，举善而教不能则劝。”

季康子，鲁大夫季孙氏，名肥。庄，谓容貌端严也。临民以庄，则民敬于己。孝于亲，慈于众，则民忠于己。善者举之而不能者教之，则民有所劝而乐于为善。

张敬夫曰：“此皆在我所当为，非为欲使民敬、忠以劝而为之也。然能如是，则其应盖有不期然而然者矣。”

或谓孔子曰：“子奚不为政？”子曰：“《书》云：‘孝乎惟孝，友于兄弟，

施于有政。’是亦为政，奚其为为政？”

定公初年，孔子不仕，故或人疑其不为政也。

《书》，《周书·君陈》篇。《书》云孝乎者，言《书》之言孝如此也。善兄弟曰友。《书》言君陈能孝于亲，友于兄弟，又能推广此心，以为一家之政。孔子引之，言如此则是亦为政矣，何必居位乃为为政乎？盖孔子之不仕，有难以语或人者，故托此以告之，要之至理亦不外是。

子曰：“人而无信，不知其可也。大车无輗，小车无軏，其何以行之哉？”輗，五兮反。軏，音月。

大车，谓平地任载之车。輗，辕端横木，缚轭以驾牛者。小车，谓田车、兵车、乘车。軏，辕端上曲，钩衡以驾马者。车无此二者，则不可以行，人而无信，亦犹是也。

子张问：“十世可知也？”子曰：“殷因于夏礼，所损益，可知也；周因于殷礼，所损益，可知也；其或继周者，虽百世可知也。”

陆氏曰：“也，一作乎。”

王者易姓受命为一世。子张问自此以后，十世之事，可前知乎？

马氏曰：“所因，谓三纲五常。所损益，谓文质三统。”

愚按：三纲，谓君为臣纲，父为子纲，夫为妻纲。五常，谓仁、义、礼、智、信。文质，谓夏尚忠，商尚质，周尚文。三统，谓夏正建寅为人统，商正建丑为地统，周正建子为天统。三纲五常，礼之大体，三代相继，皆因之而不能变。其所损益，不过文章制度小过不及之间，而其已然之迹，今皆可见。则自今以往，或有继周而王者，虽百世之远，所因所革，亦不过此，岂但十世而已乎！圣人所以知来者盖如此，非若后世谶纬术数之学也。

胡氏曰："子张之问，盖欲知来，而圣人言其既往者以明之也。夫自修身以至于为天下，不可一日而无礼。天叙天秩，人所共由，礼之本也。商不能改乎夏，周不能改乎商，所谓天地之常经也。若乃制度文为，或太过则当损，或不足则当益，益之损之，与时宜之，而所因者不坏，是古今之通义也。因往推来，虽百世之远，不过如此而已矣。"

子曰："非其鬼而祭之，谄也。见义不为，无勇也。"

非其鬼，谓非其所当祭之鬼。谄，求媚也。

知而不为，是无勇也。

八佾第三

凡二十六章。通前篇末二章，皆论礼乐之事。

孔子谓季氏：“八佾舞于庭，是可忍也，孰不可忍也？”佾，音逸。

季氏，鲁大夫季孙氏也。佾，舞列也，天子八、诸侯六、大夫四、士二。每佾人数，如其佾数。或曰：“每佾八人。”未详孰是。季氏以大夫而僭用天子之乐，孔子言其此事尚忍为之，则何事不可忍为。或曰：“忍，容忍也。”盖深疾之之辞。

范氏曰：“乐舞之数，自上而下，降杀以两而已，故两之间，不可以毫发僭差也。孔子为政，先正礼乐，则季氏之罪不容诛矣。”

谢氏曰：“君子于其所不当为不敢须臾处，不忍故也。而季氏忍此矣，则虽弑父与君，亦何所惮而不为乎？”

三家者以《雍》彻。子曰：“‘相维辟公，天子穆穆’，奚取于三家之堂？”彻，直列反。相，去声。

三家，鲁大夫孟孙、叔孙、季孙之家也。《雍》，《周颂》篇名。彻，祭毕而收其俎也。天子宗庙之祭，则歌《雍》以彻，是时三家僭而用之。相，助也。辟公，诸侯也。穆穆，深远之意，天子之容也。此《雍》诗之辞，孔子引之，言三家之堂非有此事，亦何取于此义而歌之乎？讥其无知妄作，以取僭窃之罪。

程子曰："周公之功固大矣，皆臣子之分所当为，鲁安得独用天子礼乐哉？成王之赐，伯禽之受，皆非也。其因袭之弊，遂使季氏僭八佾，三家僭《雍》彻，故仲尼讥之。"

子曰："人而不仁，如礼何？人而不仁，如乐何？"

游氏曰："人而不仁，则人心亡矣，其如礼乐何哉？言虽欲用之，而礼乐不为之用也。"

程子曰："仁者天下之正理。失正理，则无序而不和。"

李氏曰："礼乐待人而后行，苟非其人，则虽玉帛交错，钟鼓铿锵，亦将如之何哉？"然记者序此于八佾、《雍》彻之后，疑其为僭礼乐者发也。

林放问礼之本。子曰："大哉问！礼，与其奢也，宁俭；丧，与其易也，宁戚。"易，去声。

林放，鲁人。见世之为礼者，专事繁文，而疑其本之不在是也，故以为问。

孔子以时方逐末，而放独有志于本，故大其问。盖得其本，则礼之全体无不在其中矣。

易，治也。孟子曰："易其田畴。"在丧礼，则节文习熟，而无哀痛惨怛之实者也。戚则一于哀，而文不足耳。礼贵得中，奢、易则过于文，俭、戚则不及而质，二者皆未合礼。然凡物之理，必先有质而后有文，则质乃礼之本也。

范氏曰："夫祭，与其敬不足而礼有余也，不若礼不足而敬有余也。丧，与其哀不足而礼有余也，不若礼不足而哀有余也。礼失之奢，丧失之易，皆不能反本而随其末故也。礼奢而备，不若俭而不备之愈也；丧易而文，不若戚而不文之愈也。俭者物之质，戚者心之诚，故为礼之本。”

杨氏曰：“礼始诸饮食，故污尊而抔饮，为之簠、簋、笾、豆、罍、爵之饰，所以文之也，则其本俭而已。丧不可以径情而直行，为之衰麻哭踊之数，所以节之也，则其本戚而已。周衰，世方以文灭质，而林放独能问礼之本，故夫子大之，而告之以此。”

子曰：“夷狄之有君，不如诸夏之亡也。”

吴氏曰：“亡，古无字，通用。”

程子曰：“夷狄且有君长，不如诸夏之僭乱，反无上下之分也。”

尹氏曰：“孔子伤时之乱而叹之也。亡，非实亡也，虽有之，不能尽其道尔。”

季氏旅于泰山。子谓冉有曰：“女弗能救与？”对曰：“不能。”子曰：“呜呼！曾谓泰山，不如林放乎？”女，音汝。与，平声。

旅，祭名。泰山，山名，在鲁地。礼，诸侯祭封内山川，季氏祭之，僭也。冉有，孔子弟子，名求，时为季氏宰。救，谓救其陷于僭窃之罪。呜呼，叹辞。言神不享非礼，欲季氏知其无益而自止，又进林放以厉冉有也。

范氏曰：“冉有从季氏，夫子岂不知其不可告也，然而圣人不轻绝人。尽己之心，安知冉有之不能救、季氏之不可谏也？既不能正，则美林放以明泰山之不可诬，是亦教诲之道也。”

子曰：“君子无所争，必也射乎！揖让而升，下而饮，其争也君子。”饮，去声。

揖让而升者，大射之礼，耦进三揖而后升堂也。下而饮，谓射毕揖降，以俟众耦皆降，胜者乃揖不胜者升，取觯立饮也。言君子恭逊不与人争，惟于射而后有争。然其争也，雍容揖逊乃如此，则其争也君子，而非若小人之争矣。

子夏问曰："'巧笑倩兮，美目盼兮，素以为绚兮。'何谓也？"子曰："绘事后素。"曰："礼后乎？"子曰："起予者商也！始可与言《诗》已矣。"倩，七练反。盼，普苋反。绚，呼县反。绘，胡对反。

此逸诗也。倩，好口辅也。盼，目黑白分也。素，粉地，画之质也。绚，采色，画之饰也。言人有此倩盼之美质，而又加以华采之饰，如有素地而加采色也。子夏疑其反谓以素为饰，故问之。

绘事，绘画之事也。后素，后于素也。《考工记》曰："绘画之事后素功。"谓先以粉地为质，而后施五采，犹人有美质，然后可加文饰。

礼必以忠信为质，犹绘事必以粉素为先。起，犹发也。起予，言能起发我之志意。

谢氏曰："子贡因论学而知《诗》，子夏因论《诗》而知学，故皆可与言《诗》。"

杨氏曰："'甘受和，白受采，忠信之人，可以学礼。苟无其质，礼不虚行'。此'绘事后素'之说也。孔子曰'绘事后素'，而子夏曰'礼后乎'，可谓能继其志矣。非得之言意之表者能之乎？商、赐可与言《诗》者以此。若夫玩心于章句之末，则其为《诗》也固而已矣。所谓起予，则亦相长之义也。"

子曰：“夏礼，吾能言之，杞不足征也；殷礼，吾能言之，宋不足征也。文献不足故也。足，则吾能征之矣。”

杞，夏之后。宋，殷之后。征，证也。文，典籍也。献，贤也。言二代之礼，我能言之，而二国不足取以为证，以其文献不足故也。文献若足，则我能取之以证吾言矣。

子曰：“禘自既灌而往者，吾不欲观之矣。”禘，大计反。

赵伯循曰：“禘，王者之大祭也。王者既立始祖之庙，又推始祖所自出之帝，祀之于始祖之庙，而以始祖配之也。成王以周公有大勋劳，赐鲁重祭。故得禘于周公之庙，以文王为所出之帝，而周公配之，然非礼矣。”灌者，方祭之始，用郁鬯之酒灌地，以降神也。鲁之君臣，当此之时，诚意未散，犹有可观，自此以后，则浸以懈怠而无足观矣。盖鲁祭非礼，孔子本不欲观，至此而失礼之中又失礼焉，故发此叹也。

谢氏曰：“夫子尝曰：‘我欲观夏道，是故之杞，而不足证也；我欲观商道，是故之宋，而不足证也。’又曰：‘我观周道，幽、厉伤之，吾舍鲁何适矣？鲁之郊禘非礼也，周公其衰矣！’考之杞、宋已如彼，考之当今又如此，孔子所以深叹也。”

或问禘之说。子曰：“不知也。知其说者之于天下也，其如示诸斯乎！”指其掌。

先王报本追远之意，莫深于禘。非仁孝诚敬之至，不足以与此，非或人之所及也。而不王不禘之法，又鲁之所当讳者，故以不知答之。示，与视同。

指其掌，弟子记夫子言此而自指其掌，言其明且易也。盖知禘之说，则理无不明，诚无不格，而治天下不难矣。圣人于此，岂真有所不知也哉？

祭如在，祭神如神在。子曰："吾不与祭，如不祭。"与，去声。

程子曰："祭，祭先祖也。祭神，祭外神也。祭先主于孝，祭神主于敬。"

愚谓，此门人记孔子祭祀之诚意。

又记孔子之言以明之。言己当祭之时，或有故不得与，而使他人摄之，则不得致其如在之诚。故虽已祭，而此心缺然，如未尝祭也。

范氏曰："君子之祭，七日戒，三日齐，必见所祭者，诚之至也。是故郊则天神格，庙则人鬼享，皆由己以致之也。有其诚则有其神，无其诚则无其神，可不谨乎？'吾不与祭，如不祭'，诚为实，礼为虚也。"

王孙贾问曰："'与其媚于奥，宁媚于灶'，何谓也？"子曰："不然，获罪于天，无所祷也。"

王孙贾，卫大夫。媚，亲顺也。室西南隅为奥。灶者，五祀之一，夏所祭也。凡祭五祀，皆先设主而祭于其所，然后迎尸而祭于奥，略如祭宗庙之仪。如祀灶，则设主于灶陉，祭毕，而更设馔于奥以迎尸也。故时俗之语，因以奥有常尊，而非祭之主；灶虽卑贱，而当时用事。喻自结于君，不如阿附权臣也。贾，卫之权臣，故以此讽孔子。

天，即理也，其尊无对，非奥、灶之可比也。逆理，则获罪于天矣，岂媚于奥、灶所能祷而免乎？言但当顺理，非特不当媚灶，亦不可媚于奥也。

谢氏曰："圣人之言，逊而不迫。使王孙贾而知此意，不为无益；使其不知，亦非所以取祸。"

子曰："周监于二代，郁郁乎文哉！吾从周。"郁，于六反。

监，视也。二代，夏、商也。言其视二代之礼而损益之。郁郁，文盛貌。

尹氏曰："三代之礼，至周大备，夫子美其文而从之。"

子入大庙，每事问。或曰："孰谓鄹人之子知礼乎？入大庙，每事问。"子闻之曰："是礼也。"大，音泰。鄹，侧留反。

大庙，鲁周公庙。此盖孔子始仕之时，入而助祭也。鄹，鲁邑名。孔子父叔梁纥，尝为其邑大夫。孔子自少以知礼闻，故或人因此而讥之。孔子言是礼者，敬谨之至，乃所以为礼也。

尹氏曰："礼者，敬而已矣。虽知亦问，谨之至也，其为敬莫大于此。谓之不知礼者，岂足以知孔子哉？"

子曰："射不主皮，为力不同科，古之道也。"为，去声。

射不主皮，《乡射礼》文，为力不同科，孔子解礼之意如此也。皮，革也，布侯而栖革于其中以为的，所谓鹄也。科，等也。古者射以观德，但主于中，而不主于贯革，盖以人之力有强弱，不同等也。《记》曰："武王克商，散军郊射，而贯革之射息。"正谓此也。周衰礼废，列国兵争，复尚贯革，故孔子叹之。

杨氏曰："中可以学而能，力不可以强而至。圣人言古之道，所以正今之失。"

子贡欲去告朔之饩羊。子曰："赐也，尔爱其羊，我爱其礼。"去，起吕反。

告，古笃反。饩，许气反。

告朔之礼：古者天子常以季冬颁来岁十二月之朔于诸侯，诸侯受而藏之祖庙。月朔，则以特羊告庙，请而行之。饩，生牲也。鲁自文公始不视朔，而有司犹供此羊，故子贡欲去之。

爱，犹惜也。子贡盖惜其无实而妄费。然礼虽废，羊存，犹得以识之而可复焉。若并去其羊，则此礼遂亡矣，孔子所以惜之。

杨氏曰："告朔，诸侯所以禀命于君亲，礼之大者。鲁不视朔矣，然羊存则告朔之名未泯，而其实因可举。此夫子所以惜之也。"

子曰："事君尽礼，人以为谄也。"

黄氏曰："孔子于事君之礼，非有所加也，如是而后尽尔。时人不能，反以为谄。故孔子言之，以明礼之当然也。"

程子曰："圣人事君尽礼，当时以为谄。若他人言之，必曰我事君尽礼，小人以为谄，而孔子之言止于如此。圣人道大德宏，此亦可见。"

定公问："君使臣，臣事君，如之何？"孔子对曰："君使臣以礼，臣事君以忠。"

定公，鲁君，名宋。二者皆理之当然，各欲自尽而已。

吕氏曰："使臣不患其不忠，患礼之不至；事君不患其无礼，患忠之不足。"

尹氏曰："君臣以义合者也。故君使臣以礼，则臣事君以忠。"

子曰："《关雎》，乐而不淫，哀而不伤。" 乐，音洛。

《关雎》，《周南》，国风，《诗》之首篇也。淫者，乐之过而失其正者也。伤者，哀之过而害于和者也。《关雎》之诗，言后妃之德，宜配君子。求之未得，则不能无寤寐反侧之忧；求而得之，则宜其有琴瑟钟鼓之乐。盖其忧虽深而不害于和，其乐虽盛而不失其正，故夫子称之如此。欲学者玩其辞，审其音，而有以识其性情之正也。

哀公问社于宰我。宰我对曰："夏后氏以松，殷人以柏，周人以栗，曰使民战栗。"子闻之曰："成事不说，遂事不谏，既往不咎。"

宰我，孔子弟子，名予。三代之社不同者，古者立社，各树其土之所宜木以为主也。战栗，恐惧貌。宰我又言周所以用栗之意如此。岂以古者戮人于社，故附会其说与？

遂事，谓事虽未成，而势不能已者。孔子以宰我所对，非立社之本意，又启时君杀伐之心，而其言已出，不可复救，故历言此以深责之，欲使谨其后也。

尹氏曰："古者各以所宜木名其社，非取义于木也。宰我不知而妄对？故夫子责之。"

子曰："管仲之器小哉！"或曰："管仲俭乎？"曰："管氏有三归，官事不摄，焉得俭？""然则管仲知礼乎？"曰："邦君树塞门，管氏亦树塞门；邦君为两君之好，有反坫，管氏亦有反坫。管氏而知礼，孰不知礼？" 焉，于虔反。好，去声。坫，丁念反。

管仲，齐大夫，名夷吾，相桓公霸诸侯。器小，言其不知圣贤大学之道，故局量褊浅、规模卑狭，不能正身修德以致主于王道。

或人盖疑器小之为俭。三归，台名。事见《说苑》。摄，兼也。家臣不能具官，一人常兼数事。管仲不然，皆言其侈。

或人又疑不俭为知礼。屏谓之树。塞，犹蔽也。设屏于门，以蔽内外也。好，谓好会。坫，在两楹之间，献酬饮毕，则反爵于其上。此皆诸侯之礼，而管仲僭之，不知礼也。

愚谓，孔子讥管仲之器小，其旨深矣。或人不知而疑其俭，故斥其奢，以明其非俭。或又疑其知礼，故又斥其僭，以明其不知礼。盖虽不复明言小器之所以然，而其所以小者，于此亦可见矣。故程子曰："奢而犯礼，其器之小可知。盖器大，则自知礼而无此失矣。"此言当深味也。

苏氏曰："自修身正家以及于国，则其本深，其及者远，是谓大器。扬雄所谓'大器犹规矩准绳，先自治而后治人'者是也。管仲三归、反坫，桓公内嬖六人，而霸天下，其本固已浅矣。管仲死，桓公薨，天下不复宗齐。"

杨氏曰："夫子大管仲之功而小其器。盖非王佐之才，虽能合诸侯、正天下，其器不足称也。道学不明，而王霸之略混为一途。故闻管仲之器小，则疑其为俭，以不俭告之，则又疑其知礼。盖世方以诡遇为功，而不知为之范，则不悟其小宜矣。"

子语鲁大师乐。曰："乐其可知也：始作，翕如也；从之，纯如也，皦如也，绎如也，以成。"语，去声。大，音泰。从，音纵。

语，告也。大师，乐官名。时音乐废缺，故孔子教之。翕，合也。从，放也。纯，和也。皦，明也。绎，相续不绝也。成，乐之一终也。

谢氏曰："五音六律不具，不足以为乐。翕如，言其合也。五音合矣，清浊高下，如五味之相济而后和，故曰纯如。合而和矣，欲其无相夺伦，故曰皦如，然岂宫自宫而商自商乎？不相反而相连，如贯珠可也，故曰绎如也，以成。”

仪封人请见。曰：“君子之至于斯也，吾未尝不得见也。”从者见之。出曰：“二三子，何患于丧乎？天下之无道也久矣，天将以夫子为木铎。”请见、见之之见，贤遍反。从、丧，皆去声。

仪，卫邑。封人，掌封疆之官，盖贤而隐于下位者也。君子，谓当时贤者。至此皆得见之，自言其平日不见绝于贤者，而求以自通也。见之，谓通使得见。丧，谓失位去国，礼曰“丧欲速贫”是也。木铎，金口木舌，施政教时所振，以警众者也。言乱极当治，天必将使夫子得位设教，不久失位也。封人一见夫子而遽以是称之，其所得于观感之间者深矣。或曰：“木铎所以徇于道路，言天使夫子失位，周流四方以行其教，如木铎之徇于道路也。”

子谓《韶》：“尽美矣，又尽善也。”谓《武》：“尽美矣，未尽善也。”

《韶》，舜乐。《武》，武王乐。美者，声容之盛。善者，美之实也。舜绍尧致治，武王伐纣救民，其功一也，故其乐皆尽美。然舜之德，性之也，又以揖逊而有天下；武王之德，反之也，又以征诛而得天下，故其实有不同者。

程子曰：“成汤放桀，惟有惭德，武王亦然，故未尽善。尧、舜、汤、武，其揆一也。征伐非其所欲，所遇之时然尔。”

子曰：“居上不宽，为礼不敬，临丧不哀，吾何以观之哉？”

居上主于爱人，故以宽为本。为礼以敬为本，临丧以哀为本。既无其本，则以何者而观其所行之得失哉？

里仁第四

凡二十六章。

子曰："里仁为美。择不处仁，焉得知？"处，上声。焉，于虔反。知，去声。

里有仁厚之俗为美。择里而不居于是焉，则失其是非之本心，而不得为知矣。

子曰："不仁者不可以久处约，不可以长处乐。仁者安仁，知者利仁。"乐，音洛。知，去声。

约，穷困也。利，犹贪也，盖深知笃好而必欲得之也。不仁之人，失其本心，久约必滥，久乐必淫。唯仁者则安其仁而无适不然，知者则利于仁而不易所守，盖虽深浅之不同，然皆非外物所能夺矣。

谢氏曰："仁者心无内外远近精粗之间，非有所存而自不亡，非有所理而自不乱，如目视而耳听，手持而足行也。知者谓之有所见则可，谓之有所得则未可。有所存斯不亡，有所理斯不乱，未能无意也。安仁则一，利仁则二。安仁者非颜、闵以上，去圣人为不远，不知此味也。诸子虽有卓越之才，谓之见道不惑则可，然未免于利之也。"

子曰："唯仁者能好人，能恶人。"好、恶，皆去声。

唯之为言独也。盖无私心，然后好恶当于理，程子所谓"得其公正"是也。

游氏曰："好善而恶恶，天下之同情，然人每失其正者，心有所系而不能自克也。唯仁者无私心，所以能好恶也。"

子曰："苟志于仁矣，无恶也。"恶，如字。

苟，诚也。志者，心之所之也。其心诚在于仁，则必无为恶之事矣。

杨氏曰："苟志于仁，未必无过举也，然而为恶则无矣。"

子曰："富与贵，是人之所欲也，不以其道得之，不处也；贫与贱，是人之所恶也，不以其道得之，不去也。君子去仁，恶乎成名？君子无终食之间违仁，造次必于是，颠沛必于是。"恶，去声。恶，平声。造，七到反。沛，音贝。

不以其道得之，谓不当得而得之。然于富贵则不处，于贫贱则不去，君子之审富贵而安贫贱也如此。

言君子所以为君子，以其仁也。若贪富贵而厌贫贱，则是自离其仁，而无君子之实矣，何所成其名乎？

终食者，一饭之顷。造次，急遽苟且之时。颠沛，倾覆流离之际。盖君子之不去乎仁如此，不但富贵、贫贱、取舍之间而已也。

言君子为仁，自富贵、贫贱取舍之间，以至于终食、造次、颠沛之顷，无时无处而不用其力也。然取舍之分明，然后存养之功密；存养之功密，则其取舍之分益明矣。

子曰：“我未见好仁者，恶不仁者。好仁者，无以尚之；恶不仁者，其为仁矣，不使不仁者加乎其身。有能一日用其力于仁矣乎？我未见力不足者。盖有之矣，我未之见也。”好、恶，皆去声。

夫子自言未见好仁者、恶不仁者。盖好仁者真知仁之可好，故天下之物无以加之。恶不仁者真知不仁之可恶，故其所以为仁者，必能绝去不仁之事，而不使少有及于其身。此皆成德之事，故难得而见之也。

言好仁、恶不仁者，虽不可见，然或有人果能一旦奋然用力于仁，则我又未见其力有不足者。盖为仁在己，欲之则是，而志之所至，气必至焉。故仁虽难能，而至之亦易也。

盖，疑辞。有之，谓有用力而力不足者。盖人之气质不同，故疑亦容或有此昏弱之甚欲进而不能者，但我偶未之见耳。盖不敢终以为易，而又叹人之莫肯用力于仁也。

此章言仁之成德，虽难其人，然学者苟能实用其力，则亦无不可至之理。但用力而不至者，今亦未见其人焉，此夫子所以反复而叹惜之也。

子曰：“人之过也，各于其党。观过，斯知仁矣。”

党，类也。

程子曰：“人之过也，各于其类。君子常失于厚，小人常失于薄；君子过于爱，小人过于忍。”

尹氏曰：“于此观之，则人之仁不仁可知矣。”

吴氏曰：“后汉吴祐谓‘掾以亲故，受污辱之名，所谓观过知仁’是也。”

愚按：此亦但言人虽有过，犹可即此而知其厚薄，非谓必俟其有过，而后贤否可知也。

子曰："朝闻道，夕死可矣。"

道者，事物当然之理。苟得闻之，则生顺死安，无复遗恨矣。朝夕，所以甚言其时之近。

程子曰："言人不可以不知道，苟得闻道，虽死可也。"

又曰："皆实理也，人知而信者为难。死生亦大矣！非诚有所得，岂以夕死为可乎？"

子曰："士志于道，而耻恶衣恶食者，未足与议也。"

心欲求道，而以口体之奉不若人为耻，其识趣之卑陋甚矣，何足与议于道哉？

程子曰："志于道而心役乎外，何足与议也？"

子曰："君子之于天下也，无适也，无莫也，义之与比。"适，丁历反。比，必二反。

适，专主也。《春秋传》曰"吾谁适从"是也。莫，不肯也。比，从也。

谢氏曰："适，可也。莫，不可也。无可无不可，苟无道以主之，不几于猖狂自恣乎？此佛老之学，所以自谓心无所住而能应变，而卒得罪于圣人也。圣人之学不然，于无可无不可之间，有义存焉。然则君子之心，果有所倚乎？"

子曰："君子怀德，小人怀土；君子怀刑，小人怀惠。"

怀，思念也。怀德，谓存其固有之善。怀土，谓溺其所处之安。怀刑，谓畏法。怀惠，谓贪利。君子小人趣向不同，公私之间而已。

尹氏曰："乐善恶不善，所以为君子；苟安务得，所以为小人。"

子曰："放于利而行，多怨。"放，上声。

孔氏曰："放，依也。多怨，谓多取怨。"

程子曰："欲利于己，必害于人，故多怨。"

子曰："能以礼让为国乎？何有？不能以礼让为国，如礼何？"

让者，礼之实也。何有，言不难也。言有礼之实以为国，则何难之有？不然，则其礼文虽具，亦且无如之何矣，而况于为国乎？

子曰："不患无位，患所以立；不患莫己知，求为可知也。"

所以立，谓所以立乎其位者。可知，谓可以见知之实。

程子曰："君子求其在己者而已矣。"

子曰："参乎！吾道一以贯之。"曾子曰："唯。"子出。门人问曰："何谓也？"曾子曰："夫子之道，忠恕而已矣。"参，所金反。唯，上声。

参乎者，呼曾子之名而告之。贯，通也。唯者，应之速而无疑者也。圣人之心，浑然一理，而泛应曲当，用各不同。曾子于其用处，盖已随事精察而力行之，但未知其体之一尔。夫子知其真积力久，将有所得，是以呼而告之。曾子果能默契其指，即应之速而无疑也。

尽己之谓忠，推己之谓恕。而已矣者，竭尽而无余之辞也。夫子之一理浑然而泛应曲当，譬则天地之至诚无息，而万物各得其所也。自此之外，固无余法，而亦无待于推矣。曾子有见于此而难言之，故借学者尽己、推己之目以著明之，欲人之易晓也。盖至诚无息者，道之体也，万殊之所以一本也；万物各得其所者，道之用也，一本之所以万殊也。以此观之，一以贯之之实可见矣。或曰："中心为忠，如心为恕。"于义亦通。

程子曰："以己及物，仁也；推己及物，恕也，违道不远是也。忠恕一以贯之：忠者天道，恕者人道；忠者无妄，恕者所以行乎忠也；忠者体，恕者用，大本达道也。此与违道不远异者，动以天尔。"

又曰："'维天之命，于穆不已'，忠也；'乾道变化，各正性命'，恕也。"

又曰："圣人教人各因其才，吾道一以贯之，惟曾子为能达此，孔子所以告之也。曾子告门人曰'夫子之道，忠恕而已矣'，亦犹夫子之告曾子也。《中庸》所谓'忠恕违道不远'，斯乃下学上达之义。"

子曰："君子喻于义，小人喻于利。"

喻，犹晓也。义者，天理之所宜。利者，人情之所欲。

程子曰："君子之于义，犹小人之于利也。唯其深喻，是以笃好。"杨氏曰："君子有舍生而取义者，以利言之，则人之所欲无甚于生，所恶无甚于死，孰肯舍生而取义哉？其所喻者义而已，不知利之为利故也，小人反是。"

子曰："见贤思齐焉，见不贤而内自省也。"省，悉井反。

思齐者，冀己亦有是善；内自省者，恐己亦有是恶。

胡氏曰："见人之善恶不同，而无不反诸身者，则不徒羡人而甘自弃，不徒责人而忘自责矣。"

子曰："事父母几谏。见志不从，又敬不违，劳而不怨。"

此章与《内则》之言相表里。几，微也。微谏，所谓"父母有过，下气怡色，柔声以谏"也。见志不从，又敬不违，所谓"谏若不入，起敬起孝，悦则复谏"也。劳而不怨，所谓"与其得罪于乡、党、州、闾，宁熟谏。父母怒不悦，而挞之流血，不敢疾怨，起敬起孝"也。

子曰："父母在，不远游。游必有方。"

远游，则去亲远而为日久，定省旷而音问疏；不惟己之思亲不置，亦恐亲之念我不忘也。游必有方，如己告云之东，即不敢更适西，欲亲必知己之所在而无忧，召己则必至而无失也。范氏曰："子能以父母之心为心，则孝矣。"

子曰："三年无改于父之道，可谓孝矣。"

胡氏曰："已见首篇，此盖复出而逸其半也。"

子曰："父母之年，不可不知也。一则以喜，一则以惧。"

知，犹记忆也。常知父母之年，则既喜其寿，又惧其衰，而于爱日之诚，自有不能已者。

子曰："古者言之不出，耻躬之不逮也。"

言古者，以见今之不然。逮，及也。行不及言，可耻之甚。古者所以不出其言，为此故也。

范氏曰："君子之于言也，不得已而后出之，非言之难，而行之难也。人惟其不行也，是以轻言之。言之如其所行，行之如其所言，则出诸其口必不易矣。"

子曰："以约失之者鲜矣。"鲜，上声。

谢氏曰："不侈然以自放之谓约。"

尹氏曰："凡事约则鲜失，非止谓俭约也。"

子曰："君子欲讷于言而敏于行。"行，去声。

谢氏曰："放言易，故欲讷；力行难，故欲敏。"

胡氏曰："自吾道一贯至此十章，疑皆曾子门人所记也。"

子曰："德不孤，必有邻。"

邻，犹亲也。德不孤立，必以类应。故有德者，必有其类从之，如居之有邻也。

子游曰："事君数，斯辱矣；朋友数，斯疏矣。"数，色角反。

程子曰："数，烦数也。"胡氏曰："事君，谏不行则当去；导友，善不纳则当止。至于烦渎，则言者轻，听者厌矣，是以求荣而反辱，求亲而反疏也。”

范氏曰：“君臣朋友，皆以义合，故其事同也。”

公冶长第五

此篇皆论古今人物贤否得失，盖格物穷理之一端也。凡二十七章。胡氏以为疑多子贡之徒所记云。

子谓公冶长：“可妻也。虽在缧绁之中，非其罪也。”以其子妻之。子谓南容：“邦有道，不废；邦无道，免于刑戮。”以其兄之子妻之。妻，去声，下同。缧，力追反。绁，息列反。

公冶长，孔子弟子。妻，为之妻也。缧，黑索也。绁，挛也。古者狱中以黑索拘挛罪人。长之为人无所考，而夫子称其可妻，其必有以取之矣。又言其人虽尝陷于缧绁之中，而非其罪，则固无害于可妻也。夫有罪无罪，在我而已，岂以自外至者为荣辱哉？

南容，孔子弟子，居南宫。名縚，又名适。字子容，谥敬叔。孟懿子之兄也。不废，言必见用也。以其谨于言行，故能见用于治朝，免祸于乱世也。事又见第十一篇。

或曰：“公冶长之贤不及南容，故圣人以其子妻长，而以兄子妻容，盖厚于兄而薄于己也。”

程子曰：“此以己之私心窥圣人也。凡人避嫌者，皆内不足也，圣人自至公，何避嫌之有？况嫁女必量其才而求配，尤不当有所避也。若孔子之事，则其年之长幼、时之先后皆不可知，惟以为避嫌则大不可。避嫌之事，贤者且不为，况圣人乎？”

子谓子贱：“君子哉若人！鲁无君子者，斯焉取斯？”焉，于虔反。

子贱，孔子弟子，姓宓，名不齐。上斯斯此人，下斯斯此德。子贱盖能尊贤取友以成其德者。故夫子既叹其贤，而又言若鲁无君子，则此人何所取以成此德乎？因以见鲁之多贤也。

苏氏曰：“称人之善，必本其父兄师友，厚之至也。”

子贡问曰：“赐也何如？”子曰：“女，器也。”曰：“何器也？”曰：“瑚琏也。”女，音汝。瑚，音胡。琏，力展反。

器者，有用之成材。夏曰瑚，商曰琏，周曰簠簋，皆宗庙盛黍稷之器而饰以玉，器之贵重而华美者也。子贡见孔子以君子许子贱，故以己为问，而孔子告之以此。然则子贡虽未至于不器，其亦器之贵者欤？

或曰：“雍也仁而不佞。”子曰：“焉用佞？御人以口给，屡憎于人。不知其仁，焉用佞？”焉，于虔反。

雍，孔子弟子，姓冉，字仲弓。佞，口才也。仲弓为人重厚简默，而时人以佞为贤，故美其优于德，而病其短于才也。

御，当也，犹应答也。给，辨也。憎，恶也。言何用佞乎？佞人所以应答人者，但以口取辨而无情实，徒多为人所憎恶尔。我虽未知仲弓之仁，然其不佞乃所以为贤，不足以为病也。再言焉用佞，所以深晓之。

或疑仲弓之贤而夫子不许其仁，何也？曰：“仁道至大，非全体而不息者，不足以当之。如颜子亚圣，犹不能无违于三月之后；况仲弓虽贤，未及颜子，圣人固不得而轻许之也。”

子使漆雕开仕。对曰：“吾斯之未能信。”子说。说，音悦。

漆雕开，孔子弟子，字子若。斯，指此理而言。信，谓真知其如此，而无毫发之疑也。开自言未能如此，未可以治人，故夫子说其笃志。

程子曰：“漆雕开已见大意，故夫子说之。”

又曰：“古人见道分明，故其言如此。”

谢氏曰：“开之学无可考。然圣人使之仕，必其材可以仕矣。至于心术之微，则一毫不自得，不害其为未信。此圣人所不能知，而开自知之。其材可以仕，而其器不安于小成，他日所就，其可量乎？夫子所以说之也。”

子曰：“道不行，乘桴浮于海。从我者其由与？”子路闻之喜。子曰：“由也好勇过我，无所取材。”桴，音孚。从、好，并去声。与，平声。材，与裁同，古字借用。

桴，筏也。

程子曰：“浮海之叹，伤天下之无贤君也。子路勇于义，故谓其能从己，皆假设之言耳。子路以为实然，而喜夫子之与己，故夫子美其勇，而讥其不能裁度事理，以适于义也。”

孟武伯问：“子路仁乎？”子曰：“不知也。”又问。子曰：“由也，千乘之国，可使治其赋也，不知其仁也。”“求也何如？”子曰：“求也，千室之邑，百乘之家，可使为之宰也，不知其仁也。”“赤也何如？”子曰：

“赤也，束带立于朝，可使与宾客言也，不知其仁也。”乘，去声。朝，音潮。

子路之于仁，盖日月至焉者。或在或亡，不能必其有无，故以不知告之。

赋，兵也。古者以田赋出兵，故谓兵为赋，《春秋传》所谓“悉索敝赋”是也。言子路之才，可见者如此，仁则不能知也。

千室，大邑。百乘，卿大夫之家。宰，邑长家臣之通号。

赤，孔子弟子，姓公西，字子华。

子谓子贡曰：“女与回也孰愈？”对曰：“赐也何敢望回。回也闻一以知十，赐也闻一以知二。”子曰：“弗如也！吾与女弗如也。”女，音汝，下同。

愈，胜也。

一，数之始。十，数之终。二者，一之对也。颜子明睿所照，即始而见终；子贡推测而知，因此而识彼。“无所不悦，告往知来”，是其验矣。

与，许也。

胡氏曰：“子贡方人，夫子既语以不暇，又问其与回孰愈，以观其自知之如何。闻一知十，上知之资，生知之亚也。闻一知二，中人以上之资，学而知之之才也。子贡平日以己方回，见其不可企及，故喻之如此。夫子以其自知之明，而又不难于自屈，故既然之，又重许之。此其所以终闻性与天道，不特闻一知二而已也。”

宰予昼寝。子曰：“朽木不可雕也，粪土之墙不可圬也，于予与何诛。”子曰：“始吾于人也，听其言而信其行；今吾于人也，听其言而观其行。于予与改是。”圬，许久反。圬，音汙。与，平声，下同。行，去声。

昼寝，谓当昼而寐。朽，腐也。雕，刻画也。圬，镘也。言其志气昏惰，教无所施也。与，语辞。诛，责也。言不足责，乃所以深责之。

宰予能言而行不逮，故孔子自言于予之事而改此失，亦以重警之也。

胡氏曰："'子曰'疑衍文，不然，则非一日之言也。"

范氏曰："君子之于学，惟日孜孜，毙而后已，惟恐其不及也。宰予昼寝，自弃孰甚焉？故夫子责之。"

胡氏曰："宰予不能以志帅气，居然而倦。是宴安之气胜，儆戒之志惰也。古之圣贤未尝不以懈惰荒宁为惧，勤励不息自强，此孔子所以深责宰予也。听言观行，圣人不待是而后能，亦非缘此而尽疑学者。特因此立教，以警群弟子，使谨于言而敏于行耳。"

子曰："吾未见刚者。"或对曰："申枨。"子曰："枨也欲，焉得刚？"

焉，于虔反。

刚，坚强不屈之意，最人所难能者，故夫子叹其未见。申枨，弟子姓名。欲，多嗜欲也。多嗜欲，则不得为刚矣。

程子曰："人有欲则无刚，刚则不屈于欲。"

谢氏曰："刚与欲正相反。能胜物之谓刚，故常伸于万物之上；为物掩之谓欲，故常屈于万物之下。自古有志者少，无志者多，宜夫子之未见也。枨之欲不可知，其为人得非悻悻自好者乎？故或者疑以为刚，然不知此其所以为欲尔。"

子贡曰："我不欲人之加诸我也，吾亦欲无加诸人。"子曰："赐也，非尔所及也。"

子贡言我所不欲人加于我之事，我亦不欲以此加之于人。此仁者之事，不待勉强，故夫子以为非子贡所及。

程子曰：“我不欲人之加诸我，吾亦欲无加诸人，仁也；施诸己而不愿，亦勿施于人，恕也。恕则子贡或能勉之，仁则非所及矣。”

愚谓，无者自然而然，勿者禁止之谓，此所以为仁恕之别。

子贡曰：“夫子之文章，可得而闻也；夫子之言性与天道，不可得而闻也。”

文章，德之见乎外者，威仪文辞皆是也。性者，人所受之天理；天道者，天理自然之本体，其实一理也。言夫子之文章，日见乎外，固学者所共闻；至于性与天道，则夫子罕言之，而学者有不得闻者。盖圣门教不躐等，子贡至是始得闻之，而叹其美也。

程子曰：“此子贡闻夫子之至论而叹美之言也。”

子路有闻，未之能行，唯恐有闻。

前所闻者既未及行，故恐复有所闻而行之不给也。

范氏曰：“子路闻善，勇于必行，门人自以为弗及也，故著之。若子路，可谓能用其勇矣。”

子贡问曰：“孔文子何以谓之‘文’也？”子曰：“敏而好学，不耻下问，是以谓之‘文’也。”好，去声。

孔文子，卫大夫，名圉。凡人性敏者多不好学，位高者多耻下问。故谥法有以“勤学好问”为“文”者，盖亦人所难也。孔圉得谥为“文”，以此而已。

苏氏曰：“孔文子使太叔疾出其妻而妻之。疾通于初妻之娣，文子怒，将攻之。访于仲尼，仲尼不对，命驾而行。疾奔宋，文子使疾弟遗室孔姞。其为人如此而谥曰‘文’，此子贡之所以疑而问也。孔子不没其善，言能如此，亦足以为‘文’矣，非经天纬地之‘文’也。”

子谓子产：“有君子之道四焉：其行己也恭，其事上也敬，其养民也惠，其使民也义。”

子产，郑大夫公孙侨。恭，谦逊也。敬，谨恪也。惠，爱利也。使民义，如都鄙有章、上下有服、田有封洫、庐井有伍之类。

吴氏曰：“数其事而责之者，其所善者多也，臧文仲不仁者三、不知者三是也。数其事而称之者，犹有所未至也，子产有君子之道四焉是也。今或以一言盖一人、一事盖一时，皆非也。”

子曰：“晏平仲善与人交，久而敬之。”

晏平仲，齐大夫，名婴。

程子曰：“人交久则敬衰，久而能敬，所以为善。”

子曰：“臧文仲居蔡，山节藻棁，何如其知也？”棁，章悦反。知，去声。

臧文仲，鲁大夫臧孙氏，名辰。居，犹藏也。蔡，大龟也。节，柱头斗拱也。藻，水草名。棁，梁上短柱也。盖为藏龟之室，而刻山于节、画藻于棁也。当时以文仲为知，孔子言其不务民义，而谄渎鬼神如此，安得为知？

《春秋传》所谓“作虚器”，即此事也。

张子曰：“山节藻棁为藏龟之室，祀爰居之义，同归于不知，宜矣。”

子张问曰：“令尹子文三仕为令尹，无喜色；三已之，无愠色。旧令尹之政，必以告新令尹。何如？”子曰：“忠矣。”曰：“仁矣乎？”曰：“未知，焉得仁？”“崔子弑齐君，陈文子有马十乘，弃而违之。至于他邦，则曰：‘犹吾大夫崔子也。’违之。之一邦，则又曰：‘犹吾大夫崔子也。’违之。何如？”子曰：“清矣。”曰：“仁矣乎？”曰：“未知。焉得仁？”知，如字。焉，于虔反。乘，去声。

令尹，官名，楚上卿执政者也。子文，姓斗，名谷于菟。其为人也，喜怒不形，物我无间，知有其国而不知有其身，其忠盛矣，故子张疑其仁。然其所以三仕三已而告新令尹者，未知其皆出于天理而无人欲之私也，是以夫子但许其忠，而未许其仁也。

崔子，齐大夫，名杼。齐君，庄公，名光。陈文子，亦齐大夫，名须无。十乘，四十匹也。违，去也。文子洁身去乱，可谓清矣，然未知其心果见义理之当然，而能脱然无所累乎？抑不得已于利害之私，而犹未免于怨悔也。故夫子特许其清，而不许其仁。

愚闻之师曰：“当理而无私心，则仁矣。”今以是而观二子之事，虽其制行之高若不可及，然皆未有以见其必当于理而真无私心也。子张未识仁体，而悦于苟难，遂以小者信其大者，夫子之不许也宜哉。读者于此，更以上章“不知其仁”、后篇“仁则吾不知”之语并与三仁、夷、齐之事观之，则彼此交尽，而仁之为义可识矣。今以他书考之，子文之相楚，所谋者无非僭王猾夏之事。文子之仕齐，既失正君讨贼之义，又不数岁而复反于齐焉，则其不仁亦可见矣。

季文子三思而后行。子闻之，曰：“再，斯可矣。”三，去声。

季文子，鲁大夫，名行父。每事必三思而后行，若使晋而求遭丧之礼以行，亦其一事也。斯，语辞。

程子曰：“为恶之人，未尝知有思，有思则为善矣。然至于再则已审，三则私意起而反惑矣，故夫子讥之。”

愚按：季文子虑事如此，可谓详审，而宜无过举矣。而宣公篡立，文子乃不能讨，反为之使齐而纳赂焉，岂非程子所谓私意起而反惑之验欤？是以君子务穷理而贵果断，不徒多思之为尚。

子曰：“宁武子邦有道则知，邦无道则愚。其知可及也，其愚不可及也。”知，去声。

宁武子，卫大夫，名俞。按《春秋传》，武子仕卫，当文公、成公之时。文公有道，而武子无事可见，此其知之可及也。成公无道，至于失国，而武子周旋其间，尽心竭力，不避艰险。凡其所处，皆智巧之士所深避而不肯为者，而能卒保其身以济其君，此其愚之不可及也。

程子曰：“邦无道能沈晦以免患，故曰不可及也。亦有不当愚者，比干是也。”

子在陈，曰：“归与！归与！吾党之小子狂简，斐然成章，不知所以裁之。”与，平声。斐，音匪。

此孔子周流四方，道不行而思归之叹也。吾党小子，指门人之在鲁者。狂简，志大而略于事也。斐，文貌。成章，言其文理成就，有可观者。裁，割正也。

夫子初心，欲行其道于天下，至是而知其终不用也。于是始欲成就后学，以传道于来世。又不得中行之士而思其次，以为狂士志意高远，犹或可与进于道也。但恐其过中失正，而或陷于异端耳，故欲归而裁之也。

子曰：“伯夷、叔齐不念旧恶，怨是用希。”

伯夷、叔齐，孤竹君之二子。孟子称其“不立于恶人之朝，不与恶人言”，“与乡人立，其冠不正，望望然去之，若将浼焉”。其介如此，宜若无所容矣。然其所恶之人，能改即止，故人亦不甚怨之也。

程子曰：“不念旧恶，此清者之量。”

又曰：“二子之心，非夫子孰能知之？”

子曰：“孰谓微生高直？或乞醯焉，乞诸其邻而与之。”醯，呼西反。

微生姓，高名，鲁人，素有直名者。醯，醋也。人来乞时，其家无有，故乞诸邻家以与之。夫子言此，讥其曲意徇物，掠美市恩，不得为直也。

程子曰：“微生高所枉虽小，害直为大。”

范氏曰：“是曰是、非曰非、有谓有、无谓无，曰直。圣人观人于其一介之取予，而千驷万钟从可知焉。故以微事断之，所以教人不可不谨也。”

子曰：“巧言、令色、足恭，左丘明耻之，丘亦耻之。匿怨而友其人，左丘明耻之，丘亦耻之。”足，将树反。

足，过也。

程子曰：“左丘明，古之闻人也。”

谢氏曰：“二者之可耻，有甚于穿窬也。左丘明耻之，其所养可知矣。夫子自言‘丘亦耻之’，盖窃比老彭之意。又以深戒学者，使察乎此而立心以直也。”

颜渊、季路侍。子曰：“盍各言尔志？”子路曰：“愿车马、衣轻裘，与朋友共。敝之而无憾。”颜渊曰：“愿无伐善，无施劳。”子路曰：“愿闻子之志。”子曰：“老者安之，朋友信之，少者怀之。”盍，音合。衣，去声。

盍，何不也。

衣，服之也。裘，皮服。敝，坏也。憾，恨也。

伐，夸也。善，谓有能。施，亦张大之意。劳，谓有功，《易》曰“劳而不伐”是也。或曰：“劳，劳事也。劳事非己所欲，故亦不欲施之于人。”亦通。

老者养之以安，朋友与之以信，少者怀之以恩。一说：安之，安我也；信之，信我也；怀之，怀我也。亦通。

程子曰：“夫子安仁，颜渊不违仁，子路求仁。”

又曰：“子路、颜渊、孔子之志，皆与物共者也，但有小大之差尔。”又曰：“子路勇于义者，观其志，岂可以势利拘之哉？亚于浴沂者也。颜子不自私己，故无伐善；知同于人，故无施劳。其志可谓大矣，然未免出于有意也。至于夫子，则如天地之化工，付与万物而己不劳焉，此圣人之所为也。今夫羁靮以御马而不以制牛，人皆知羁靮之作在乎人，而不知羁靮之生由于马，圣人之化，亦犹是也。先观二子之言，后观圣人之言，分明天地气象。凡看《论语》，非但欲理会文字，须要识得圣贤气象。”

子曰：“已矣乎！吾未见能见其过而内自讼者也。”

已矣乎者，恐其终不得见而叹之也。内自讼者，口不言而心自咎也。人有过而能自知者鲜矣，知过而能内自讼者为尤鲜。能内自讼，则其悔悟深切而能改必矣。夫子自恐终不得见而叹之，其警学者深矣。

子曰："十室之邑，必有忠信如丘者焉，不如丘之好学也。" 焉，如字，属上句。好，去声。

十室，小邑也。忠信如圣人，生质之美者也。夫子生知而未尝不好学，故言此以勉人。言美质易得，至道难闻，学之至则可以为圣人，不学则不免为乡人而已。可不勉哉？

雍也第六

凡二十八章。篇内第十四章以前，大意与前篇同。

子曰："雍也可使南面。"仲弓问子桑伯子，子曰："可也简。"仲弓曰："居敬而行简，以临其民，不亦可乎？居简而行简，无乃大简乎？"子曰："雍之言然。"大，音泰。

南面者，人君听治之位。言仲弓宽洪简重，有人君之度也。

子桑伯子，鲁人，胡氏以为疑即庄周所称子桑户者是也。仲弓以夫子许己南面，故问伯子如何。可者，仅可而有所未尽之辞。简者，不烦之谓。

言自处以敬，则中有主而自治严，如是而行简以临民，则事不烦而民不扰，所以为可。若先自处以简，则中无主而自治疏矣，而所行又简，岂不失之大简，而无法度之可守乎？《家语》记伯子不衣冠而处，夫子讥其欲同人道于牛马。然则伯子盖大简者，而仲弓疑夫子之过许与？

仲弓盖未喻夫子可字之意，而其所言之理，有默契焉者，故夫子然之。

程子曰："子桑伯子之简，虽可取而未尽善，故夫子云可也。仲弓因言内主于敬而简，则为要直；内存乎简而简，则为疏略，可谓得其旨矣。"

又曰："居敬则心中无物，故所行自简；居简则先有心于简，而多一简字矣，故曰大简。"

哀公问："弟子孰为好学？"孔子对曰："有颜回者好学，不迁怒，不贰过。不幸短命死矣！今也则亡，未闻好学者也。"好，去声。亡，与无同。

迁，移也。贰，复也。怒于甲者，不移于乙；过于前者，不复于后。颜子克己之功至于如此，可谓真好学矣。短命者，颜子三十二而卒也。既云今也则亡，又言未闻好学者，盖深惜之，又以见真好学者之难得也。

程子曰："颜子之怒，在物不在己，故不迁。有不善未尝不知，知之未尝复行，不贰过也。"

又曰："喜怒在事，则理之当喜怒者也，不在血气则不迁。若舜之诛四凶也，可怒在彼，己何与焉。如鉴之照物，妍媸在彼，随物应之而已，何迁之有？"

又曰："如颜子地位，岂有不善？所谓不善，只是微有差失。才差失便能知之，才知之便更不萌作。"

张子曰："慊于己者，不使萌于再。"或曰："《诗》《书》六艺，七十子非不习而通也，而夫子独称颜子为好学。颜子之所好，果何学欤？"

程子曰："学以至乎圣人之道也。""学之道奈何？"曰："天地储精，得五行之秀者为人。其本也真而静。其未发也五性具焉，曰仁、义、礼、智、信。形既生矣，外物触其形而动于中矣。其中动而七情出焉，曰喜、怒、哀、惧、爱、恶、欲。情既炽而益荡，其性凿矣。故学者约其情使合于中，正其心，养其性而已。然必先明诸心，知所往，然后力行以求至焉。若颜子之非礼勿视、听、言、动，不迁怒贰过者，则其好之笃而学之得其道也。然其未至于圣人者，守之也，非化之也。假之以年，则不日而化矣。今人乃谓圣本生知，非学可至，而所以为学者，不过记诵文辞之间，其亦异乎颜子之学矣。"

子华使于齐，冉子为其母请粟。子曰："与之釜。"请益。曰："与之

庾。"冉子与之粟五秉。子曰："赤之适齐也，乘肥马，衣轻裘。吾闻之也，君子周急不继富。"原思为之宰，与之粟九百，辞。子曰："毋！以与尔邻里乡党乎！"使、为，并去声。衣，去声。

子华，公西赤也。使，为孔子使也。釜，六斗四升。庾，十六斗。秉，十六斛。

乘肥马、衣轻裘，言其富也。急，穷迫也。周者，补不足。继者，续有余。

原思，孔子弟子，名宪。孔子为鲁司寇时，以思为宰。粟，宰之禄也。九百不言其量，不可考。

毋，禁止辞。五家为邻，二十五家为里，万二千五百家为乡，五百家为党。言常禄不当辞，有余自可推之以周贫乏，盖邻里乡党有相周之义。

程子曰："夫子之使子华，子华之为夫子使，义也。而冉子乃为之请，圣人宽容，不欲直拒人。故与之少，所以示不当与也。请益而与之亦少，所以示不当益也。求未达而自与之多，则已过矣，故夫子非之。盖赤苟至乏，则夫子必自周之，不待请矣。原思为宰，则有常禄。思辞其多，故又教以分诸邻里之贫者，盖亦莫非义也。"

张子曰："于斯二者，可见圣人之用财矣。"

子谓仲弓曰："犁牛之子骍且角，虽欲勿用，山川其舍诸？"犁，利之反。骍，息营反。舍，上声。

犁，杂文。骍，赤色。周人尚赤，牲用骍。角，角周正，中牺牲也。用，用以祭也。山川，山川之神也。言人虽不用，神必不舍也。仲弓父贱而行恶，故夫子以此譬之。言父之恶，不能废其子之善，如仲弓之贤，自当见用于世也。然此论仲弓云尔，非与仲弓言也。

范氏曰："以瞽瞍为父而有舜，以鲧为父而有禹。古之圣贤，不系于世类，尚矣。子能改父之过，变恶以为美，则可谓孝矣。"

子曰："回也，其心三月不违仁，其余则日月至焉而已矣。"

三月，言其久。仁者，心之德。心不违仁者，无私欲而有其德也。日月至焉者，或日一至焉，或月一至焉，能造其域而不能久也。

程子曰："三月，天道小变之节，言其久也，过此则圣人矣。不违仁，只是无纤毫私欲。少有私欲，便是不仁。"

尹氏曰："此颜子于圣人，未达一间者也，若圣人则浑然无间断矣。"张子曰："始学之要，当知'三月不违'与'日月至焉'内外宾主之辨。使心意勉勉循循而不能已，过此几非在我者。"

季康子问："仲由可使从政也与？"子曰："由也果，于从政乎何有？"曰："赐也可使从政也与？"曰："赐也达，于从政乎何有？"曰："求也可使从政也与？"曰："求也艺，于从政乎何有？"与，平声。

从政，谓为大夫。果，有决断。达，通事理。艺，多才能。

程子曰："季康子问三子之才可以从政乎？夫子答以各有所长。非惟三子，人各有所长。能取其长，皆可用也。"

季氏使闵子骞为费宰。闵子骞曰："善为我辞焉。如有复我者，则吾必在汶上矣。"费，音秘。为，去声。汶，音问。

闵子骞，孔子弟子，名损。费，季氏邑。汶，水名，在齐南鲁北竟上。

闵子不欲臣季氏，令使者善为己辞。言若再来召我，则当去之齐。

程子曰：“仲尼之门，能不仕大夫之家者，闵子、曾子数人而已。”

谢氏曰：“学者能少知内外之分，皆可以乐道而忘人之势。况闵子得圣人为之依归，彼其视季氏不义之富贵，不啻犬彘。又从而臣之，岂其心哉？在圣人则有不然者，盖居乱邦、见恶人，在圣人则可；自圣人以下，刚则必取祸，柔则必取辱。闵子岂不能早见而豫待之乎？如由也不得其死，求也为季氏附益，夫岂其本心哉？盖既无先见之知，又无克乱之才故也。然则闵子其贤乎？”

伯牛有疾，子问之，自牖执其手，曰：“亡之，命矣夫！斯人也而有斯疾也！斯人也而有斯疾也！”夫，音扶。

伯牛，孔子弟子，姓冉，名耕。有疾，先儒以为癞也。牖，南牖也。礼：病者居北牖下；君视之，则迁于南牖下，使君得以南面视己。时伯牛家以此礼尊孔子，孔子不敢当，故不入其室，而自牖执其手，盖与之永诀也。命，谓天命。言此人不应有此疾，而今乃有之，是乃天之所命也。然则非其不能谨疾而有以致之，亦可见矣。

侯氏曰：“伯牛以德行称，亚于颜、闵。故其将死也，孔子尤痛惜之。”

子曰：“贤哉，回也！一箪食，一瓢饮，在陋巷。人不堪其忧，回也不改其乐。贤哉，回也！”食，音嗣。乐，音洛。

箪，竹器。食，饭也。瓢，瓠也。颜子之贫如此，而处之泰然，不以害其乐，故夫子再言“贤哉回也”以深叹美之。

程子曰：“颜子之乐，非乐箪瓢陋巷也，不以贫窭累其心而改其所乐也，故夫子称其贤。”

又曰：“箪瓢陋巷非可乐，盖自有其乐尔。‘其’字当玩味，自有深意。”

又曰：“昔受学于周茂叔，每令寻仲尼、颜子乐处，所乐何事？”

愚按：程子之言，引而不发，盖欲学者深思而自得之。今亦不敢妄为之说。学者但当从事于博文约礼之诲，以至于欲罢不能而竭其才，则庶乎有以得之矣。

冉求曰：“非不说子之道，力不足也。”子曰：“力不足者，中道而废。今女画。”说，音悦。女，音汝。

力不足者，欲进而不能。画者，能进而不欲。谓之画者，如画地以自限也。

胡氏曰：“夫子称颜回不改其乐，冉求闻之，故有是言。然使求说夫子之道，诚如口之说刍豢，则必将尽力以求之，何患力之不足哉？画而不进，则日退而已矣，此冉求之所以局于艺也。”

子谓子夏曰：“女为君子儒，无为小人儒。”

儒，学者之称。

程子曰：“君子儒为己，小人儒为人。”

谢氏曰：“君子、小人之分，义与利之间而已。然所谓利者，岂必殖货财之谓？以私灭公，适己自便，凡可以害天理者皆利也。子夏文学虽有余，然意其远者大者或昧焉，故夫子语之以此。”

子游为武城宰。子曰：“女得人焉尔乎？”曰：“有澹台灭明者，行不由径。非公事，未尝至于偃之室也。”女，音汝。澹，徒甘反。

武城，鲁下邑。澹台姓，灭明名，字子羽。径，路之小而捷者。公事，如饮射读法之类。不由径，则动必以正，而无见小欲速之意可知。非公事不见邑宰，则其有以自守，而无枉己徇人之私可见矣。

杨氏曰："为政以人才为先，故孔子以得人为问。如灭明者，观其二事之小，而其正大之情可见矣。后世有不由径者，人必以为迂；不至其室，人必以为简。非孔氏之徒，其孰能知而取之？"

愚谓，持身以灭明为法，则无苟贱之羞；取人以子游为法，则无邪媚之惑。

子曰："孟之反不伐，奔而殿。将入门，策其马，曰：'非敢后也，马不进也。'"殿，去声。

孟之反，鲁大夫，名侧。

胡氏曰："反即庄周所称孟子反者是也。"伐，夸功也。奔，败走也。军后曰殿。策，鞭也。战败而还，以后为功。反奔而殿，故以此言自掩其功也。事在哀公十一年。

谢氏曰："人能操无欲上人之心，则人欲日消、天理日明，而凡可以矜己夸人者，皆无足道矣。然不知学者欲上人之心无时而忘也，若孟之反，可以为法矣。"

子曰："不有祝鮀之佞，而有宋朝之美，难乎免于今之世矣！"鮀，徒河反。

祝，宗庙之官。鮀，卫大夫，字子鱼，有口才。朝，宋公子，有美色。言衰世好谀悦色，非此难免，盖伤之也。

子曰："谁能出不由户？何莫由斯道也？"

言人不能出不由户，何故乃不由此道邪？怪而叹之之辞。

洪氏曰："人知出必由户，而不知行必由道。非道远人，人自远尔。"

子曰："质胜文则野，文胜质则史。文质彬彬，然后君子。"

野，野人，言鄙略也。史，掌文书，多闻习事，而诚或不足也。彬彬，犹班班，物相杂而适均之貌。言学者当损有余，补不足，至于成德，则不期然而然矣。

杨氏曰："文质不可以相胜。然质之胜文，犹之甘可以受和，白可以受采也。文胜而至于灭质，则其本亡矣。虽有文，将安施乎？然则与其史也，宁野。"

子曰："人之生也直，罔之生也幸而免。"

程子曰："生理本直。罔，不直也，而亦生者，幸而免尔。"

子曰："知之者不如好之者，好之者不如乐之者。"好，去声。乐，音洛。

尹氏曰："知之者，知有此道也。好之者，好而未得也。乐之者，有所得而乐之也。"

张敬夫曰："譬之五谷，知者知其可食者也，好者食而嗜之者也，乐者嗜之而饱者也。知而不能好，则是知之未至也；好之而未及于乐，则是好之未至也。此古之学者所以自强而不息者欤？"

子曰："中人以上，可以语上也；中人以下，不可以语上也。"以上之上，上声。语，去声。

语，告也。言教人者当随其高下而告语之，则其言易入而无躐等之弊也。

张敬夫曰："圣人之道，精粗虽无二致，但其施教，则必因其材而笃焉。盖中人以下之质，骤而语之太高，非惟不能以入，且将妄意躐等，而有不切于身之弊，亦终于下而已矣。故就其所及而语之，是乃所以使之切问近思，而渐进于高远也。"

樊迟问知。子曰："务民之义，敬鬼神而远之，可谓知矣。"问仁。曰："仁者先难而后获，可谓仁矣。"知、远，皆去声。

民，亦人也。获，谓得也。专用力于人道之所宜，而不惑于鬼神之不可知，知者之事也。先其事之所难，而后其效之所得，仁者之心也。此必因樊迟之失而告之。

程子曰："人多信鬼神，惑也。而不信者又不能敬，能敬能远，可谓知矣。"

又曰："先难，克己也。以所难为先，而不计所获，仁也。"

吕氏曰："当务为急，不求所难知；力行所知，不惮所难为。"

子曰："知者乐水，仁者乐山；知者动，仁者静；知者乐，仁者寿。"知，去声。乐，上二字并五教反，下一字音洛。

乐，喜好也。知者达于事理而周流无滞，有似于水，故乐水；仁者安于义理而厚重不迁，有似于山，故乐山。动静以体言，乐寿以效言也。动而不括故乐，静而有常故寿。

程子曰："非体仁、知之深者，不能如此形容之。"

子曰："齐一变，至于鲁；鲁一变，至于道。"

孔子之时，齐俗急功利，喜夸诈，乃霸政之余习。鲁则重礼教，崇信义，犹有先王之遗风焉，但人亡政息，不能无废坠尔。道，则先王之道也。言二国之政俗有美恶，故其变而之道有难易。

程子曰："夫子之时，齐强鲁弱，孰不以为齐胜鲁也，然鲁犹存周公之法制。齐由桓公之霸，为从简尚功之治，太公之遗法变易尽矣，故一变乃能至鲁。鲁则修举废坠而已，一变则至于先王之道也。"

愚谓，二国之俗，惟夫子为能变之而不得试。然因其言以考之，则其施为缓急之序，亦略可见矣。

子曰："觚不觚，觚哉！觚哉！"觚，音孤。

觚，棱也，或曰酒器，或曰木简，皆器之有棱者也。不觚者，盖当时失其制而不为棱也。觚哉觚哉，言不得为觚也。

程子曰："觚而失其形制，则非觚也。举一器，而天下之物莫不皆然。故君而失其君之道，则为不君；臣而失其臣之职，则为虚位。"

范氏曰："人而不仁则非人，国而不治则不国矣。"

宰我问曰："仁者，虽告之曰：'井有仁焉。'其从之也？"子曰："何为其然也？君子可逝也，不可陷也；可欺也，不可罔也。"

刘聘君曰："有仁之仁当作人。"今从之。

从，谓随之于井而救之也。宰我信道不笃，而忧为仁之陷害，故有此问。逝，谓使之往救。陷，谓陷之于井。欺，谓诳之以理之所有。罔，谓昧之以理之所无。

盖身在井上，乃可以救井中之人；若从之于井，则不复能救之矣。此理甚明，人所易晓，仁者虽切于救人而不私其身，然不应如此之愚也。

子曰："君子博学于文，约之以礼，亦可以弗畔矣夫！"夫，音扶。

约，要也。畔，背也。君子学欲其博，故于文无不考；守欲其要，故其动必以礼。如此，则可以不背于道矣。

程子曰："博学于文而不约之以礼，必至于汗漫。博学矣，又能守礼而由于规矩，则亦可以不畔道矣。"

子见南子，子路不说。夫子矢之曰："予所否者，天厌之！天厌之！"说，音悦。否，方九反。

南子，卫灵公之夫人，有淫行。孔子至卫，南子请见，孔子辞谢，不得已而见之。盖古者仕于其国，有见其小君之礼。而子路以夫子见此淫乱之人为辱，故不悦。矢，誓也。所，誓辞也，如云"所不与崔、庆者"之类。否，谓不合于礼，不由其道也。厌，弃绝也。圣人道大德全，无可不可。其见恶人，固谓在我有可见之礼，则彼之不善，我何与焉。然此岂子路所能测哉？故重言以誓之，欲其姑信此而深思以得之也。

子曰："中庸之为德也，其至矣乎！民鲜久矣。"鲜，上声。

中者，无过无不及之名也。庸，平常也。至，极也。鲜，少也。言民少此德，今已久矣。

程子曰："不偏之谓中，不易之谓庸。中者天下之正道，庸者天下之定理。

自世教衰，民不兴于行，少有此德久矣。”

子贡曰：“如有博施于民而能济众，何如？可谓仁乎？”子曰：“何事于仁，必也圣乎！尧、舜其犹病诸！夫仁者，己欲立而立人，己欲达而达人。能近取譬，可谓仁之方也已。”施，去声。夫，音扶。

博，广也。仁以理言，通乎上下。圣以地言，则造其极之名也。乎者，疑而未定之辞。病，心有所不足也。言此何止于仁，必也圣人能之乎！则虽尧、舜之圣，其心犹有所不足于此也。以是求仁，愈难而愈远矣。

以己及人，仁者之心也。于此观之，可以见天理之周流而无间矣。状仁之体，莫切于此。

譬，喻也。方，术也。近取诸身，以己所欲譬之他人，知其所欲亦犹是也。然后推其所欲以及于人，则恕之事而仁之术也。于此勉焉，则有以胜其人欲之私，而全其天理之公矣。

程子曰：“医书以手足痿痹为不仁，此言最善名状。仁者以天地万物为一体，莫非己也。认得为己，何所不至；若不属己，自与己不相干。如手足之不仁，气已不贯，皆不属己。故博施济众，乃圣人之功用。仁至难言，故止曰：‘己欲立而立人，己欲达而达人，能近取譬，可谓仁之方也已。’欲令如是观仁，可以得仁之体。”

又曰：“《论语》言‘尧、舜其犹病诸’者二。夫博施者，岂非圣人之所欲？然必五十乃衣帛，七十乃食肉。圣人之心，非不欲少者亦衣帛食肉也，顾其养有所不赡尔，此病其施之不博也。济众者，岂非圣人之所欲？然治不过九州。圣人非不欲四海之外亦兼济也，顾其治有所不及尔，此病其济之不众也。推此以求，修己以安百姓，则为病可知。苟以吾治已足，则便不是圣人。”

吕氏曰："子贡有志于仁，徒事高远，未知其方。孔子教以于己取之，庶近而可入。是乃为仁之方，虽博施济众，亦由此进。"

述而第七

此篇多记圣人谦己诲人之辞及其容貌行事之实。凡三十七章。

子曰："述而不作，信而好古，窃比于我老彭。"好，去声。

述，传旧而已。作，则创始也。故作非圣人不能，而述则贤者可及。窃比，尊之之辞。我，亲之之辞。老彭，商贤大夫，见《大戴礼》，盖信古而传述者也。孔子删《诗》《书》，定《礼》《乐》，赞《周易》，修《春秋》，皆传先王之旧，而未尝有所作也，故其自言如此。盖不惟不敢当作者之圣，而亦不敢显然自附于古之贤人，盖其德愈盛而心愈下，不自知其辞之谦也。然当是时，作者略备，夫子盖集群圣之大成而折中之。其事虽述，而功则倍于作矣，此又不可不知也。

子曰："默而识之，学而不厌，诲人不倦，何有于我哉？"识，音志，又如字。

识，记也。默识，谓不言而存诸心也。一说：识，知也，不言而心解也。前说近是。何有于我，言何者能有于我也。三者已非圣人之极至，而犹不敢当，则谦而又谦之辞也。

子曰："德之不修，学之不讲，闻义不能徙，不善不能改，是吾忧也。"

尹氏曰："德必修而后成，学必讲而后明，见善能徙，改过不吝，此四者，日新之要也。苟未能之，圣人犹忧，况学者乎？"

子之燕居，申申如也，夭夭如也。

燕居，闲暇无事之时。

杨氏曰："申申，其容舒也。夭夭，其色愉也。"

程子曰："此弟子善形容圣人处也，为申申字说不尽，故更着夭夭字。今人燕居之时，不怠惰放肆，必太严厉。严厉时著此四字不得，怠惰放肆时亦著此四字不得，惟圣人便自有中和之气。"

子曰："甚矣吾衰也！久矣吾不复梦见周公。"复，扶又反。

孔子盛时，志欲行周公之道，故梦寐之间，如或见之。至其老而不能行也，则无复是心，而亦无复是梦矣，故因此而自叹其衰之甚也。

程子曰："孔子盛时，寤寐常存行周公之道；及其老也，则志虑衰而不可以有为矣。盖存道者心，无老少之异；而行道者身，老则衰也。"

子曰："志于道，据于德，依于仁，游于艺。"

志者，心之所之之谓。道，则人伦日用之间所当行者是也。知此而心必之焉，则所适者正，而无他歧之惑矣。

据者，执守之意。德者，得也，得其道于心而不失之谓也。得之于心而守之不失，则终始惟一，而有日新之功矣。

依者，不违之谓。仁，则私欲尽去而心德之全也。功夫至此而无终食之违，则存养之熟，无适而非天理之流行矣。

游者，玩物适情之谓。艺，则礼乐之文，射、御、书、数之法，皆至理所寓，而日用之不可阙者也。朝夕游焉，以博其义理之趣，则应务有余，而心亦无所放矣。

此章言人之为学当如是也。盖学莫先于立志，志道，则心存于正而不他；据德，则道得于心而不失；依仁，则德性常用而物欲不行；游艺，则小物不遗而动息有养。学者于此，有以不失其先后之序、轻重之伦焉，则本末兼该，内外交养，日用之间，无少间隙，而涵泳从容，忽不自知其入于圣贤之域矣。

子曰："自行束脩以上，吾未尝无诲焉。"

脩，脯也。十脡为束。古者相见，必执贽以为礼，束脩其至薄者。盖人之有生，同具此理，故圣人之于人，无不欲其入于善。但不知来学，则无往教之礼，故苟以礼来，则无不有以教之也。

子曰："不愤不启，不悱不发，举一隅不以三隅反，则不复也。"愤，房粉反。悱，芳匪反。复，扶又反。

愤者，心求通而未得之意。悱者，口欲言而未能之貌。启，谓开其意。发，谓达其辞。物之有四隅者，举一可知其三。反者，还以相证之义。复，再告也。上章已言圣人诲人不倦之意，因并记此，欲学者勉于用力，以为受教之地也。

程子曰："愤、悱，诚意之见于色辞者也。待其诚至而后告之。既告之，又必待其自得，乃复告尔。”

又曰：“不待愤、悱而发，则知之不能坚固；待其愤、悱而后发，则沛然矣。”

子食于有丧者之侧，未尝饱也。子于是日哭，则不歌。

临丧哀，不能甘也。

哭，谓吊哭。一日之内，余哀未忘，自不能歌也。

谢氏曰：“学者于此二者，可见圣人情性之正也。能识圣人之情性，然后可以学道。”

子谓颜渊曰：“用之则行，舍之则藏，唯我与尔有是夫！”子路曰：“子行三军，则谁与？”子曰：“暴虎冯河，死而无悔者，吾不与也。必也临事而惧，好谋而成者也。”舍，上声。夫，音扶。冯，皮冰反。好，去声。

尹氏曰：“用舍无与于己，行藏安于所遇，命不足道也。颜子几于圣人，故亦能之。”

万二千五百人为军，大国三军。子路见孔子独美颜渊，自负其勇，意夫子若行三军，必与己同。

暴虎，徒搏。冯河，徒涉。惧，谓敬其事。成，谓成其谋。言此皆以抑其勇而教之，然行师之要实不外此，子路盖不知也。

谢氏曰：“圣人于行藏之间，无意无必。其行非贪位，其藏非独善也。若有欲心，则不用而求行，舍之而不藏矣，是以惟颜子为可以与于此。子路虽非有欲心者，然未能无固必也，至以行三军为问，则其论益卑矣。夫子之言，盖因其失而救之。夫不谋无成，不惧必败，小事尚然，而况于行三军乎？”

子曰："富而可求也，虽执鞭之士，吾亦为之。如不可求，从吾所好。"好，去声。

执鞭，贱者之事。设言富若可求，则虽身为贱役以求之，亦所不辞。然有命焉，非求之可得也，则安于义理而已矣，何必徒取辱哉？

苏氏曰："圣人未尝有意于求富也，岂问其可不可哉？为此语者，特以明其决不可求尔。"

杨氏曰："君子非恶富贵而不求，以其在天，无可求之道也。"

子之所慎：齐，战，疾。齐，侧皆反。

齐之为言齐也，将祭而齐其思虑之不齐者，以交于神明也。诚之至与不至，神之飨与不飨，皆决于此。战则众之死生、国之存亡系焉，疾又吾身之所以死生存亡者，皆不可以不谨也。

尹氏曰："夫子无所不谨，弟子记其大者耳。"

子在齐闻《韶》，三月不知肉味。曰："不图为乐之至于斯也！"

《史记》三月上有"学之"二字。不知肉味，盖心一于是而不及乎他也。曰：不意舜之作乐至于如此之美，则有以极其情文之备，而不觉其叹息之深也，盖非圣人不足以及此。

范氏曰："韶尽美又尽善，乐之无以加此也。故学之三月，不知肉味，而叹美之如此。诚之至，感之深也。"

冉有曰："夫子为卫君乎？"子贡曰："诺。吾将问之。"入，曰："伯

夷、叔齐何人也？”曰：“古之贤人也。”曰：“怨乎？”曰：“求仁而得仁，又何怨。”出，曰：“夫子不为也。”为，去声。

为，犹助也。卫君，出公辄也。灵公逐其世子蒯聩，公薨，而国人立蒯聩之子辄。于是晋纳蒯聩而辄拒之。时孔子居卫，卫人以蒯聩得罪于父，而辄嫡孙当立，故冉有疑而问之。诺，应辞也。

伯夷、叔齐，孤竹君之二子。其父将死，遗命立叔齐。父卒，叔齐逊伯夷。伯夷曰："父命也。"遂逃去。叔齐亦不立而逃之，国人立其中子。其后武王伐纣，夷、齐扣马而谏。武王灭商，夷、齐耻食周粟，去，隐于首阳山，遂饿而死。怨，犹悔也。君子居是邦，不非其大夫，况其君乎？故子贡不斥卫君，而以夷、齐为问。夫子告之如此，则其不为卫君可知矣。盖伯夷以父命为尊，叔齐以天伦为重。其逊国也，皆求所以合乎天理之正，而即乎人心之安。既而各得其志焉，则视弃其国犹敝蹝尔，何怨之有？若卫辄之据国拒父而惟恐失之，其不可同年而语明矣。

程子曰："伯夷、叔齐逊国而逃，谏伐而饿，终无怨悔，夫子以为贤，故知其不与辄也。"

子曰：“饭疏食饮水，曲肱而枕之，乐亦在其中矣。不义而富且贵，于我如浮云。”饭，符晚反。食，音嗣。枕，去声。乐，音洛。

饭，食之也。疏食，粗饭也。圣人之心，浑然天理，虽处困极，而乐亦无不在焉。其视不义之富贵，如浮云之无有，漠然无所动于其中也。

程子曰："非乐疏食饮水也，虽疏食饮水，不能改其乐也。不义之富贵，视之轻如浮云然。"

又曰："须知所乐者何事。"

子曰："加我数年，五十以学《易》，可以无大过矣。"

刘聘君见元城刘忠定公，自言尝读他《论》，"加"作"假"，"五十"作"卒"。盖"加""假"声相近而误读，"卒"与"五十"字相似而误分也。

愚按：此章之言，《史记》作"假我数年，若是，我于《易》则彬彬矣"，"加"正作"假"，而无"五十"字。盖是时，孔子年已几七十矣，五十字误无疑也。

学《易》，则明乎吉凶消长之理，进退存亡之道，故可以无大过。盖圣人深见《易》道之无穷，而言此以教人，使知其不可不学，而又不可以易而学也。

子所雅言，《诗》《书》、执礼，皆雅言也。

雅，常也。执，守也。《诗》以理情性，《书》以道政事，礼以谨节文，皆切于日用之实，故常言之。礼独言执者，以人所执守而言，非徒诵说而已也。

程子曰："孔子雅素之言，止于如此。若性与天道，则有不可得而闻者，要在默而识之也。"

谢氏曰："此因学《易》之语而类记之。"

叶公问孔子于子路，子路不对。子曰："女奚不曰，其为人也，发愤忘食，乐以忘忧，不知老之将至云尔。"叶，舒涉反。

叶公，楚叶县尹沈诸梁，字子高，僭称公也。叶公不知孔子，必有非所问而问者，故子路不对。抑亦以圣人之德，实有未易名言者与？

未得，则发愤而忘食；已得，则乐之而忘忧。以是二者俛焉日有孳孳，而不知年数之不足，但自言其好学之笃耳。然深味之，则见其全体至极纯亦不已之妙，有非圣人不能及者。盖凡夫子之自言类如此，学者宜致思焉。

子曰：“我非生而知之者，好古，敏以求之者也。”好，去声。

生而知之者，气质清明，义理昭著，不待学而知也。敏，速也，谓汲汲也。

尹氏曰：“孔子以生知之圣，每云好学者，非惟勉人也，盖生而可知者义理尔，若夫礼乐名物古今事变，亦必待学而后有以验其实也。

子不语怪、力、乱、神。

怪异、勇力、悖乱之事，非理之正，固圣人所不语。鬼神，造化之迹，虽非不正，然非穷理之至，有未易明者，故亦不轻以语人也。

谢氏曰：“圣人语常而不语怪，语德而不语力，语治而不语乱，语人而不语神。”

子曰：“三人行，必有我师焉。择其善者而从之，其不善者而改之。”

三人同行，其一我也。彼二人者，一善一恶，则我从其善而改其恶焉，是二人者皆我师也。

尹氏曰：“见贤思齐，见不贤而内自省，则善恶皆我之师，进善其有穷乎？”

子曰：“天生德于予，桓魋其如予何？”魋，徒雷反。

桓魋，宋司马向魋也。出于桓公，故又称桓氏。魋欲害孔子，孔子言天既赋我以如是之德，则桓魋其奈我何？言必不能违天害己。

子曰：“二三子以我为隐乎？吾无隐乎尔。吾无行而不与二三子者，是

丘也。”

诸弟子以夫子之道高深不可几及，故疑其有隐，而不知圣人作、止、语、默无非教也，故夫子以此言晓之。与，犹示也。

程子曰：“圣人之道犹天然，门弟子亲炙而冀及之，然后知其高且远也。使诚以为不可及，则趋向之心不几于怠乎？故圣人之教，常俯而就之如此，非独使资质庸下者勉思企及，而才气高迈者亦不敢躐易而进也。”

吕氏曰：“圣人体道无隐，与天象昭然，莫非至教。常以示人，而人自不察。”

子以四教：文、行、忠、信。行，去声。

程子曰：“教人以学文修行而存忠信也。忠信，本也。”

子曰：“圣人，吾不得而见之矣；得见君子者，斯可矣。”子曰：“善人，吾不得而见之矣；得见有恒者，斯可矣。亡而为有，虚而为盈，约而为泰，难乎有恒矣。”恒，胡登反。亡，读为无。

圣人，神明不测之号。君子，才德出众之名。

“子曰”字疑衍文。恒，常久之意。张子曰：“有恒者，不贰其心。善人者，志于仁而无恶。”

三者皆虚夸之事，凡若此者，必不能守其常也。

张敬夫曰：“圣人、君子以学言，善人、有恒者以质言。”

愚谓，有恒者之与圣人，高下固悬绝矣，然未有不自有恒而能至于圣者也。故章末申言有恒之义，其示人入德之门，可谓深切而著明矣。

子钓而不纲，弋不射宿。射，食亦反。

纲，以大绳属网，绝流而渔者也。弋，以生丝系矢而射也。宿，宿鸟。

洪氏曰：“孔子少贫贱，为养与祭，或不得已而钓弋，如猎较是也。然尽物取之，出其不意，亦不为也。此可见仁人之本心矣。待物如此，待人可知；小者如此，大者可知。”

子曰：“盖有不知而作之者，我无是也。多闻择其善者而从之，多见而识之，知之次也。”识，音志。

不知而作，不知其理而妄作也。孔子自言未尝妄作，盖亦谦辞，然亦可见其无所不知也。识，记也。所从不可不择，记则善恶皆当存之，以备参考。如此者虽未能实知其理，亦可以次于知之者也。

互乡难与言，童子见，门人惑。子曰：“与其进也，不与其退也，唯何甚？人洁己以进，与其洁也，不保其往也。”见，贤遍反。

互乡，乡名。其人习于不善，难与言善。惑者，疑夫子不当见之也。

疑此章有错简。“人洁”至“往也”十四字，当在“与其进也”之前。洁，修治也。与，许也。往，前日也。言人洁己而来，但许其能自洁耳，固不能保其前日所为之善恶也；但许其进而来见耳，非许其既退而为不善也。盖不追其既往，不逆其将来，以是心至，斯受之耳。“唯”字上下，疑又有阙文，大抵亦不为已甚之意。

程子曰：“圣人待物之洪如此。”

子曰："仁远乎哉？我欲仁，斯仁至矣。"

仁者，心之德，非在外也。放而不求，故有以为远者；反而求之，则即此而在矣，夫岂远哉？

程子曰："为仁由己，欲之则至，何远之有？"

陈司败问："昭公知礼乎？"孔子曰："知礼。"孔子退，揖巫马期而进之，曰："吾闻君子不党，君子亦党乎？君取于吴为同姓，谓之吴孟子。君而知礼，孰不知礼？"巫马期以告。子曰："丘也幸，苟有过，人必知之。"取，七住反。

陈，国名。司败，官名，即司寇也。昭公，鲁君，名裯。习于威仪之节，当时以为知礼。故司败以为问，而孔子答之如此。

巫马，姓，期，字，孔子弟子，名施。司败揖而进之也。相助匿非曰党。礼不娶同姓，而鲁与吴皆姬姓。谓之吴孟子者，讳之，使若宋女子姓者然。

孔子不可自谓讳君之恶，又不可以娶同姓为知礼，故受以为过而不辞。

吴氏曰："鲁盖夫子父母之国，昭公，鲁之先君也。司败又未尝显言其事，而遽以知礼为问，其对之宜如此也。及司败以为有党，而夫子受以为过，盖夫子之盛德，无所不可也。然其受以为过也，亦不正言其所以过，初若不知孟子之事者，可以为万世之法矣。"

子与人歌而善，必使反之，而后和之。和，去声。

反，复也。必使复歌者，欲得其详而取其善也。而后和之者，喜得其详而与其善也。此见圣人气象从容，诚意恳至，而其谦逊审密，不掩人善又如此。盖一事之微，而众善之集，有不可胜既者焉，读者宜详味之。

子曰："文，莫吾犹人也。躬行君子，则吾未之有得。"

莫，疑辞。犹人，言不能过人，而尚可以及人。未之有得，则全未有得，皆自谦之辞。而足以见言行之难易缓急，欲人之勉其实也。

谢氏曰："文，虽圣人，无不与人同，故不逊；能躬行君子，斯可以入圣，故不居。犹言君子道者三，我无能焉。"

子曰："若圣与仁，则吾岂敢？抑为之不厌，诲人不倦，则可谓云尔已矣。"公西华曰："正唯弟子不能学也。"

此亦夫子之谦辞也。圣者，大而化之。仁，则心德之全而人道之备也。为之，谓为仁圣之道。诲人，亦谓以此教人也。然不厌不倦，非己有之则不能，所以弟子不能学也。

晁氏曰："当时有称夫子圣且仁者，以故夫子辞之。苟辞之而已焉，则无以进天下之材，率天下之善，将使圣与仁为虚器，而人终莫能至矣。故孔子虽不居仁圣，而必以为之不厌、诲人不倦自处也。"可谓云尔已矣者，无他之辞也。公西华仰而叹之，其亦深知夫子之意矣。

子疾病，子路请祷。子曰："有诸？"子路对曰："有之。《诔》曰：'祷尔于上下神祇。'"子曰："丘之祷久矣。"诔，力轨反。

祷，谓祷于鬼神。有诸，问有此理否。诔者，哀死而述其行之词也。上下，谓天地。天曰神，地曰祇。祷者，悔过迁善，以祈神之佑也。无其理则不必祷，既曰有之，则圣人未尝有过，无善可迁。其素行固已合于神明，故曰："丘之祷久矣。"又《士丧礼》，疾病行祷五祀，盖臣子迫切之至情，有不能自已者，初不请于病者而后祷也。故孔子之于子路，不直拒之，而但告以无所事祷之意。

子曰：“奢则不孙，俭则固。与其不孙也，宁固。”孙，去声。

孙，顺也。固，陋也。奢、俭俱失中，而奢之害大。

晁氏曰：“不得已而救时之弊也。”

子曰：“君子坦荡荡，小人长戚戚。”

坦，平也。荡荡，宽广貌。

程子曰：“君子循理，故常舒泰；小人役于物，故多忧戚。”

程子曰：“君子坦荡荡，心广体胖。”

子温而厉，威而不猛，恭而安。

厉，严肃也。人之德性本无不备，而气质所赋，鲜有不偏，惟圣人全体浑然，阴阳合德，故其中和之气见于容貌之间者如此。门人熟察而详记之，亦可见其用心之密矣。抑非知足以知圣人而善言德行者不能记，故程子以为曾子之言。学者所宜反复而玩心也。

泰伯第八

凡二十一章。

子曰："泰伯，其可谓至德也已矣！三以天下让，民无得而称焉。"

泰伯，周大王之长子。至德，谓德之至极，无以复加者也。三让，谓固逊也。无得而称，其逊隐微，无迹可见也。盖大王三子：长泰伯，次仲雍，次季历。大王之时，商道浸衰，而周日强大。季历又生子昌，有圣德。大王因有翦商之志，而泰伯不从，大王遂欲传位季历以及昌。泰伯知之，即与仲雍逃之荆蛮。于是大王乃立季历，传国至昌，而三分天下有其二，是为文王。文王崩，子发立，遂克商而有天下，是为武王。夫以泰伯之德，当商、周之际，固足以朝诸侯有天下矣，乃弃不取而又泯其迹焉，则其德之至极为何如哉！盖其心即夷、齐扣马之心，而事之难处有甚焉者，宜夫子之叹息而赞美之也。泰伯不从，事见《春秋传》。

子曰："恭而无礼则劳，慎而无礼则葸，勇而无礼则乱，直而无礼则绞。君子笃于亲，则民兴于仁；故旧不遗，则民不偷。"葸，丝里反。绞，古卯反。

葸，畏惧貌。绞，急切也。无礼则无节文，故有四者之弊。

君子，谓在上之人也。兴，起也。偷，薄也。

张子曰："人道知所先后，则恭不劳、慎不葸、勇不乱、直不绞，民化而德厚矣。"

吴氏曰："君子以下，当自为一章，乃曾子之言也。"

愚按：此一节与上文不相蒙，而与首篇慎终追远之意相类，吴说近是。

曾子有疾，召门弟子曰："启予足！启予手！《诗》云：'战战兢兢，如临深渊，如履薄冰。'而今而后，吾知免夫！小子！"夫，音扶。

启，开也。曾子平日以为身体受于父母，不敢毁伤，故于此使弟子开其衾而视之。《诗·小旻》之篇。战战，恐惧。兢兢，戒谨。临渊，恐坠；履冰，恐陷也。曾子以其所保之全示门人，而言其所以保之之难如此，至于将死，而后知其得免于毁伤也。小子，门人也。语毕而又呼之，以致反复丁宁之意，其警之也深矣。

程子曰："君子曰终，小人曰死。君子保其身以没，为终其事也，故曾子以全归为免矣。"

尹氏曰："父母全而生之，子全而归之。曾子临终而启手足，为是故也。非有得于道，能如是乎？"

范氏曰："身体犹不可亏也，况亏其行以辱其亲乎？"

曾子有疾，孟敬子问之。曾子言曰："鸟之将死，其鸣也哀；人之将死，其言也善。君子所贵乎道者三：动容貌，斯远暴慢矣；正颜色，斯近信矣；出辞气，斯远鄙倍矣。笾豆之事，则有司存。"远、近，并去声。

孟敬子，鲁大夫仲孙氏，名捷。问之者，问其疾也。

言，自言也。鸟畏死，故鸣哀。人穷反本，故言善。此曾子之谦辞，欲敬子知其所言之善而识之也。

贵，犹重也。容貌，举一身而言。暴，粗厉也。慢，放肆也。信，实也。正颜色而近信，则非色庄也。辞，言语。气，声气也。鄙，凡陋也。倍，与背同，谓背理也。笾，竹豆。豆，木豆。言道虽无所不在，然君子所重者，在此三事而已。是皆修身之要、为政之本，学者所当操存省察，而不可有造次颠沛之违者也。若夫笾豆之事，器数之末，道之全体固无不该，然其分则有司之守，而非君子之所重矣。

程子曰："动容貌，举一身而言也。周旋中礼，暴慢斯远矣。正颜色则不妄，斯近信矣。出辞气，正由中出，斯远鄙倍。三者正身而不外求，故曰'笾豆之事，则有司存'。"

尹氏曰："养于中则见于外，曾子盖以修己为为政之本。若乃器用事物之细，则有司存焉。"

曾子曰："以能问于不能，以多问于寡；有若无，实若虚，犯而不校，昔者吾友尝从事于斯矣。"

校，计校也。友，马氏以为颜渊是也。颜子之心，惟知义理之无穷，不见物我之有间，故能如此。

谢氏曰："不知有余在己，不足在人；不必得为在己，失为在人，非几于无我者不能也。"

曾子曰："可以托六尺之孤，可以寄百里之命，临大节而不可夺也。君子人与？君子人也。"与，平声。

其才可以辅幼君、摄国政，其节至于死生之际而不可夺，可谓君子矣。与，疑辞。也，决辞。设为问答，所以深着其必然也。

程子曰："节操如是，可谓君子矣。"

曾子曰："士不可以不弘毅，任重而道远。仁以为己任，不亦重乎？死而后已，不亦远乎？"

弘，宽广也。毅，强忍也。非弘不能胜其重，非毅无以致其远。

仁者，人心之全德，而必欲以身体而力行之，可谓重矣。一息尚存，此志不容少懈，可谓远矣。

程子曰："弘而不毅，则无规矩而难立；毅而不弘，则隘陋而无以居之。"又曰："弘大刚毅，然后能胜重任而远到。"

子曰："兴于诗，立于礼，成于乐。"

兴，起也。诗本性情，有邪有正，其为言既易知，而吟咏之间，抑扬反复，其感人又易入。故学者之初，所以兴起其好善恶恶之心，而不能自已者，必于此而得之。

礼以恭敬辞逊为本，而有节文度数之详，可以固人肌肤之会、筋骸之束。故学者之中，所以能卓然自立，而不为事物之所摇夺者，必于此而得之。

乐有五声十二律，更唱迭和，以为歌舞八音之节，可以养人之性情，而荡涤其邪秽，消融其查滓。故学者之终，所以至于义精仁熟，而自和顺于道德者，必于此而得之，是学之成也。

按《内则》，十年学幼仪，十三学乐诵《诗》，二十而后学礼。则此三者，非小学传授之次，乃大学终身所得之难易、先后、浅深也。

程子曰："天下之英才不为少矣，特以道学不明，故不得有所成就。夫古人之诗，如今之歌曲，虽闾里童稚，皆习闻之而知其说，故能兴起。今虽老师宿儒，尚不能晓其义，况学者乎？是不得兴于诗也。古人自洒扫应对，以至冠、昏、丧、祭，莫不有礼。今皆废坏，是以人伦不明，治家无法，是不得立于礼也。古人之乐：声音所以养其耳，采色所以养其目，歌咏所以养其性情，舞蹈所以养其血脉。今皆无之，是不得成于乐也。是以古之成材也易，今之成材也难。”

子曰：“民可使由之，不可使知之。”

民可使之由于是理之当然，而不能使之知其所以然也。

程子曰：“圣人设教，非不欲人家喻而户晓也，然不能使之知，但能使之由之尔。若曰圣人不使民知，则是后世朝四暮三之术也，岂圣人之心乎？”

子曰：“好勇疾贫，乱也。人而不仁，疾之已甚，乱也。”好，去声。

好勇而不安分，则必作乱。恶不仁之人而使之无所容，则必致乱。二者之心，善恶虽殊，然其生乱则一也。

子曰：“如有周公之才之美，使骄且吝，其余不足观也已。”

才美，谓智能技艺之美。骄，矜夸。吝，鄙啬也。

程子曰：“此甚言骄吝之不可也。盖有周公之德，则自无骄吝；若但有周公之才而骄吝焉，亦不足观矣。”

又曰：“骄，气盈。吝，气歉。”

愚谓，骄吝虽有盈歉之殊，然其势常相因。盖骄者吝之枝叶，吝者骄之本根。

故尝验之天下之人，未有骄而不吝，吝而不骄者也。

子曰：“三年学，不至于谷，不易得也。”易，去声。

谷，禄也。至，疑当作志。为学之久，而不求禄，如此之人，不易得也。

杨氏曰：“虽子张之贤，犹以干禄为问，况其下者乎？然则三年学而不至于谷，宜不易得也。”

子曰：“笃信好学，守死善道。危邦不入，乱邦不居。天下有道则见，无道则隐。邦有道，贫且贱焉，耻也；邦无道，富且贵焉，耻也。”好，去声。见，贤遍反。

笃，厚而力也。不笃信，则不能好学；然笃信而不好学，则所信或非其正。不守死，则不能以善其道；然守死而不足以善其道，则亦徒死而已。盖守死者笃信之效，善道者好学之功。

君子见危授命，则仕危邦者无可去之义，在外则不入可也。乱邦未危，而刑政纪纲紊矣，故洁其身而去之。天下，举一世而言。无道，则隐其身而不见也。此惟笃信好学、守死善道者能之。

世治而无可行之道，世乱而无能守之节，碌碌庸人，不足以为士矣，可耻之甚也。

晁氏曰：“有学有守，而去就之义洁，出处之分明，然后为君子之全德也。”

子曰：“不在其位，不谋其政。”

程子曰：“不在其位，则不任其事也，若君大夫问而告者，则有矣。”

子曰："师挚之始，《关雎》之乱，洋洋乎！盈耳哉。"挚，音至。雎，七余反。

师挚，鲁乐师名挚也。乱，乐之卒章也。《史记》曰："《关雎》之乱以为《风》始。"洋洋，美盛意。孔子自卫反鲁而正乐，适师挚在官之初，故乐之美盛如此。

子曰："狂而不直，侗而不愿，悾悾而不信，吾不知之矣。"侗，音通。悾，音空。

侗，无知貌。愿，谨厚也。悾悾，无能貌。吾不知之者，甚绝之之辞，亦不屑之教诲也。

苏氏曰："天之生物，气质不齐。其中材以下，有是德则有是病。有是病必有是德，故马之蹄啮者必善走，其不善者必驯。有是病而无是德，则天下之弃才也。"

子曰："学如不及，犹恐失之。"

言人之为学，既如有所不及矣，而其心犹竦然，惟恐其或失之，警学者当如是也。

程子曰："学如不及，犹恐失之，不得放过。才说姑待明日，便不可也。"

子曰："巍巍乎！舜、禹之有天下也，而不与焉。"与，去声。

巍巍，高大之貌。不与，犹言不相关，言其不以位为乐也。

子曰："大哉，尧之为君也！巍巍乎！唯天为大，唯尧则之。荡荡乎！民无能名焉。巍巍乎，其有成功也；焕乎，其有文章！"

唯，犹独也。则，犹准也。荡荡，广远之称也。言物之高大，莫有过于天者，而独尧之德能与之准。故其德之广远，亦如天之不可以言语形容也。

成功，事业也。焕，光明之貌。文章，礼乐法度也。尧之德不可名，其可见者此尔。

尹氏曰："天道之大，无为而成。唯尧则之以治天下，故民无得而名焉。所可名者，其功业文章巍然焕然而已。"

舜有臣五人而天下治。武王曰："予有乱臣十人。"孔子曰："才难，不其然乎？唐、虞之际，于斯为盛。有妇人焉，九人而已。三分天下有其二，以服事殷，周之德，其可谓至德也已矣。"治，去声。

五人，禹、稷、契、皋陶、伯益。

《书·泰誓》之辞。马氏曰："乱，治也。"十人，谓周公旦、召公奭、太公望、毕公、荣公、太颠、闳夭、散宜生、南宫适，其一人谓文母。刘侍读以为子无臣母之义，盖邑姜也。九人治外，邑姜治内。或曰："乱本作乿，古治字也。"

称孔子者，上系武王君臣之际，记者谨之。才难，盖古语，而孔子然之也。才者，德之用也。唐、虞，尧、舜有天下之号。际，交会之间。言周室人才之多，惟唐、虞之际，乃盛于此。降自夏、商，皆不能及，然犹但有此数人尔，是才之难得也。

《春秋传》曰："文王率商之畔国以事纣。"盖天下归文王者六州，荆、梁、雍、豫、徐、扬也。惟青、兖、冀，尚属纣耳。

范氏曰："文王之德，足以代商。天与之，人归之，乃不取而服事焉，所以为至德也。孔子因武王之言而及文王之德，且与泰伯，皆以至德称之，其指微矣。"或曰："宜断三分以下，别以孔子曰起之，而自为一章。"

子曰："禹，吾无间然矣。菲饮食，而致孝乎鬼神；恶衣服，而致美乎黻冕；卑宫室，而尽力乎沟洫。禹，吾无间然矣。"间，去声。菲，音匪。黻，音弗。洫，呼域反。

间，罅隙也，谓指其罅隙而非议之也。菲，薄也。致孝鬼神，谓享祀丰洁。衣服，常服。黻，蔽膝也，以韦为之。冕，冠也，皆祭服也。沟洫，田间水道，以正疆界、备旱潦者也。或丰或俭，各适其宜，所以无罅隙之可议也，故再言以深美之。

杨氏曰："薄于自奉，而所勤者民之事，所致饰者宗庙朝廷之礼，所谓有天下而不与也，夫何间然之有？"

子罕第九

凡三十章。

子罕言利与命与仁。

罕，少也。

程子曰："计利则害义，命之理微，仁之道大，皆夫子所罕言也。"

达巷党人曰："大哉孔子！博学而无所成名。"子闻之，谓门弟子曰："吾何执？执御乎？执射乎？吾执御矣。"

达巷，党名。其人姓名不传。博学无所成名，盖美其学之博而惜其不成一艺之名也。

执，专执也。射御皆一艺，而御为人仆，所执尤卑。言欲使我何所执以成名乎？然则吾将执御矣。闻人誉己，承之以谦也。

尹氏曰："圣人道全而德备，不可以偏长目之也。达巷党人见孔子之大，意其所学者博，而惜其不以一善得名于世，盖慕圣人而不知者也。故孔子曰，欲使我何所执而得为名乎？然则吾将执御矣。"

子曰："麻冕，礼也；今也纯，俭。吾从众。拜下，礼也；今拜乎上，泰也。

虽违众，吾从下。”

麻冕，缁布冠也。纯，丝也。俭，谓省约。缁布冠，以三十升布为之，升八十缕，则其经二千四百缕矣。细密难成，不如用丝之省约。

臣与君行礼，当拜于堂下。君辞之，乃升成拜。泰，骄慢也。

程子曰：“君子处世，事之无害于义者，从俗可也；害于义，则不可从也。”

子绝四：毋意，毋必，毋固，毋我。

绝，无之尽者。毋，《史记》作“无”是也。意，私意也。必，期必也。固，执滞也。我，私己也。四者相为终始，起于意，遂于必，留于固，而成于我也。盖意、必常在事前，固、我常在事后，至于我又生意，则物欲牵引，循环不穷矣。

程子曰：“此毋字，非禁止之辞。圣人绝此四者，何用禁止？”

张子曰：“四者有一焉，则与天地不相似。”

杨氏曰：“非知足以知圣人，详视而默识之，不足以记此。”

子畏于匡。曰：“文王既没，文不在兹乎？天之将丧斯文也，后死者不得与于斯文也；天之未丧斯文也，匡人其如予何？”丧、与，皆去声。

畏者，有戒心之谓。匡，地名。《史记》云：“阳虎曾暴于匡，夫子貌似阳虎，故匡人围之。”

道之显者谓之文，盖礼乐制度之谓。不曰道而曰文，亦谦辞也。兹，此也，孔子自谓。

马氏曰：“文王既没，故孔子自谓后死者。言天若欲丧此文，则必不使我得与于此文；今我既得与于此文，则是天未欲丧此文也。天既未欲丧此文，则匡人其奈我何？言必不能违天害己也。”

大宰问于子贡曰：“夫子圣者与？何其多能也？”子贡曰：“固天纵之将圣，又多能也。”子闻之，曰：“大宰知我乎！吾少也贱，故多能鄙事。君子多乎哉？不多也。”牢曰：“子云‘吾不试，故艺’。”大，音泰。与，平声。

孔氏曰：“大宰，官名。或吴或宋，未可知也。”与者，疑辞。大宰盖以多能为圣也。纵，犹肆也，言不为限量也。将，殆也，谦若不敢知之辞。圣无不通，多能乃其余事，故言又以兼之。

言由少贱故多能，而所能者鄙事尔，非以圣而无不通也。且多能非所以率人，故又言君子不必多能以晓之。

牢，孔子弟子，姓琴，字子开，一字子张。试，用也。言由不为世用，故得以习于艺而通之。

吴氏曰：“弟子记夫子此言之时，子牢因言昔之所闻有如此者。其意相近，故并记之。”

子曰：“吾有知乎哉？无知也。有鄙夫问于我，空空如也，我叩其两端而竭焉。”叩，音口。

孔子谦言己无知识，但其告人，虽于至愚，不敢不尽耳。叩，发动也。两端，犹言两头。言终始、本末、上下、精粗，无所不尽。

程子曰：“圣人之教人，俯就之若此，犹恐众人以为高远而不亲也。圣人之道，必降而自卑，不如此则人不亲，贤人之言，则引而自高，不如此则道不尊。观于孔子、孟子，则可见矣。”

尹氏曰：“圣人之言，上下兼尽。即其近，众人皆可与知；极其至，则虽圣人亦无以加焉，是之谓两端。如答樊迟之问仁知，两端竭尽，无余蕴矣。若夫语上而遗下，语理而遗物，则岂圣人之言哉？”

子曰：“凤鸟不至，河不出图，吾已矣夫！”夫，音扶。

凤，灵鸟，舜时来仪，文王时鸣于岐山。河图，河中龙马负图，伏羲时出，皆圣王之瑞也。已，止也。

张子曰：“凤至图出，文明之祥。伏羲、舜、文之瑞不至，则夫子之文章，知其已矣。”

子见齐衰者、冕衣裳者与瞽者，见之，虽少必作；过之，必趋。齐，音咨。衰，七雷反。少，去声。

齐衰，丧服。冕，冠也。衣，上服。裳，下服。冕而衣裳，贵者之盛服也。瞽，无目者。作，起也。趋，疾行也。或曰：“少，当作坐。”

范氏曰：“圣人之心，哀有丧，尊有爵，矜不成人。其作与趋，盖有不期然而然者。”

尹氏曰：“此圣人之诚心，内外一者也。”

颜渊喟然叹曰：“仰之弥高，钻之弥坚；瞻之在前，忽焉在后。夫子循循然善诱人，博我以文，约我以礼。欲罢不能，既竭吾才，如有所立卓尔。虽欲从之，末由也已。”喟，苦位反。钻，祖官反。

喟，叹声。仰弥高，不可及。钻弥坚，不可入。在前在后，恍惚不可为象。此颜渊深知夫子之道无穷尽、无方体，而叹之也。

循循，有次序貌。诱，引进也。博文约礼，教之序也。言夫子道虽高妙，而教人有序也。

侯氏曰："博我以文，致知格物也。约我以礼，克己复礼也。"

程子曰："此颜子称圣人最切当处，圣人教人，惟此二事而已。"

卓，立貌。末，无也。此颜子自言其学之所至也。盖悦之深而力之尽，所见益亲，而又无所用其力也。

吴氏曰："所谓卓尔，亦在乎日用行事之间，非所谓窈冥昏默者。"

程子曰："到此地位，功夫尤难，直是峻绝，又大段著力不得。"

杨氏曰："自可欲之谓善，充而至于大，力行之积也。大而化之，则非力行所及矣，此颜子所以未达一间也。"

程子曰："此颜子所以为深知孔子而善学之者也。"

胡氏曰："无上事而喟然叹，此颜子学既有得，故述其先难之故、后得之由，而归功于圣人也。高坚前后，语道体也。仰钻瞻忽，未领其要也。惟夫子循循善诱，先博我以文，使我知古今，达事变；然后约我以礼，使我尊所闻，行所知。如行者之赴家，食者之求饱，是以欲罢而不能，尽心尽力，不少休废。然后见夫子所立之卓然，虽欲从之，末由也已。是盖不怠所从，必欲至乎卓立之地也。抑斯叹也，其在请事斯语之后，三月不违之时乎？"

子疾病，子路使门人为臣。病间，曰："久矣哉！由之行诈也，无臣而为有臣。吾谁欺？欺天乎？且予与其死于臣之手也，无宁死于二三子之手乎？且予纵不得大葬，予死于道路乎？"间，如字。

夫子时已去位，无家臣。子路欲以家臣治其丧，其意实尊圣人，而未知所以尊也。

病间，少差也。病时不知，既差乃知其事，故言我之不当有家臣，人皆知之，不可欺也。而为有臣，则是欺天而已。人而欺天，莫大之罪。引以自归，其责子路深矣。

无宁，宁也。大葬，谓君臣礼葬。死于道路，谓弃而不葬。又晓之以不必然之故。

范氏曰："曾子将死，起而易箦。曰：'吾得正而毙焉，斯已矣。'子路欲尊夫子，而不知无臣之不可为有臣，是以陷于行诈，罪至欺天。君子之于言动，虽微不可不谨。夫子深惩子路，所以警学者也。"

杨氏曰："非知至而意诚，则用智自私，不知行其所无事，往往自陷于行诈欺天而莫之知也。其子路之谓乎？"

子贡曰："有美玉于斯，韫椟而藏诸？求善贾而沽诸？"子曰："沽之哉！沽之哉！我待贾者也。"韫，纡粉反。椟，徒木反。贾，音嫁。

韫，藏也。椟，匮也。沽，卖也。子贡以孔子有道不仕，故设此二端以问也。孔子言固当卖之，但当待贾，而不当求之耳。

范氏曰："君子未尝不欲仕也，又恶不由其道。士之待礼，犹玉之待贾也。若伊尹之耕于野，伯夷、太公之居于海滨，世无成汤、文王，则终焉而已，必不枉道以从人，衒玉而求售也。"

子欲居九夷。或曰："陋，如之何！"子曰："君子居之，何陋之有？"

东方之夷有九种。欲居之者，亦乘桴浮海之意。

君子所居则化，何陋之有？

子曰："吾自卫反鲁，然后乐正，《雅》《颂》各得其所。"

鲁哀公十一年冬，孔子自卫反鲁。是时周礼在鲁，然《诗》乐亦颇残缺失次。孔子周流四方，参互考订，以知其说。晚知道终不行，故归而正之。

子曰："出则事公卿，入则事父兄，丧事不敢不勉，不为酒困，何有于我哉？"

说见第七篇，然此则其事愈卑而意愈切矣。

子在川上，曰："逝者如斯夫！不舍昼夜。"夫，音扶。舍，上声。

天地之化，往者过，来者续，无一息之停，乃道体之本然也。然其可指而易见者，莫如川流。故于此发以示人，欲学者时时省察，而无毫发之间断也。

程子曰："此道体也。天运而不已，日往则月来，寒往则暑来，水流而不息，物生而不穷，皆与道为体，运乎昼夜，未尝已也。是以君子法之，自强不息。及其至也，纯亦不已焉。"

又曰："自汉以来，儒者皆不识此义。此见圣人之心，纯亦不已也。纯亦不已，乃天德也。有天德，便可语王道，其要只在谨独。"

愚按：自此至篇终，皆勉人进学不已之辞。

子曰："吾未见好德如好色者也。"好，去声。

谢氏曰："好好色，恶恶臭，诚也。好德如好色，斯诚好德矣，然民鲜能之。"

《史记》："孔子居卫，灵公与夫人同车，使孔子为次乘，招摇市过之。"孔子丑之，故有是言。

子曰："譬如为山，未成一篑，止，吾止也；譬如平地，虽覆一篑，进，吾往也。"篑，求位反。覆，芳服反。

篑，土笼也。《书》曰："为山九仞，功亏一篑。"夫子之言，盖出于此。言山成而但少一篑，其止者，吾自止耳；平地而方覆一篑，其进者，吾自往耳。盖学者自强不息，则积少成多；中道而止，则前功尽弃。其止其往，皆在我而不在人也。

子曰："语之而不惰者，其回也与！"语，去声。与，平声。

惰，懈怠也。

范氏曰："颜子闻夫子之言而心解力行，造次颠沛，未尝违之。如万物得时雨之润，发荣滋长，何有于惰？此群弟子所不及也。"

子谓颜渊，曰："惜乎！吾见其进也，未见其止也。"

"进""止"二字，说见上章。颜子既死而孔子惜之，言其方进而未已也。

子曰："苗而不秀者有矣夫！秀而不实者有矣夫！"夫，音扶。

谷之始生曰苗，吐华曰秀，成谷曰实。盖学而不至于成，有如此者，是以君子贵自勉也。

子曰："后生可畏，焉知来者之不如今也？四十、五十而无闻焉，斯亦不足畏也已。"焉知之焉，于虔反。

孔子言后生年富力强，足以积学而有待，其势可畏，安知其将来不如我之今日乎？然或不能自勉，至于老而无闻，则不足畏矣。言此以警人，使及时勉学也。曾子曰："五十而不以善闻，则不闻矣。"盖述此意。

尹氏曰："少而不勉，老而无闻，则亦已矣。自少而进者，安知其不至于极乎？是可畏也。"

子曰："法语之言，能无从乎？改之为贵。巽与之言，能无说乎？绎之为贵。说而不绎，从而不改，吾末如之何也已矣。"

法语者，正言之也。巽言者，婉而导之也。绎，寻其绪也。法言人所敬惮，故必从；然不改，则面从而已。巽言无所乖忤，故必说；然不绎，则又不足以知其微意之所在也。

杨氏曰："法言，若孟子论行王政之类是也。巽言，若其论好货好色之类是也。语之而未达，拒之而不受，犹之可也。其或喻焉，则尚庶几其能改绎矣。从且说矣，而不改绎焉，则是终不改绎也已，虽圣人其如之何哉？"

子曰："主忠信，毋友不如己者，过则勿惮改。"

重出而逸其半。

子曰："三军可夺帅也，匹夫不可夺志也。"

侯氏曰："三军之勇在人，匹夫之志在己。故帅可夺而志不可夺，如可夺，则亦不足谓之志矣。"

子曰："衣敝缊袍，与衣狐貉者立，而不耻者，其由也与？'不忮不求，何用不臧？'"子路终身诵之。子曰："是道也，何足以臧？"衣，去声。缊，纡粉反。貉，胡各反。与，平声。忮，之豉反。

敝，坏也。缊，枲著也。袍，衣有著者也，盖衣之贱者。狐貉，以狐貉之皮为裘，衣之贵者。子路之志如此，则能不以贫富动其心，而可以进于道矣，故夫子称之。

忮，害也。求，贪也。臧，善也。言能不忮不求，则何为不善乎？此《卫风·雄雉》之诗，孔子引之，以美子路也。吕氏曰："贫与富交，强者必忮，弱者必求。"

终身诵之，则自喜其能，而不复求进于道矣，故夫子复言此以警之。

谢氏曰："耻恶衣恶食，学者之大病。善心不存，盖由于此。子路之志如此，其过人远矣。然以众人而能此，则可以为善矣；子路之贤，宜不止此。而终身诵之，则非所以进于日新也，故激而进之。"

子曰："岁寒，然后知松柏之后凋也。"

范氏曰："小人之在治世，或与君子无异。惟临利害、遇事变，然后君子之所守可见也。"

谢氏曰："士穷见节义，世乱识忠臣。欲学者必周于德。"

子曰："知者不惑，仁者不忧，勇者不惧。"

明足以烛理，故不惑；理足以胜私，故不忧；气足以配道义，故不惧。此学之序也。

子曰：“可与共学，未可与适道；可与适道，未可与立；可与立，未可与权。”

可与者，言其可与共为此事也。

程子曰：“可与共学，知所以求之也。可与适道，知所往也。可与立者，笃志固执而不变也。权，称锤也，所以称物而知轻重者也。可与权，谓能权轻重，使合义也。”

杨氏曰：“知为己，则可与共学矣。学足以明善，然后可与适道。信道笃，然后可与立。知时措之宜，然后可与权。”

洪氏曰：“《易》九卦，终于《巽》以行权。权者，圣人之大用。未能立而言权，犹人未能立而欲行，鲜不仆矣。”

程子曰：“汉儒以反经合道为权，故有权变、权术之论，皆非也。权只是经也。自汉以下，无人识权字。”

愚按：先儒误以此章连下文偏其反而为一章，故有反经合道之说。程子非之，是矣。然以《孟子》“嫂溺，援之以手”之义推之，则权与经，亦当有辨。

“唐棣之华，偏其反而。岂不尔思？室是远而。”子曰：“未之思也，夫何远之有？”棣，大计反。夫，音扶。

唐棣，郁李也。偏，《晋书》作翩。然则反亦当与翻同，言华之摇动也。而，语助也。此逸诗也，于六义属兴。上两句无意义，但以起下两句之辞耳。其所谓尔，亦不知其何所指也。

夫子借其言而反之，盖前篇“仁远乎哉”之意。

程子曰：“圣人未尝言易以骄人之志，亦未尝言难以阻人之进。但曰未之思也，夫何远之有？此言极有涵蓄，意思深远。”

乡党第十

杨氏曰："圣人之所谓道者，不离乎日用之间也。故夫子之平日，一动一静，门人皆审视而详记之。"

尹氏曰："甚矣孔门诸子之嗜学也！于圣人之容色言动，无不谨书而备录之，以贻后世。今读其书，即其事，宛然如圣人之在目也。虽然，圣人岂拘拘而为之者哉？盖盛德之至，动容周旋，自中乎礼耳。学者欲潜心于圣人，宜于此求焉。"

旧说凡一章，今分为十七节。

孔子于乡党，恂恂如也，似不能言者。其在宗庙朝廷，便便言，唯谨尔。 恂，相伦反。朝，直遥反，下同。便，旁连反。

恂恂，信实之貌。似不能言者，谦卑逊顺。不以贤知先人也。乡党，父兄宗族之所在，故孔子居之，其容貌辞气如此。

便便，辩也。宗庙，礼法之所在；朝廷，政事之所出；言不可以不明辩。故必详问而极言之，但谨而不放尔。

此一节，记孔子在乡党、宗庙、朝廷言貌之不同。

朝，与下大夫言，侃侃如也；与上大夫言，訚訚如也。君在，踧踖如也。与与如也。 侃，苦旦反。訚，鱼巾反。踧，子六反。踖，子亦反。与，平声，或如字。

此君未视朝时也。《王制》：诸侯上大夫卿，下大夫五人。许氏《说文》："侃侃，刚直也。訚訚，和悦而诤也。"

君在，视朝也。踧踖，恭敬不宁之貌。与与，威仪中适之貌。

张子曰："与与，不忘向君也。"亦通。

此一节，记孔子在朝廷事上接下之不同也。

君召使摈，色勃如也，足躩如也。揖所与立，左右手。衣前后，襜如也。趋进，翼如也。宾退，必复命曰："宾不顾矣。"摈，必刃反。躩，驱若反。襜，赤占反。

摈，主国之君所使出接宾者。勃，变色貌。躩，盘辟貌。皆敬君命故也。

所与立，谓同为摈者也。摈用命数之半，如上公九命，则用五人，以次传命。揖左人，则左其手；揖右人，则右其手。襜，整貌。

疾趋而进，张拱端好，如鸟舒翼。

纾君敬也。

此一节，记孔子为君摈相之容。

入公门，鞠躬如也，如不容。立不中门，行不履阈。过位，色勃如也，足躩如也，其言似不足者。摄齐升堂，鞠躬如也，屏气似不息者。出，降一等，逞颜色，怡怡如也。没阶趋进，翼如也。复其位，踧踖如也。阈，于逼反。齐，音咨。

鞠躬，曲身也。公门高大而若不容，敬之至也。

中门，中于门也。谓当枨阒之间，君出入处也。阈，门限也。礼，士大夫出入君门，由阒右，不践阈。

谢氏曰："立中门则当尊，行履阈则不恪。"

位，君之虚位。谓门屏之间，人君宁立之处，所谓宁也。君虽不在，过之必敬，不敢以虚位而慢之也。

言似不足，不敢肆也。

摄，抠也。齐，衣下缝也。礼，将升堂，两手抠衣，使去地尺，恐蹑之而倾跌失容也。屏，藏也。息，鼻息出入者也。近至尊，气容肃也。

陆氏曰："趋下本无进字，俗本有之，误也。"

等，阶之级也。逞，放也。渐远所尊，舒气解颜。怡怡，和悦也。没阶，下尽阶也。趋，走就位也。复位踧踖，敬之余也。

此一节，记孔子在朝之容。

执圭，鞠躬如也，如不胜。上如揖，下如授。勃如战色，足蹜蹜，如有循。享礼，有容色。私觌，愉愉如也。胜，平声。蹜，色六反。

圭，诸侯命圭。聘问邻国，则使大夫执以通信。如不胜，执主器，执轻如不克，敬谨之至也。上如揖，下如授，谓执圭平衡，手与心齐，高不过揖，卑不过授也。战色，战而色惧也。蹜蹜，举足促狭也。如有循，《记》所谓举前曳踵。言行不离地，如缘物也。

享，献也。既聘而享，用圭璧，有庭实。有容色，和也。《仪礼》曰："发气满容。"

私觌，以私礼见也。愉愉，则又和矣。

此一节，记孔子为君聘于邻国之礼也。晁氏曰："孔子，定公九年仕鲁，至十三年适齐，其间绝无朝聘往来之事。疑使摈、执圭两条，但孔子尝言其礼当如此尔。"

君子不以绀緅饰。红紫不以为亵服。当暑，袗絺绤，必表而出之。缁衣，羔裘；素衣，麑裘；黄衣，狐裘。亵裘长。短右袂。必有寝衣，长一身有半。狐貉之厚以居。去丧，无所不佩。非帷裳，必杀之。羔裘玄冠不以吊。吉月，必朝服而朝。绀，古暗反。緅，侧由反。麑，研奚反。长，去声。去，上声。杀，去声。

君子，谓孔子。绀，深青扬赤色，齐服也。緅，绛色。三年之丧，以饰练服也。饰，领缘也。

红紫，间色不正，且近于妇人女子之服也。亵服，私居服也。言此则不以为朝祭之服可知。

袗，单也。葛之精者曰絺，粗者曰绤。表而出之，谓先著里衣，表絺绤而出之于外，欲其不见体也。《诗》所谓“蒙彼绉絺”是也。

缁，黑色。羔裘，用黑羊皮。麑，鹿子，色白。狐，色黄。衣以裼裘，欲其相称。长，欲其温。短右袂，所以便作事。

齐主于敬，不可解衣而寝，又不可著明衣而寝，故别有寝衣，其半盖以覆足。

程子曰：“此错简，当在‘齐，必有明衣，布’之下。”愚谓，如此则此条与明衣、变食既得以类相从；而亵裘、狐貉亦得以类相从矣。

狐貉，毛深温厚，私居取其适体。

君子无故，玉不去身。觿砺之属，亦皆佩也。

朝祭之服，裳用正幅如帷，要有襞积，而旁无杀缝。其余若深衣，要半下，齐倍要，则无襞积而有杀缝矣。

丧主素，吉主玄。吊必变服，所以哀死。

吉月，月朔也。孔子在鲁致仕时如此。

此一节，记孔子衣服之制。

苏氏曰："此孔氏遗书，杂记曲礼，非特孔子事也。"

齐，必有明衣，布。齐，必变食，居必迁坐。齐，侧皆反。

齐，必沐浴，浴竟，即著明衣，所以明洁其体也，以布为之。此下脱前章"寝衣"一简。变食，谓不饮酒、不茹荤。迁坐，易常处也。

此一节，记孔子谨齐之事。

杨氏曰："齐所以交神，故致洁变常以尽敬。"

食不厌精，脍不厌细。食饐而餲，鱼馁而肉败，不食。色恶，不食。臭恶，不食。失饪，不食。不时，不食。割不正，不食。不得其酱，不食。肉虽多，不使胜食气。惟酒无量，不及乱。沽酒市脯，不食。不撤姜食。不多食。祭于公，不宿肉。祭肉不出三日。出三日，不食之矣。食不语，寝不言。虽疏食菜羹，瓜祭，必齐如也。食，音嗣。食饐之食，音嗣。饐，于冀反。餲，乌迈反。饪，而甚反。量，去声。

食，饭也。精，凿也。牛羊与鱼之腥，聂而切之为脍。食精则能养人，脍粗则能害人。不厌，言以是为善，非谓必欲如是也。

饐，饭伤热湿也。餲，味变也。鱼烂曰馁。肉腐曰败。色恶、臭恶，未败而色臭变也。饪，烹调生熟之节也。不时，五谷不成，果实未熟之类。此数者皆足以伤人，故不食。

割肉不方正者不食，造次不离于正也。汉陆续之母，切肉未尝不方，断葱以寸为度，盖其质美，与此暗合也。食肉用酱，各有所宜，不得则不食，恶其不备也。此二者，无害于人，但不以嗜味而苟食耳。

食以谷为主，故不使肉胜食气。酒以为人合欢，故不为量，但以醉为节而不及乱耳。

程子曰："不及乱者，非惟不使乱志，虽血气亦不可使乱，但浃洽而已可也。"

沽、市，皆买也。恐不精洁，或伤人也。与不尝康子之药同意。

姜，通神明，去秽恶，故不撤。

适可而止，无贪心也。

助祭于公，所得胙肉，归即颁赐。不俟经宿者，不留神惠也。家之祭肉，则不过三日，皆以分赐。盖过三日，则肉必败，而人不食之，是亵鬼神之余也。但比君所赐胙，可少缓耳。答述曰语。自言曰言。

范氏曰："圣人存心不他，当食而食，当寝而寝，言语非其时也。"

杨氏曰："肺为气主而声出焉，寝食则气窒而不通，语言恐伤之也。"亦通。

陆氏曰："《鲁论》瓜作必。"

古人饮食，每种各出少许，置之豆间之地，以祭先代始为饮食之人，不忘本也。齐，严敬貌。孔子虽薄物必祭，其祭必敬，圣人之诚也。

此一节，记孔子饮食之节。

谢氏曰："圣人饮食如此，非极口腹之欲，盖养气体，不以伤生，当如此。然圣人之所不食，穷口腹者或反食之，欲心胜而不暇择也。"

席不正，不坐。

谢氏曰："圣人心安于正，故于位之不正者，虽小不处。"

乡人饮酒，杖者出，斯出矣。乡人傩，朝服而立于阼阶。傩，乃多反。

杖者，老人也。六十杖于乡，未出不敢先，既出不敢后。

傩，所以逐疫，《周礼》方相氏掌之。阼阶，东阶也。傩虽古礼而近于戏，亦必朝服而临之者，无所不用其诚敬也。或曰：“恐其惊先祖五祀之神，欲其依己而安也。”

此一节，记孔子居乡之事。

问人于他邦，再拜而送之。康子馈药，拜而受之。曰：“丘未达，不敢尝。”

拜送使者，如亲见之，敬也。

范氏曰：“凡赐食，必尝以拜。药未达则不敢尝。受而不饮，则虚人之赐，故告之如此。然则可饮而饮，不可饮而不饮，皆在其中矣。”

杨氏曰：“大夫有赐，拜而受之，礼也。未达不敢尝，谨疾也。必告之，直也。”

此一节，记孔子与人交之诚意。

厩焚。子退朝，曰：“伤人乎？”不问马。

非不爱马，然恐伤人之意多，故未暇问。盖贵人贱畜，理当如此。

君赐食，必正席先尝之；君赐腥，必熟而荐之；君赐生，必畜之。侍食于君，君祭，先饭。疾，君视之，东首，加朝服，拖绅。君命召，不俟驾行矣。饭，扶晚反。首，去声。拖，徒我反。

食恐或馂馀，故不以荐。正席先尝，如对君也。言先尝，则馀当以颁赐矣。腥，生肉。熟而荐之祖考，荣君赐也。畜之者，仁君之惠，无故不敢杀也。

《周礼》：“王日一举，膳夫授祭品尝食，王乃食。”故侍食者，君祭，则己不祭而先饭。若为君尝食然，不敢当客礼也。

东首，以受生气也。病卧不能著衣束带，又不可以亵服见君，故加朝服于身，又引大带于上也。急趋君命，行出而驾车随之。

此一节，记孔子事君之礼。

入太庙，每事问。

重出。

朋友死，无所归。曰：“于我殡。”朋友之馈，虽车马，非祭肉，不拜。

朋友以义合，死无所归，不得不殡。

朋友有通财之义，故虽车马之重，不拜。祭肉则拜者，敬其祖考，同于己亲也。

此一节，记孔子交朋友之义。

寝不尸，居不容。见齐衰者，虽狎，必变。见冕者与瞽者，虽亵，必以貌。凶服者式之。式负版者。有盛馔，必变色而作。迅雷风烈，必变。

尸，谓偃卧似死人也。居，居家。容，容仪。

范氏曰：“寝不尸，非恶其类于死也。惰慢之气不设于身体，虽舒布其四体，而亦未尝肆耳。居不容，非惰也。但不若奉祭祀、见宾客而已，申申夭夭是也。”

狎，谓素亲狎。亵，谓燕见。貌，谓礼貌。余见前篇。

式，车前横木。有所敬，则俯而凭之。负版，持邦国图籍者。式此二者，哀有丧，重民数也。人惟万物之灵，而王者之所天也，故《周礼》“献民数于王，王拜受之”。况其下者，敢不敬乎？

敬主人之礼，非以其馔也。

迅，疾也。烈，猛也。必变者，所以敬天之怒。《记》曰：“若有疾风、迅雷、甚雨则必变，虽夜必兴，衣服冠而坐。”

此一节，记孔子容貌之变。

升车，必正立执绥。车中，不内顾，不疾言，不亲指。

绥，挽以上车之索也。

范氏曰：“正立执绥，则心体无不正，而诚意肃恭矣。盖君子庄敬无所不在，升车则见于此也。”

内顾，回视也。《礼》曰：“顾不过毂。”三者皆失容，且惑人。

此一节，记孔子升车之容。

色斯举矣，翔而后集。曰：“山梁雌雉，时哉！时哉！”子路共之，三嗅而作。共，九用反，又居勇反。嗅，许又反。

言鸟见人之颜色不善，则飞去，回翔审视而后下止。人之见几而作，审择所处，亦当如此。然此上下，必有阙文矣。

邢氏曰：“梁，桥也。时哉，言雉之饮啄得其时。子路不达，以为时物而共具之。孔子不食，三嗅其气而起。”

晁氏曰：“石经‘嗅’作‘戛’，谓雉鸣也。”

刘聘君曰：“嗅，当作狊，古阒反。张两翅也。见《尔雅》。”

愚按：如后两说，则“共”字当为拱执之义。然此必有阙文，不可强为之说。姑记所闻，以俟知者。

先进第十一

此篇多评弟子贤否，凡二十五章。胡氏曰："此篇记闵子骞言行者四，而其一直称闵子，疑闵氏门人所记也。"

子曰："先进于礼乐，野人也；后进于礼乐，君子也。如用之，则吾从先进。"

先进、后进，犹言前辈、后辈。野人，谓郊外之民。君子，谓贤士大夫也。

程子曰："先进于礼乐，文质得宜，今反谓之质朴，而以为野人。后进之于礼乐，文过其质，今反谓之彬彬，而以为君子。盖周末文胜，故时人之言如此，不自知其过于文也。"

用之，谓用礼乐。孔子既述时人之言，又自言其如此，盖欲损过以就中也。

子曰："从我于陈、蔡者，皆不及门也。德行：颜渊、闵子骞、冉伯牛、仲弓。言语：宰我、子贡。政事：冉有、季路。文学：子游、子夏。"从，去声。行，去声。

孔子尝厄于陈、蔡之间，弟子多从之者，此时皆不在门。故孔子思之，盖不忘其相从于患难之中也。

弟子因孔子之言，记此十人，而并目其所长，分为四科。孔子教人各因其材，于此可见。

程子曰："四科乃从夫子于陈、蔡者尔，门人之贤者固不止此。曾子传道而不与焉，故知十哲世俗论也。"

子曰："回也非助我者也，于吾言无所不说。"说，音悦。

助我，若子夏之起予，因疑问而有以相长也。颜子于圣人之言，默识心通，无所疑问。故夫子云然，其辞若有憾焉，其实乃深喜之。

胡氏曰："夫子之于回，岂真以助我望之。盖圣人之谦德，又以深赞颜氏云尔。"

子曰："孝哉闵子骞！人不间于其父母昆弟之言。"间，去声。

胡氏曰："父母兄弟称其孝友，人皆信之无异辞者，盖其孝友之实，有以积于中而著于外，故夫子叹而美之。"

南容三复白圭，孔子以其兄之子妻之。三、妻，并去声。

《诗·大雅·抑》之篇曰："白圭之玷，尚可磨也；斯言之玷，不可为也。"南容一日三复此言，事见《家语》，盖深有意于谨言也。此邦有道所以不废，邦无道所以免祸，故孔子以兄子妻之。

范氏曰："言者行之表，行者言之实，未有易其言而能谨于行者。南容欲谨其言如此，则必能谨其行矣。"

季康子问："弟子孰为好学？"孔子对曰："有颜回者好学，不幸短命死矣！今也则亡。"好，去声。

范氏曰："哀公、康子问同而对有详略者，臣之告君，不可不尽。若康子者，必待其能问乃告之，此教诲之道也。"

颜渊死，颜路请子之车以为之椁。子曰："才不才，亦各言其子也。鲤也死，有棺而无椁。吾不徒行以为之椁。以吾从大夫之后，不可徒行也。"

颜路，渊之父，名无繇。少孔子六岁，孔子始教而受学焉。椁，外棺也。请为椁，欲卖车以买椁也。

鲤，孔子之子伯鱼也，先孔子卒。言鲤之才虽不及颜渊，然己与颜路以父视之，则皆子也。孔子时已致仕，尚从大夫之列，言后，谦辞。

胡氏曰："孔子遇旧馆人之丧，尝脱骖以赙之矣。今乃不许颜路之请，何耶？葬可以无椁，骖可以脱而复求，大夫不可以徒行，命车不可以与人而鬻诸市也。且为所识穷乏者得我，而勉强以副其意，岂诚心与直道哉？或者以为君子行礼，视吾之有无而已。夫君子之用财，视义之可否，岂独视有无而已哉？"

颜渊死。子曰："噫！天丧予！天丧予！"丧，去声。

噫，伤痛声。悼道无传，若天丧己也。

颜渊死，子哭之恸。从者曰："子恸矣。"曰："有恸乎？非夫人之为恸而谁为！"从，去声。夫，音扶。为，去声。

恸，哀过也。

哀伤之至，不自知也。

夫人，谓颜渊。言其死可惜，哭之宜恸，非他人之比也。

胡氏曰："痛惜之至，施当其可，皆情性之正也。"

颜渊死，门人欲厚葬之，子曰："不可。"门人厚葬之。子曰："回也视予犹父也，予不得视犹子也。非我也，夫二三子也。"

丧具称家之有无，贫而厚葬，不循理也。故夫子止之。

盖颜路听之。

叹不得如葬鲤之得宜，以责门人也。

季路问事鬼神。子曰："未能事人，焉能事鬼？"敢问死。曰："未知生，焉知死？"焉，于虔反。

问事鬼神，盖求所以奉祭祀之意。而死者人之所必有，不可不知，皆切问也。然非诚敬足以事人，则必不能事神；非原始而知所以生，则必不能反终而知所以死。盖幽明始终，初无二理，但学之有序，不可躐等，故夫子告之如此。

程子曰："昼夜者，死生之道也。知生之道，则知死之道。尽事人之道，则尽事鬼之道。死生人鬼，一而二，二而一者也。或言夫子不告子路，不知此乃所以深告之也。"

闵子侍侧，訚訚如也；子路，行行如也；冉有、子贡，侃侃如也。子乐。"若由也，不得其死然。"訚、侃，音义见前篇。行，胡浪反。乐，音洛。

行行，刚强之貌。子乐者，乐得英材而教育之。

尹氏曰："子路刚强，有不得其死之理，故因以戒之。其后子路卒死于卫孔悝之难。"

洪氏曰："《汉书》引此句，上有'曰'字。"或云："上文'乐'字，即'曰'字之误。"

鲁人为长府。闵子骞曰："仍旧贯，如之何？何必改作？"子曰："夫人不言，言必有中。"夫，音扶。中，去声。

长府，藏名。藏货财曰府。为，盖改作之。

仍，因也。贯，事也。

王氏曰："改作劳民伤财，在于得已，则不如仍旧贯之善。"

言不妄发，发必当理，惟有德者能之。

子曰："由之瑟，奚为于丘之门？"门人不敬子路。子曰："由也升堂矣，未入于室也。"

程子曰："言其声之不和，与己不同也。"

《家语》云："子路鼓瑟，有北鄙杀伐之声。"盖其气质刚勇，而不足于中和，故其发于声者如此。

门人以夫子之言，遂不敬子路，故夫子释之。升堂入室，喻入道之次第。言子路之学，已造乎正大高明之域，特未深入精微之奥耳，未可以一事之失而遽忽之也。

子贡问："师与商也孰贤？"子曰："师也过，商也不及。"曰："然则师愈与？"子曰："过犹不及。"与，平声。

子张才高意广，而好为苟难，故常过中。子夏笃信谨守，而规模狭隘，故常不及。

愈，犹胜也。

道以中庸为至。贤智之过，虽若胜于愚不肖之不及，然其失中则一也。

尹氏曰："中庸之为德也，其至矣乎！夫过与不及，均也。差之毫厘，缪以千里。故圣人之教，抑其过，引其不及，归于中道而已。"

季氏富于周公，而求也为之聚敛而附益之。子曰："非吾徒也。小子鸣鼓而攻之，可也。" 为，去声。

周公以王室至亲，有大功，位冢宰，其富宜矣。季氏以诸侯之卿，而富过之，非攘夺其君、刻剥其民，何以得此？冉有为季氏宰，又为之急赋税以益其富。

非吾徒，绝之也。小子鸣鼓而攻之，使门人声其罪以责之也。圣人之恶党恶而害民也如此。然师严而友亲，故己绝之，而犹使门人正之，又见其爱人之无已也。

范氏曰："冉有以政事之才，施于季氏，故为不善至于如此。由其心术不明，不能反求诸身，而以仕为急故也。"

柴也愚，参也鲁，师也辟，由也喭。 辟，婢亦反。喭，五旦反。

柴，孔子弟子，姓高，字子羔。愚者，知不足而厚有余。《家语》记其"足不履影，启蛰不杀，方长不折。执亲之丧，泣血三年，未尝见齿。避难而行，不径不窦"。可以见其为人矣。

鲁，钝也。

程子曰："参也竟以鲁得之。"

又曰："曾子之学，诚笃而已。圣门学者，聪明才辩，不为不多，而卒传其道，乃质鲁之人尔。故学以诚实为贵也。"

尹氏曰："曾子之才鲁，故其学也确，所以能深造乎道也。"

辟，便辟也。谓习于容止，少诚实也。

喭，粗俗也。传称喭者，谓俗论也。

杨氏曰："四者性之偏，语之使知自励也。"

吴氏曰："此章之首，脱'子曰'二字。"或疑下章'子曰'当在此章之首，而通为一章。

子曰："回也其庶乎，屡空。赐不受命，而货殖焉，亿则屡中。"中，去声。

庶，近也，言近道也。屡空，数至空匮也。不以贫窭动心而求富，故屡至于空匮也。言其近道，又能安贫也。

命，谓天命。货殖，货财生殖也。亿，意度也。言子贡不如颜子之安贫乐道，然其才识之明，亦能料事而多中也。

程子曰："子贡之货殖，非若后人之丰财，但此心未忘耳。然此亦子贡少时事，至闻性与天道，则不为此矣。"

范氏曰："屡空者，箪食瓢饮屡绝而不改其乐也。天下之物，岂有可动其中者哉？贫富在天，而子贡以货殖为心，则是不能安受天命矣。其言而多中者，亿而已，非穷理乐天者也。夫子尝曰'赐不幸言而中，是使赐多言也'，圣人之不贵言也如是。"

子张问善人之道。子曰："不践迹，亦不入于室。"

善人，质美而未学者也。

程子曰："践迹，如言循途守辙。善人虽不必践旧迹而自不为恶，然亦不能入圣人之室也。"

张子曰："善人欲仁而未志于学者也。欲仁，故虽不践成法，亦不蹈于恶，有诸己也。由不学，故无自而入圣人之室也。"

子曰："论笃是与，君子者乎？色庄者乎？"与，如字。

言但以其言论笃实而与之，则未知其为君子者乎？为色庄者乎？言不可以言貌取人也。

子路问："闻斯行诸？"子曰："有父兄在，如之何其闻斯行之？"冉有问："闻斯行诸？"子曰："闻斯行之。"公西华曰："由也问闻斯行诸，子曰'有父兄在'；求也问闻斯行诸，子曰'闻斯行之'。赤也惑，敢问。"子曰："求也退，故进之；由也兼人，故退之。"

兼人，谓胜人也。

张敬夫曰："闻义固当勇为，然有父兄在，则有不可得而专者。若不禀命而行，则反伤于义矣。子路有闻，未之能行，惟恐有闻。则于所当为不患其不能为矣；特患为之之意或过，而于所当禀命者有阙耳。若冉求之资禀失之弱，不患其不禀命也；患其于所当为者，逡巡畏缩而为之不勇耳。圣人一进之，一退之，所以约之于义理之中，而使之无过不及之患也。"

子畏于匡，颜渊后。子曰："吾以女为死矣。"曰："子在，回何敢死？"女，音汝。

后，谓相失在后。何敢死，谓不赴斗而必死也。

胡氏曰："先王之制，民生于三，事之如一。惟其所在，则致死焉。况颜渊之于孔子，恩义兼尽，又非他人之为师弟子者而已。即夫子不幸而遇难，回必捐生以赴之矣。捐生以赴之，幸而不死，则必上告天子，下告方伯，请讨以复仇，不但已也。夫子而在，则回何为而不爱其死，以犯匡人之锋乎？"

季子然问："仲由、冉求可谓大臣与？"子曰："吾以子为异之问，曾由与求之问。所谓大臣者，以道事君，不可则止。今由与求也，可谓具臣矣。"曰："然则从之者与？"子曰："弑父与君，亦不从也。"与，平声。

子然，季氏子弟。自多其家得臣二子，故问之。

异，非常也。曾，犹乃也。轻二子以抑季然也。

以道事君者，不从君之欲。不可则止者，必行己之志。

具臣，谓备臣数而已。

意二子既非大臣，则从季氏之所为而已。

言二子虽不足于大臣之道，然君臣之义则闻之熟矣，弑逆大故，必不从之。盖深许二子以死难不可夺之节，而又以阴折季氏不臣之心也。

尹氏曰："季氏专权僭窃，二子仕其家而不能正也，知其不可而不能止也，可谓具臣矣。是时季氏已有无君之心，故自多其得人。意其可使从己也，故曰'弑父与君，亦不从也'，其庶乎二子可免矣。"

子路使子羔为费宰。子曰："贼夫人之子。"子路曰："有民人焉，有社稷焉。何必读书，然后为学？"子曰："是故恶夫佞者。"夫，音扶，下同。恶，去声。

子路为季氏宰而举之也。

贼，害也。言子羔质美而未学，遽使治民，适以害之。

言治民事神皆所以为学。

治民事神，固学者事，然必学之已成，然后可仕以行其学。若初未尝学，而使之即仕以为学，其不至于慢神而虐民者几希矣。子路之言，非其本意，但理屈辞穷，而取辨于口以御人耳。故夫子不斥其非，而特恶其佞也。

范氏曰："古者学而后入政。未闻以政学者也。盖道之本在于修身，而后及于治人，其说具于方册。读而知之，然后能行。何可以不读书也？子路乃欲使子羔以政为学，失先后本末之序矣。不知其过而以口给御人，故夫子恶其佞也。"

子路、曾皙、冉有、公西华侍坐。子曰："以吾一日长乎尔，毋吾以也。居则曰：'不吾知也！'如或知尔，则何以哉？"子路率尔而对曰："千乘之国，摄乎大国之间，加之以师旅，因之以饥馑；由也为之，比及三年，可使有勇，且知方也。"夫子哂之。"求！尔何如？"对曰："方六七十，如五六十，求也为之，比及三年，可使足民。如其礼乐，以俟君子。""赤！尔何如？"对曰："非曰能之，愿学焉。宗庙之事，如会同，端章甫，愿为小相焉。""点！尔何如？"鼓瑟希，铿尔，舍瑟而作，对曰："异乎三子者之撰。"子曰："何伤乎？亦各言其志也。"曰："莫春者，春服既成。冠者五六人，童子六七人，浴乎沂，风乎舞雩，咏而归。"夫子喟然叹曰："吾与点也！"三子者出，曾皙后。曾皙曰："夫三子者之言何如？"子曰："亦各言其志也已矣。"曰："夫子何哂由也？"曰："为国以礼，其言不让，是故哂之。""唯求则非邦也与？""安见方六七十如五六十而非邦也者？""唯赤则非邦也与？""宗庙、会同，非诸侯而何？赤也为之小，孰能为之大？"

坐，才卧反。长，上声。乘，去声。饥，音机。馑，音仅。比，必二反，下同。哂，诗忍反。相，去声。铿，苦耕反。舍，上声。撰，士免反。莫、冠，并去声。

沂，鱼依反。雩音于。夫，音扶。与，平声，下同。

皙，曾参父，名点。

言我虽年少长于女，然女勿以我长而难言。盖诱之尽言以观其志，而圣人和气谦德，于此亦可见矣。

言女平居，则言人不知我。如或有人知女，则女将何以为用也?

率尔，轻遽之貌。摄，管束也。二千五百人为师，五百人为旅。因，仍也。谷不熟曰饥，菜不熟曰馑。方，向也，谓向义也。民向义，则能亲其上，死其长矣。哂，微笑也。

求，尔何如，孔子问也，下放此。方六七十里，小国也。如，犹或也。五六十里，则又小矣。足，富足也。俟君子，言非己所能。冉有谦退，又以子路见哂，故其词益逊。

公西华志于礼乐之事，嫌以君子自居。故将言己志而先为逊词，言未能而愿学也。宗庙之事，谓祭祀。诸侯时见曰会，众頫曰同。端，玄端服。章甫，礼冠。相，赞君之礼者。言小，亦谦辞。

四子侍坐，以齿为序，则点当次对。以方鼓瑟，故孔子先问求、赤而后及点也。希，间歇也。作，起也。撰，具也。春服，单袷之衣。浴，盥濯也，今上巳祓除是也。沂，水名，在鲁城南，地志以为有温泉焉，理或然也。风，乘凉也。舞雩，祭天祷雨之处，有坛墠树木也。咏，歌也。曾点之学，盖有以见夫人欲尽处，天理流行，随处充满，无少欠阙。故其动静之际，从容如此。而其言志，则又不过即其所居之位，乐其日用之常，初无舍己为人之意。而其胸次悠然，直与天地万物上下同流，各得其所之妙，隐然自见于言外。视三子之规规于事为之末者，其气象不侔矣，故夫子叹息而深许之。而门人记其本末独加详焉，盖亦有以识此矣。

点以子路之志，乃所优为，而夫子哂之，故请其说。

夫子盖许其能，特哂其不逊。

曾点以冉求亦欲为国而不见哂，故微问之。而夫子之答无贬词，盖亦许之。此亦曾皙问而夫子答也。孰能为之大，言无能出其右者，亦许之之词。

程子曰："古之学者，优柔厌饫，有先后之序。如子路、冉有、公西赤言志如此，夫子许之。亦以此自是实事。后之学者好高，如人游心千里之外，然自身却只在此。"

又曰："孔子与点，盖与圣人之志同，便是尧、舜气象也。诚异三子者之撰，特行有不掩焉耳，此所谓狂也。子路等所见者小，子路只为不达为国以礼道理，是以哂之。若达，却便是这气象也。"

又曰："三子皆欲得国而治之，故夫子不取。曾点，狂者也，未必能为圣人之事，而能知夫子之志。故曰浴乎沂，风乎舞雩，咏而归，言乐而得其所也。孔子之志，在于老者安之，朋友信之，少者怀之，使万物莫不遂其性。曾点知之，故孔子喟然叹曰：'吾与点也。'"

又曰："曾点、漆雕开，已见大意。"

颜渊第十二

凡二十四章。

颜渊问仁。子曰：“克己复礼为仁。一日克己复礼，天下归仁焉。为仁由己，而由人乎哉？”颜渊曰：“请问其目。”子曰：“非礼勿视，非礼勿听，非礼勿言，非礼勿动。”颜渊曰：“回虽不敏，请事斯语矣。”

仁者，本心之全德。克，胜也。己，谓身之私欲也。复，反也。礼者，天理之节文也。为仁者，所以全其心之德也。盖心之全德，莫非天理，而亦不能不坏于人欲。故为仁者必有以胜私欲而复于礼，则事皆天理，而本心之德复全于我矣。归，犹与也。又言一日克己复礼，则天下之人皆与其仁，极言其效之甚速而至大也。又言为仁由己而非他人所能预，又见其机之在我而无难也。日日克之，不以为难，则私欲净尽，天理流行，而仁不可胜用矣。

程子曰：“非礼处便是私意。既是私意，如何得仁？须是克尽己私，皆归于礼，方始是仁。”

又曰：“克己复礼，则事事皆仁，故曰天下归仁。”

谢氏曰：“克己须从性偏难克处克将去。”

目，条件也。颜渊闻夫子之言，则于天理人欲之际，已判然矣，故不复有所疑问，而直请其条目也。非礼者，己之私也。勿者，禁止之辞。是人心之所以为主，而胜私复礼之机也。私胜，则动容周旋无不中礼，而日用之间莫非天理之流行矣。事，如事事之事。请事斯语，颜子默识其理，又自知其力有以胜之，故直以为己任而不疑也。

程子曰："颜渊问克己复礼之目，子曰'非礼勿视，非礼勿听，非礼勿言，非礼勿动'，四者身之用也。由乎中而应乎外，制于外所以养其中也。颜渊事斯语，所以进于圣人。后之学圣人者，宜服膺而勿失也，因箴以自警。其《视箴》曰：'心兮本虚，应物无迹。操之有要，视为之则。蔽交于前，其中则迁。制之于外，以安其内。克己复礼，久而诚矣。'其《听箴》曰：'人有秉彝，本乎天性。知诱物化，遂亡其正。卓彼先觉，知止有定。闲邪存诚，非礼勿听。'其《言箴》曰：'人心之动，因言以宣。发禁躁妄，内斯静专。矧是枢机，兴戎出好，吉凶荣辱，惟其所召。伤易则诞，伤烦则支，己肆物忤，出悖来违。非法不道，钦哉训辞！'其《动箴》曰：'哲人知几，诚之于思；志士励行，守之于为。顺理则裕，从欲惟危；造次克念，战兢自持。习与性成，圣贤同归。'"

愚按：此章问答，乃传授心法切要之言。非至明不能察其几，非至健不能致其决。故惟颜子得闻之，而凡学者亦不可以不勉也。程子之箴，发明亲切，学者尤宜深玩。

仲弓问仁。子曰："出门如见大宾，使民如承大祭。己所不欲，勿施于人。在邦无怨，在家无怨。"仲弓曰："雍虽不敏，请事斯语矣。"

敬以持己，恕以及物，则私意无所容而心德全矣。内外无怨，亦以其效言之，使以自考也。

程子曰："孔子言仁，只说出门如见大宾，使民如承大祭。看其气象，便须心广体胖，动容周旋中礼。惟谨独，便是守之之法。"或问："出门、使民之时，如此可也；未出门、使民之时，如之何？"曰："此俨若思时也，有诸中而后见于外。观其出门、使民之时，其敬如此，则前乎此者敬可知矣。非因出门、使民，然后有此敬也。”

愚按：克己复礼，乾道也；主敬行恕，坤道也。颜、冉之学，其高下浅深，于此可见。然学者诚能从事于敬恕之间而有得焉，亦将无己之可克矣。

司马牛问仁。子曰：“仁者其言也讱。”曰：“其言也讱，斯谓之仁已乎？”子曰：“为之难，言之得无讱乎？”讱，音刃。

司马牛，孔子弟子，名犁，向魋之弟。

讱，忍也，难也。仁者心存而不放，故其言若有所忍而不易发，盖其德之一端也。夫子以牛多言而躁，故告之以此。使其于此而谨之，则所以为仁之方，不外是矣。

牛意仁道至大，不但如夫子之所言，故夫子又告之以此。盖心常存，故事不苟，事不苟，故其言自有不得而易者，非强闭之而不出也。

杨氏曰：“观此及下章再问之语，牛之易其言可知。”

程子曰：“虽为司马牛多言故及此，然圣人之言，亦止此为是。”

愚谓，牛之为人如此，若不告之以其病之所切，而泛以为仁之大概语之，则以彼之躁，必不能深思以去其病，而终无自以入德矣。故其告之如此。盖圣人之言，虽有高下大小之不同，然其切于学者之身，而皆为入德之要，则又初不异也。读者其致思焉。

司马牛问君子。子曰：“君子不忧不惧。”曰：“不忧不惧，斯谓之君子已乎？”子曰：“内省不疚，夫何忧何惧？”夫，音扶。

向魋作乱，牛常忧惧。故夫子告之以此。

牛之再问，犹前章之意，故复告之以此。疚，病也。言由其平日所为无愧于心，故能内省不疚，而自无忧惧，未可遽以为易而忽之也。

晁氏曰："不忧不惧，由乎德全而无疵。故无入而不自得，非实有忧惧而强排遣之也。"

司马牛忧曰："人皆有兄弟，我独亡。"子夏曰："商闻之矣：死生有命，富贵在天。君子敬而无失，与人恭而有礼。四海之内，皆兄弟也。君子何患乎无兄弟也？"

牛有兄弟而云然者，忧其为乱而将死也。

盖闻之夫子。

命禀于有生之初，非今所能移；天莫之为而为，非我所能必，但当顺受而已。

既安于命，又当修其在己者。故又言苟能持己以敬而不间断，接人以恭而有节文，则天下之人皆爱敬之，如兄弟矣。盖子夏欲以宽牛之忧，故为是不得已之辞，读者不以辞害意可也。

胡氏曰："子夏四海皆兄弟之言，特以广司马牛之意，意圆而语滞者也，惟圣人则无此病矣。且子夏知此而以哭子丧明，则以蔽于爱而昧于理，是以不能践其言尔。"

子张问明。子曰："浸润之谮，肤受之愬，不行焉。可谓明也已矣。浸润之谮，肤受之愬，不行焉，可谓远也已矣。"谮，庄荫反。愬，苏路反。

浸润，如水之浸灌滋润，渐渍而不骤也。谮，毁人之行也。肤受，谓肌肤所受，利害切身。如《易》所谓"剥床以肤，切近灾"者也。愬，愬己之冤也。毁人者渐渍而不骤，则听者不觉其入，而信之深矣。愬冤者急迫而切身，则听者不及致详，而发之暴矣。二者难察而能察之，则可见其心之明，而不蔽于近矣。此亦必因子张之失而告之，故其辞繁而不杀，以致丁宁之意云。

杨氏曰："骤而语之，与利害不切于身者，不行焉，有不待明者能之也。故浸润之谮、肤受之愬不行，然后谓之明，而又谓之远。远则明之至也。《书》曰：'视远惟明。'"

子贡问政。子曰："足食，足兵，民信之矣。"子贡曰："必不得已而去，于斯三者何先？"曰："去兵。"子贡曰："必不得已而去，于斯二者何先？"曰："去食。自古皆有死，民无信不立。"去，上声，下同。

言仓廪实而武备修，然后教化行，而民信于我，不离叛也。

言食足而信孚，则无兵而守固矣。

民无食必死，然死者人之所必不免。无信，则虽生而无以自立，不若死之为安。故宁死而不失信于民，使民亦宁死而不失信于我也。

程子曰："孔门弟子善问，直穷到底，如此章者。非子贡不能问，非圣人不能答也。"

愚谓，以人情而言，则兵食足而后吾之信可以孚于民。以民德而言，则信本人之所固有，非兵食所得而先也。是以为政者，当身率其民而以死守之，不以危急而可弃也。

棘子成曰："君子质而已矣，何以文为？"子贡曰："惜乎！夫子之说，君子也。驷不及舌。文犹质也，质犹文也。虎豹之鞟犹犬羊之鞟。"鞟，其郭反。

棘子成，卫大夫。疾时人文胜，故为此言。

言子成之言，乃君子之意。然言出于舌，则驷马不能追之，又惜其失言也。

鞟，皮去毛者也。言文质等耳，不可相无。若必尽去其文而独存其质，则君子小人无以辨矣。夫棘子成矫当时之弊，固失之过；而子贡矫子成之弊，又无本末轻重之差，胥失之矣。

哀公问于有若曰："年饥，用不足，如之何？"有若对曰："盍彻乎？"曰："二，吾犹不足，如之何其彻也？"对曰："百姓足，君孰与不足？百姓不足，君孰与足？"

称有若者，君臣之辞。用，谓国用。公意盖欲加赋以足用也。

彻，通也，均也。周制：一夫受田百亩，而与同沟共井之人通力合作，计亩均收。大率民得其九，公取其一，故谓之彻。鲁自宣公税亩，又逐亩什取其一，则为什而取二矣。故有若请但专行彻法，欲公节用以厚民也。

二，即所谓什二也。公以有若不喻其旨，故言此以示加赋之意。

民富则君不至独贫；民贫则君不能独富。有若深言君民一体之意，以止公之厚敛，为人上者所宜深念也。

杨氏曰："仁政必自经界始。经界正，而后井地均、谷禄平，而军国之需皆量是以为出焉。故一彻而百度举矣，上下宁忧不足乎？以二犹不足而教之彻，疑若迂矣。然什一，天下之中正。多则桀，寡则貉，不可改也。后世不究其本而惟末之图，故征敛无艺，费出无经，而上下困矣。又恶知盍彻之当务而不为迂乎？"

子张问崇德、辨惑。子曰："主忠信，徙义，崇德也。爱之欲其生，恶之欲其死。既欲其生，又欲其死，是惑也。'诚不以富，亦只以异。'"恶，去声。

主忠信，则本立，徙义，则日新。

爱恶，人之常情也。然人之生死有命，非可得而欲也。以爱恶而欲其生死，则惑矣。既欲其生，又欲其死，则惑之甚也。

此《诗·小雅·我行其野》之词也。旧说：夫子引之，以明欲其生死者不能使之生死。如此诗所言，不足以致富而适足以取异也。

程子曰："此错简，当在第十六篇'齐景公有马千驷'之上。因此下文亦有齐景公字而误也。"

杨氏曰："堂堂乎张也，难与并为仁矣。则非诚善补过不蔽于私者，故告之如此。"

齐景公问政于孔子。孔子对曰："君君，臣臣，父父，子子。"公曰："善哉！信如君不君，臣不臣，父不父，子不子，虽有粟，吾得而食诸？"

齐景公，名杵臼。鲁昭公末年，孔子适齐。

此人道之大经，政事之根本也。是时景公失政，而大夫陈氏厚施于国。景公又多内嬖，而不立太子。其君臣父子之间，皆失其道，故夫子告之以此。

景公善孔子之言而不能用，其后果以继嗣不定，启陈氏弑君篡国之祸。

杨氏曰："君之所以君，臣之所以臣，父之所以父，子之所以子，是必有道矣。景公知善夫子之言，而不知反求其所以然，盖悦而不绎者。齐之所以卒于乱也。"

子曰："片言可以折狱者，其由也与？"子路无宿诺。折，之舌反。与，平声。

片言，半言。折，断也。子路忠信明决，故言出而人信服之，不待其辞之毕也。

宿，留也，犹宿怨之宿。急于践言，不留其诺也。记者因夫子之言而记此，以见子路之所以取信于人者，由其养之有素也。

尹氏曰："小邾射以句绎奔鲁，曰：'使季路要我，吾无盟矣。'千乘之国，不信其盟，而信子路之一言，其见信于人可知矣。一言而折狱者，信在言前，人自信之故也。不留诺，所以全其信也。"

子曰："听讼，吾犹人也，必也使无讼乎！"

范氏曰："听讼者，治其末，塞其流也。正其本，清其源，则无讼矣。"

杨氏曰："子路片言可以折狱，而不知以礼逊为国，则未能使民无讼者也。故又记孔子之言，以见圣人不以听讼为难，而以使民无讼为贵。"

子张问政。子曰："居之无倦，行之以忠。"

居，谓存诸心。无倦，则始终如一。行，谓发于事。以忠，则表里如一。

程子曰："子张少仁。无诚心爱民，则必倦而不尽心，故告之以此。"

子曰："博学于文，约之以礼，亦可以弗畔矣夫！"

重出。

子曰："君子成人之美，不成人之恶。小人反是。"

成者，诱掖奖劝以成其事也。君子小人，所存既有厚薄之殊，而其所好又有善恶之异。故其用心不同如此。

季康子问政于孔子。孔子对曰："政者，正也。子帅以正，孰敢不正？"

范氏曰：“未有己不正而能正人者。”

胡氏曰：“鲁自中叶，政由大夫，家臣效尤，据邑背叛，不正甚矣。故孔子以是告之，欲康子以正自克，而改三家之故。惜乎康子之溺于利欲而不能也。”

季康子患盗，问于孔子。孔子对曰：“苟子之不欲，虽赏之不窃。”

言子不贪欲，则虽赏民使之为盗，民亦知耻而不窃。

胡氏曰：“季氏窃柄，康子夺嫡，民之为盗，固其所也。盍亦反其本耶？孔子以不欲启之，其旨深矣。”夺嫡事见《春秋传》。

季康子问政于孔子曰：“如杀无道，以就有道，何如？”孔子对曰：“子为政，焉用杀？子欲善，而民善矣。君子之德风，小人之德草。草上之风，必偃。”焉，于虔反。

为政者，民所视效，何以杀为？欲善则民善矣。上，一作尚，加也。偃，仆也。

尹氏曰：“杀之为言，岂为人上之语哉？以身教者从，以言教者讼，而况于杀乎？”

子张问：“士何如斯可谓之达矣？”子曰：“何哉，尔所谓达者？”子张对曰：“在邦必闻，在家必闻。”子曰：“是闻也，非达也。夫达也者，质直而好义，察言而观色，虑以下人。在邦必达，在家必达。夫闻也者，色取仁而行违，居之不疑。在邦必闻，在家必闻。”夫，音扶，下同。好、下，皆去声。行，去声。

达者，德孚于人而行无不得之谓。

子张务外，夫子盖已知其发问之意。故反诘之，将以发其病而药之也。

言名誉著闻也。

闻与达相似而不同，乃诚伪之所以分，学者不可不审也。故夫子既明辨之，下文又详言之。

内主忠信，而所行合宜；审于接物，而卑以自牧，皆自修于内，不求人知之事。然德修于己而人信之，则所行自无窒碍矣。

善其颜色以取于仁，而行实背之，又自以为是而无所忌惮。此不务实而专务求名者，故虚誉虽隆而实德则病矣。

程子曰："学者须是务实，不要近名。有意近名，大本已失。更学何事？为名而学，则是伪也。今之学者，大抵为名。为名与为利，虽清浊不同，然其利心则一也。"

尹氏曰："子张之学，病在乎不务实。故孔子告之，皆笃实之事，充乎内而发乎外者也。当时门人亲受圣人之教，而差失有如此者，况后世乎？"

樊迟从游于舞雩之下，曰："敢问崇德、修慝、辨惑。"子曰："善哉问！先事后得，非崇德与？攻其恶，无攻人之恶，非修慝与？一朝之忿，忘其身，以及其亲，非惑与？" 慝，吐得反。与，平声。

胡氏曰："慝之字从心从匿，盖恶之匿于心者。修者，治而去之。"

善其切于为己。

先事后得，犹言先难后获也。为所当为而不计其功，则德日积而不自知矣。专于治己而不责人，则己之恶无所匿矣。知一朝之忿为甚微，而祸及其亲为甚大，则有以辨惑而惩其忿矣。樊迟粗鄙近利，故告之以此，三者皆所以救其失也。

范氏曰："先事后得，上义而下利也。人惟有利欲之心，故德不崇。惟不自省己过而知人之过，故慝不修。感物而易动者莫如忿，忘其身以及其亲，惑之甚者也。惑之甚者必起于细微，能辨之于早，则不至于大惑矣。故惩忿所以辨惑也。"

樊迟问仁。子曰："爱人。"问知。子曰："知人。"樊迟未达。子曰："举直错诸枉，能使枉者直。"樊迟退，见子夏。曰："乡也吾见于夫子而问知，子曰'举直错诸枉，能使枉者直'，何谓也？"子夏曰："富哉言乎！舜有天下，选于众，举皋陶，不仁者远矣。汤有天下，选于众，举伊尹，不仁者远矣。"上知字，去声；下如字。乡，去声。见，贤遍反。选，息恋反。陶，音遥。远，如字。

爱人，仁之施。知人，知之务。

曾氏曰："迟之意，盖以爱欲其周，而知有所择，故疑二者之相悖尔。"

举直错枉者，知也。使枉者直，则仁矣。如此，则二者不惟不相悖，而反相为用矣。

迟以夫子之言，专为知者之事。又未达所以能使枉者直之理。

叹其所包者广，不止言知。

伊尹，汤之相也。不仁者远，言人皆化而为仁，不见有不仁者，若其远去尔，所谓使枉者直也。子夏盖有以知夫子之兼仁、知而言矣。

程子曰："圣人之语，因人而变化。虽若有浅近者，而其包含无所不尽，观于此章可见矣。非若他人之言，语近则遗远，语远则不知近也。"

尹氏曰："学者之问也，不独欲闻其说，又必欲知其方；不独欲知其方，又必欲为其事。如樊迟之问仁、知也，夫子告之尽矣。樊迟未达，故又问焉，而犹未知其何以为之也。及退而问诸子夏，然后有以知之。使其未喻，则必将复问矣。既问于师，又辨诸友，当时学者之务实也如是。"

子贡问友。子曰："忠告而善道之，不可则止，无自辱焉。"告，工毒反。道，去声。

友所以辅仁，故尽其心以告之，善其说以道之。然以义合者也，故不可则止。若以数而见疏，则自辱矣。

曾子曰："君子以文会友，以友辅仁。"

讲学以会友，则道益明；取善以辅仁，则德日进。

子路第十三

凡三十章。

子路问政。子曰：“先之，劳之。”请益。曰：“无倦。”劳，如字。无，古本作毋。

苏氏曰：“凡民之行，以身先之，则不令而行。凡民之事，以身劳之，则虽勤不怨。”

吴氏曰：“勇者喜于有为而不能持久，故以此告之。”

程子曰：“子路问政，孔子既告之矣。及请益，则曰无倦而已，未尝复有所告，姑使之深思也。”

仲弓为季氏宰，问政。子曰：“先有司，赦小过，举贤才。”曰：“焉知贤才而举之？”曰：“举尔所知。尔所不知，人其舍诸？”焉，于虔反。舍，上声。

有司，众职也。宰兼众职，然事必先之于彼，而后考其成功，则己不劳而事毕举矣。

过，失误也。大者于事或有所害，不得不惩；小者赦之，则刑不滥而人心悦矣。

贤，有德者。才，有能者。举而用之，则有司皆得其人而政益修矣。

仲弓虑无以尽知一时之贤才，故孔子告之以此。

程子曰："人各亲其亲，然后不独亲其亲。仲弓曰'焉知贤才而举之？'、子曰'举尔所知，尔所不知，人其舍诸？'便见仲弓与圣人用心之大小。推此义，则一心可以兴邦，一心可以丧邦，只在公私之间尔。"

范氏曰："不先有司，则君行臣职矣；不赦小过，则下无全人矣；不举贤才，则百职废矣。失此三者，不可以为季氏宰，况天下乎？"

子路曰："卫君待子而为政，子将奚先？"子曰："必也正名乎！"子路曰："有是哉，子之迂也！奚其正？"子曰："野哉由也！君子于其所不知，盖阙如也。名不正，则言不顺；言不顺，则事不成；事不成，则礼乐不兴；礼乐不兴，则刑罚不中；刑罚不中，则民无所措手足。故君子名之必可言也，言之必可行也。君子于其言，无所苟而已矣。"中，去声。

卫君，谓出公辄也。是时鲁哀公之十年，孔子自楚反乎卫。

是时出公不父其父而祢其祖，名实紊矣，故孔子以正名为先。

谢氏曰："正名虽为卫君而言，然为政之道，皆当以此为先。"

迂，谓远于事情，言非今日之急务也。

野，谓鄙俗。责其不能阙疑，而率尔妄对也。

杨氏曰："名不当其实，则言不顺。言不顺，则无以考实而事不成。"

范氏曰："事得其序之谓礼，物得其和之谓乐。事不成则无序而不和，故礼乐不兴。礼乐不兴，则施之政事皆失其道，故刑罚不中。"

程子曰："名实相须。一事苟，则其余皆苟矣。"

胡氏曰："卫世子蒯聩耻其母南子之淫乱，欲杀之，不果而出奔。灵公欲立公子郢，郢辞。公卒，夫人立之，又辞。乃立蒯聩之子辄，以拒蒯聩。

夫蒯聩欲杀母，得罪于父，而辄据国以拒父，皆无父之人也，其不可有国也明矣。夫子为政，而以正名为先，必将具其事之本末，告诸天王，请于方伯，命公子郢而立之。则人伦正，天理得，名正言顺而事成矣。夫子告之之详如此，而子路终不喻也。故事辄不去，卒死其难。徒知食焉不避其难之为义，而不知食辄之食为非义也。”

樊迟请学稼，子曰：“吾不如老农。”请学为圃。曰：“吾不如老圃。”樊迟出。子曰：“小人哉，樊须也！上好礼，则民莫敢不敬；上好义，则民莫敢不服；上好信，则民莫敢不用情。夫如是，则四方之民襁负其子而至矣，焉用稼？”好，去声。夫，音扶。襁，居丈反。焉，于虔反。

种五谷曰稼，种蔬菜曰圃。

小人，谓细民，孟子所谓小人之事者也。

礼、义、信，大人之事也。好义，则事合宜。情，诚实也。敬服用情，盖各以其类而应也。襁，织缕为之，以约小儿于背者。

杨氏曰：“樊须游圣人之门，而问稼圃，志则陋矣，辞而辟之可也。待其出而后言其非，何也？盖于其问也，自谓农圃之不如，则拒之者至矣。须之学疑不及此，而不能问。不能以三隅反矣，故不复。及其既出，则惧其终不喻也，求老农老圃而学焉，则其失愈远矣。故复言之，使知前所言者意有在也。”

子曰：“诵《诗》三百，授之以政，不达；使于四方，不能专对；虽多，亦奚以为？”使，去声。

专，独也。《诗》本人情，该物理，可以验风俗之盛衰，见政治之得失。

其言温厚和平，长于风谕。故诵之者，必达于政而能言也。

程子曰："穷经将以致用也。世之诵《诗》者，果能从政而专对乎？然则其所学者，章句之末耳，此学者之大患也。"

子曰："其身正，不令而行；其身不正，虽令不从。"

子曰："鲁、卫之政，兄弟也。"

鲁，周公之后。卫，康叔之后。本兄弟之国，而是时衰乱，政亦相似，故孔子叹之。

子谓卫公子荆"善居室"，"始有，曰'苟合矣'；少有，曰'苟完矣'；富有，曰'苟美矣'"。

公子荆，卫大夫。苟，聊且粗略之意。合，聚也。完，备也。言其循序而有节，不以欲速尽美累其心。

杨氏曰："务为全美，则累物而骄吝之心生。公子荆皆曰苟而已，则不以外物为心，其欲易足故也。"

子适卫，冉有仆。子曰："庶矣哉！"冉有曰："既庶矣。又何加焉？"曰："富之。"曰："既富矣，又何加焉？"曰："教之。"

仆，御车也。

庶，众也。

庶而不富，则民生不遂，故制田里，薄赋敛以富之。

富而不教，则近于禽兽。故必立学校，明礼义以教之。

胡氏曰："天生斯民，立之司牧，而寄以三事。然自三代之后，能举此职者，百无一二。汉之文、明，唐之太宗，亦云庶且富矣，西京之教无闻焉。明帝尊师重傅，临雍拜老，宗戚子弟莫不受学；唐太宗大召名儒，增广生员，教亦至矣，然而未知所以教也。三代之教，天子公卿躬行于上，言行政事皆可师法，彼二君者其能然乎？"

子曰："苟有用我者，期月而已可也，三年有成。"

期月，谓周一岁之月也。可者，仅辞，言纲纪布也。有成，治功成也。

尹氏曰："孔子叹当时莫能用己也，故云然。"

愚按：《史记》，此盖为卫灵公不能用而发。

子曰："善人为邦百年，亦可以胜残去杀矣。诚哉是言也！"胜，平声。去，上声。

为邦百年，言相继而久也。胜残，化残暴之人，使不为恶也。去杀，谓民化于善，可以不用刑杀也。盖古有是言，而夫子称之。

程子曰："汉自高、惠至于文、景，黎民醇厚，几致刑措，庶乎其近之矣。"

尹氏曰："胜残去杀，不为恶而已，善人之功如是。若夫圣人，则不待百年，其化亦不止此。"

子曰："如有王者，必世而后仁。"

王者，谓圣人受命而兴也。三十年为一世。仁，谓教化浃也。

程子曰："周自文、武至于成王，而后礼乐兴，即其效也。"

或问："三年、必世，迟速不同，何也？"程子曰："三年有成，谓法度纪纲有成而化行也。渐民以仁，摩民以义，使之浃于肌肤，沦于骨髓，而礼乐可兴，所谓仁也。此非积久，何以能致？"

子曰："苟正其身矣，于从政乎何有？不能正其身，如正人何？"

冉子退朝。子曰："何晏也？"对曰："有政。"子曰："其事也。如有政，虽不吾以，吾其与闻之。"朝，音潮。与，去声。

冉有时为季氏宰。朝，季氏之私朝也。晏，晚也。政，国政。事，家事。以，用也。礼：大夫虽不治事，犹得与闻国政。是时季氏专鲁，其于国政，盖有不与同列议于公朝，而独与家臣谋于私室者。故夫子为不知者而言，此必季氏之家事耳。若是国政，我尝为大夫，虽不见用，犹当与闻。今既不闻，则是非国政也。语意与魏徵献陵之对略相似。其所以正名分，抑季氏，而教冉有之意深矣。

定公问："一言而可以兴邦，有诸？"孔子对曰："言不可以若是其几也。人之言曰：'为君难，为臣不易。'如知为君之难也，不几乎一言而兴邦乎？"曰："一言而丧邦，有诸？"孔子对曰："言不可以若是其几也。人之言曰：'予无乐乎为君，唯其言而莫予违也。'如其善而莫之违也，不亦善乎？如不善而莫之违也，不几乎一言而丧邦乎？"易，去声。丧，去声，下同。乐，音洛。

几，期也。《诗》曰："如几如式。"言一言之间，未可以如此而必期其效。当时有此言也。因此言而知为君之难，则必战战兢兢，临深履薄，而无一事之敢忽。然则此言也，岂不可以必期于兴邦乎？为定公言，故不及臣也。

言他无所乐，惟乐此耳。

范氏曰："言不善而莫之违，则忠言不至于耳。君日骄而臣日谄，未有不丧邦者也。"

谢氏曰："知为君之难，则必敬谨以持之。惟其言而莫予违，则谗谄面谀之人至矣。邦未必遽兴丧也，而兴丧之源分于此。然此非识微之君子，何足以知之？"

叶公问政。**子曰："近者说，远者来**。**"**说，音悦。

音义并见第七篇。

被其泽则悦，闻其风则来。然必近者悦，而后远者来也。

子夏为莒父宰，问政。**子曰："无欲速，无见小利**。**欲速则不达；见小利则大事不成**。**"**父，音甫。

莒父，鲁邑名。欲事之速成，则急遽无序，而反不达。见小者之为利，则所就者小，而所失者大矣。

程子曰："子张问政，子曰：'居之无倦，行之以忠。'子夏问政，子曰：'无欲速，无见小利。'子张常过高而未仁，子夏之病常在近小，故各以切己之事告之。"

叶公语孔子曰："吾党有直躬者，其父攘羊，而子证之。**"孔子曰："吾党之直者异于是**。**父为子隐，子为父隐，直在其中矣**。**"**语，去声。为，去声。

直躬，直身而行者。有因而盗曰攘。

父子相隐，天理人情之至也。故不求为直，而直在其中。

谢氏曰："顺理为直。父不为子隐，子不为父隐，于理顺邪？瞽瞍杀人，舜窃负而逃，遵海滨而处。当是时，爱亲之心胜，其于直不直，何暇计哉？"

樊迟问仁。子曰："居处恭，执事敬，与人忠。虽之夷狄，不可弃也。"

恭主容，敬主事。恭见于外，敬主乎中。之夷狄不可弃，勉其固守而勿失也。

程子曰："此是彻上彻下语。圣人初无二语也，充之则睟面盎背；推而达之，则笃恭而天下平矣。"

胡氏曰："樊迟问仁者三：此最先，先难次之，爱人其最后乎？"

子贡问曰："何如斯可谓之士矣？"子曰："行己有耻，使于四方，不辱君命，可谓士矣。"曰："敢问其次。"曰："宗族称孝焉，乡党称弟焉。"曰："敢问其次。"曰："言必信，行必果，硁硁然小人哉！抑亦可以为次矣。"曰："今之从政者何如？"子曰："噫！斗筲之人，何足算也。"使，去声。弟，去声。行，去声。硁，苦耕反。筲，所交反。算，亦作筭，悉乱反。

此其志有所不为，而其材足以有为者也。子贡能言，故以使事告之。盖为使之难，不独贵于能言而已。

此本立而材不足者，故为其次。

果，必行也。硁，小石之坚确者。小人，言其识量之浅狭也。此其本末皆无足观，然亦不害其为自守也，故圣人犹有取焉，下此则市井之人，不复可为士矣。

今之从政者，盖如鲁三家之属。噫，心不平声。斗，量名，容十升。筲，竹器，容斗二升。斗筲之人，言鄙细也。算，数也。子贡之问每下，故夫子以是警之。

程子曰："子贡之意，盖欲为皎皎之行，闻于人者。夫子告之，皆笃实自得之事。"

子曰："不得中行而与之，必也狂狷乎！狂者进取，狷者有所不为也。" 狷，音绢。

行，道也。狂者，志极高而行不掩。狷者，知未及而守有余。盖圣人本欲得中道之人而教之，然既不可得，而徒得谨厚之人，则未必能自振拔而有为也。故不若得此狂狷之人，犹可因其志节，而激厉裁抑之以进于道，非与其终于此而已也。

孟子曰："孔子岂不欲中道哉？不可必得，故思其次也。如琴张、曾皙、牧皮者，孔子之所谓狂也。其志嘐嘐然，曰：'古之人！古之人！'夷考其行而不掩焉者也。狂者又不可得，欲得不屑不洁之士而与之，是狷也，是又其次也。"

子曰："南人有言曰：'人而无恒，不可以作巫医。'善夫！""不恒其德，或承之羞。"子曰："不占而已矣。" 恒，胡登反。夫，音扶。

南人，南国之人。恒，常久也。巫，所以交鬼神；医，所以寄死生。故虽贱役，而犹不可以无常，孔子称其言而善之。

此《易·恒卦》九三《爻辞》。承，进也。

复加"子曰"，以别《易》文也，其义未详。

杨氏曰："君子于《易》苟玩其占，则知无常之取羞矣。其为无常也，盖亦不占而已矣。"意亦略通。

子曰："君子和而不同，小人同而不和。"

和者，无乖戾之心。同者，有阿比之意。

尹氏曰："君子尚义，故有不同。小人尚利，安得而和？"

子贡问曰："乡人皆好之，何如？"子曰："未可也。""乡人皆恶之，何如？"子曰："未可也。不如乡人之善者好之，其不善者恶之。"好、恶，并去声。

一乡之人，宜有公论矣，然其间亦各以类自为好恶也。故善者好之而恶者不恶，则必其有苟合之行。恶者恶之而善者不好，则必其无可好之实。

子曰："君子易事而难说也：说之不以道，不说也；及其使人也，器之。小人难事而易说也：说之虽不以道，说也；及其使人也，求备焉。"易，去声。说，音悦。

器之，谓随其材器而使之也。君子之心公而恕，小人之心私而刻。天理人欲之间，每相反而已矣。

子曰："君子泰而不骄，小人骄而不泰。"

君子循理，故安舒而不矜肆。小人逞欲，故反是。

子曰："刚、毅、木、讷，近仁。"

程子曰："木者，质朴。讷者，迟钝。四者，质之近乎仁者也。"

杨氏曰："刚毅则不屈于物欲，木讷则不至于外驰，故近仁。"

子路问曰："何如斯可谓之士矣？"子曰："切切、偲偲、怡怡如也，可谓士矣。朋友切切、偲偲，兄弟怡怡。"

胡氏曰："切切，恳到也。偲偲，详勉也。怡怡，和悦也。皆子路所不足，故告之。又恐其混于所施，则兄弟有贼恩之祸，朋友有善柔之损，故又别而言之。"

子曰："善人教民七年，亦可以即戎矣。"

教民者，教之孝悌忠信之行，务农讲武之法。即，就也。戎，兵也。民知亲其上，死其长，故可以即戎。

程子曰："七年云者，圣人度其时可矣。如云期月、三年、百年、一世、大国五年、小国七年之类，皆当思其作为如何乃有益。"

子曰："以不教民战，是谓弃之。"

以，用也。言用不教之民以战，必有败亡之祸，是弃其民也。

宪问第十四

胡氏曰："此篇疑原宪所记。"凡四十七章。

宪问耻。子曰："邦有道，谷；邦无道，谷，耻也。"

宪，原思名。谷，禄也。邦有道不能有为，邦无道不能独善，而但知食禄，皆可耻也。宪之狷介，其于邦无道谷之可耻，固知之矣；至于邦有道谷之可耻，则未必知也。故夫子因其问而并言之，以广其志，使知所以自勉而进于有为也。

"克、伐、怨、欲不行焉，可以为仁矣？"子曰："可以为难矣，仁则吾不知也。"

此亦原宪以其所能而问也。克，好胜。伐，自矜。怨，忿恨。欲，贪欲。

有是四者而能制之，使不得行，可谓难矣。仁则天理浑然，自无四者之累，不行不足以言之也。

程子曰："人而无克、伐、怨、欲，惟仁者能之。有之而能制其情，使不行，斯亦难能也。谓之仁则未也。此圣人开示之深，惜乎宪之不能再问也。"或曰："四者不行，固不得为仁矣。然亦岂非所谓克己之事，求仁之方乎？"曰："克去己私以复乎礼，则私欲不留，而天理之本然者得矣。若但制而不行，则是未有拔去病根之意，而容其潜藏隐伏于胸中也。岂克己求仁之谓哉？学者察于二者之间，则其所以求仁之功，益亲切而无渗漏矣。”

子曰：“士而怀居，不足以为士矣。”

居，谓意所便安处也。

子曰：“邦有道，危言危行；邦无道，危行言孙。”行、孙，并去声。

危，高峻也。孙，卑顺也。

尹氏曰：“君子之持身不可变也，至于言则有时而不敢尽，以避祸也。然则为国者使士言孙，岂不殆哉？”

子曰：“有德者必有言，有言者不必有德；仁者必有勇，勇者不必有仁。”

有德者，和顺积中，英华发外。能言者，或便佞口给而已。仁者，心无私累，见义必为。勇者，或血气之强而已。

尹氏曰：“有德者必有言，徒能言者未必有德也。仁者志必勇，徒能勇者未必有仁也。”

南宫适问于孔子曰：“羿善射，奡荡舟，俱不得其死。然禹、稷躬稼，而有天下。”夫子不答。南宫适出，子曰：“君子哉若人！尚德哉若人！”适，古活反。羿，音诣。奡，五报反。荡，土浪反。

南宫适，即南容也。羿，有穷之君，善射，灭夏后相而篡其位。其臣寒浞又杀羿而代之。奡，《春秋传》作“浇”，浞之子也，力能陆地行舟，后为夏后少康所诛。禹平水土暨稷播种，身亲稼穑之事。禹受舜禅而有天下，稷之后至周武王亦有天下。适之意，盖以羿、奡比当世之有权力者，而以禹、稷比孔子也。故孔子不答。然适之言如此，可谓君子之人，而有尚德之心矣，不可以不与。故俟其出而赞美之。

子曰：“君子而不仁者有矣夫，未有小人而仁者也。”夫，音扶。

谢氏曰：“君子志于仁矣，然毫忽之间，心不在焉，则未免为不仁也。”

子曰：“爱之，能勿劳乎？忠焉，能勿诲乎？”

苏氏曰：“爱而勿劳，禽犊之爱也；忠而勿诲，妇寺之忠也。爱而知劳之，则其为爱也深矣；忠而知诲之，则其为忠也大矣。”

子曰：“为命，裨谌草创之，世叔讨论之，行人子羽修饰之，东里子产润色之。”裨，婢之反。谌，时林反。

裨谌以下四人，皆郑大夫。草，略也。创，造也，谓造为草稿也。世叔，游吉也，《春秋传》作子太叔。讨，寻究也。论，讲议也。行人，掌使之官。子羽，公孙挥也。修饰，谓增损之。东里，地名，子产所居也。润色，谓加以文采也。郑国之为辞命，必更此四贤之手而成，详审精密，各尽所长。是以应对诸侯，鲜有败事。孔子言此，盖善之也。

或问子产。子曰：“惠人也。”问子西。曰：“彼哉！彼哉！”问管仲。

曰："人也。夺伯氏骈邑三百，饭疏食，没齿无怨言。"

子产之政，不专于宽，然其心则一以爱人为主。故孔子以为惠人，盖举其重而言也。

子西，楚公子申，能逊楚国，立昭王，而改纪其政，亦贤大夫也。然不能革其僭王之号。昭王欲用孔子，又沮止之。其后卒召白公以致祸乱，则其为人可知矣。彼哉者，外之之辞。

人也，犹言此人也。伯氏，齐大夫。骈邑，地名。齿，年也。盖桓公夺伯氏之邑以与管仲，伯氏自知己罪，而心服管仲之功，故穷约以终身而无怨言。荀卿所谓"与之书社三百，而富人莫之敢拒"者，即此事也。

或问："管仲、子产孰优？"曰："管仲之德，不胜其才。子产之才，不胜其德。然于圣人之学，则概乎其未有闻也。"

子曰："贫而无怨难，富而无骄易。"易，去声。

处贫难，处富易，人之常情。然人当勉其难，而不可忽其易也。

子曰："孟公绰为赵、魏老则优，不可以为滕、薛大夫。"

公绰，鲁大夫。赵、魏，晋卿之家。老，家臣之长。大家势重，而无诸侯之事；家老望尊，而无官守之责。优，有余也。滕、薛，二国名。大夫，任国政者。滕、薛国小政繁，大夫位高责重。然则公绰盖廉静寡欲，而短于才者也。

胡氏曰："知之弗豫，枉其才而用之，则为弃人矣。此君子所以患不知人也。言此，则孔子之用人可知矣。"

子路问成人。子曰："若臧武仲之知，公绰之不欲，卞庄子之勇，冉求之艺，文之以礼乐，亦可以为成人矣。"曰："今之成人者何必然？见利思义，见危授命，久要不忘平生之言，亦可以为成人矣。"知，去声。

成人，犹言全人。武仲，鲁大夫，名纥。庄子，鲁卞邑大夫。言兼此四子之长，则知足以穷理，廉足以养心，勇足以力行，艺足以泛应，而又节之以礼，和之以乐，使德成于内，而文见乎外。则材全德备，浑然不见一善成名之迹；中正和乐，粹然无复偏倚驳杂之蔽，而其为人也亦成矣。然"亦"之为言，非其至者，盖就子路之所可及而语之也。若论其至，则非圣人之尽人道，不足以语此。

复加"曰"字者，既答而复言也。授命，言不爱其生，持以与人也。久要，旧约也。平生，平日也。有是忠信之实，则虽其才知礼乐有所未备，亦可以为成人之次也。

程子曰："知之明，信之笃，行之果，天下之达德也。若孔子所谓成人，亦不出此三者。武仲，知也；公绰，仁也；卞庄子，勇也；冉求，艺也。须是合此四人之能，文之以礼乐，亦可以为成人矣。然而论其大成，则不止于此。若今之成人，有忠信而不及于礼乐，则又其次者也。"

又曰："臧武仲之知，非正也。若文之以礼乐，则无不正矣。"

又曰："语成人之名，非圣人孰能之？孟子曰：'惟圣人然后可以践形。'如此方可以称成人之名。"

胡氏曰："今之成人以下，乃子路之言。盖不复闻斯行之之勇，而有终身诵之之固矣。未详是否？"

子问公叔文子于公明贾曰："信乎夫子不言、不笑、不取乎？"公明贾对曰："以告者过也。夫子时然后言，人不厌其言；乐然后笑，人不厌其笑；

义然后取，人不厌其取。”子曰：“其然，岂其然乎？”

公叔文子，卫大夫公孙拔也。公明，姓，贾，名，亦卫人。文子为人，其详不可知，然必廉静之士，故当时以三者称之。

厌者，苦其多而恶之之辞。事适其可，则人不厌，而不觉其有是矣。是以称之或过，而以为不言、不笑、不取也。然此言也，非礼义充溢于中，得时措之宜者不能。文子虽贤，疑未及此，但君子与人为善，不欲正言其非也。故曰：“其然，岂其然乎？”盖疑之也。

子曰：“臧武仲以防求为后于鲁，虽曰不要君，吾不信也。”要，平声。

防，地名，武仲所封邑也。要，有挟而求也。武仲得罪奔邾，自邾如防，使请立后而避邑，以示若不得请，则将据邑以叛，是要君也。

范氏曰：“要君者无上，罪之大者也。武仲之邑，受之于君。得罪出奔，则立后在君，非己所得专也。而据邑以请，由其好知而不好学也。”

杨氏曰：“武仲卑辞请后，其迹非要君者，而意实要之。夫子之言，亦《春秋》诛意之法也。”

子曰：“晋文公谲而不正，齐桓公正而不谲。”谲，古穴反。

晋文公，名重耳。齐桓公，名小白。谲，诡也。二公皆诸侯盟主，攘夷狄以尊周室者也。虽其以力假仁，心皆不正，然桓公伐楚，仗义执言，不由诡道，犹为彼善于此。文公则伐卫以致楚，而阴谋以取胜，其谲甚矣。二君他事亦多类此，故夫子言此以发其隐。

子路曰："桓公杀公子纠，召忽死之，管仲不死。"曰："未仁乎？"子曰："桓公九合诸侯，不以兵车，管仲之力也。如其仁！如其仁！"纠，居黝反。召，音邵。

按《春秋传》，齐襄公无道，鲍叔牙奉公子小白奔莒。及无知弑襄公，管夷吾、召忽奉公子纠奔鲁。鲁人纳之，未克，而小白入，是为桓公。使鲁杀子纠而请管、召，召忽死之，管仲请囚。鲍叔牙言于桓公以为相。子路疑管仲忘君事仇，忍心害理，不得为仁也。

九，《春秋传》作"纠"，督也，古字通用。不以兵车，言不假威力也。如其仁，言谁如其仁者，又再言以深许之。盖管仲虽未得为仁人，而其利泽及人，则有仁之功矣。

子贡曰："管仲非仁者与？桓公杀公子纠，不能死，又相之。"

子曰："管仲相桓公，霸诸侯，一匡天下，民到于今受其赐。微管仲，吾其被发左衽矣。岂若匹夫匹妇之为谅也，自经于沟渎而莫之知也。"公叔文子之臣大夫僎，与文子同升诸公。子闻之曰："可以为'文'矣。"与，平声。相，去声。被，皮寄反。衽，而审反。僎，士免反。

子贡意不死犹可，相之则已甚矣。

霸，与伯同，长也。匡，正也。尊周室，攘夷狄，皆所以正天下也。微，无也。衽，衣衿也。被发左衽，夷狄之俗也。

谅，小信也。经，缢也。莫之知，人不知也。《后汉书》引此文"莫"字上有"人"字。

程子曰："桓公，兄也。子纠，弟也。仲私于所事，辅之以争国，非义也。桓公杀之虽过，而纠之死实当。仲始与之同谋，遂与之同死，可也；知辅之争为不义，将自免以图后功，亦可也。故圣人不责其死而称其功。若使桓弟而纠兄，管仲所辅者正，桓夺其国而杀之，则管仲之与桓，不可同世之仇也。若计其后功而与其事桓，圣人之言，无乃害义之甚，启万世反复不忠之乱乎？如唐之王圭、魏徵，不死建成之难，而从太宗，可谓害于义矣。后虽有功，何足赎哉？”

愚谓，管仲有功而无罪，故圣人独称其功；王、魏先有罪而后有功，则不以相掩可也。

臣，家臣。公，公朝。谓荐之与己同进为公朝之臣也。

文者，顺理而成章之谓。《谥法》亦有所谓“锡民爵位曰文”者。

洪氏曰：“家臣之贱而引之使与己并，有三善焉：知人，一也；忘己，二也；事君，三也。”

子言卫灵公之无道也，康子曰：“夫如是，奚而不丧？”孔子曰：“仲叔圉治宾客，祝鮀治宗庙，王孙贾治军旅。夫如是，奚其丧？”夫，音扶。丧，去声。

丧，失位也。

仲叔圉，即孔文子也。三人皆卫臣，虽未必贤，而其才可用。灵公用之，又各当其才。

尹氏曰：“卫灵公之无道宜丧也，而能用此三人，犹足以保其国，而况有道之君，能用天下之贤才者乎？《诗》曰：‘无竞维人，四方其训之。’”

子曰：“其言之不怍，则为之也难。”

大言不惭，则无必为之志，而不自度其能否矣。欲践其言，岂不难哉？

陈成子弑简公。孔子沐浴而朝，告于哀公曰："陈恒弑其君，请讨之。"公曰："告夫三子！"孔子曰："以吾从大夫之后，不敢不告也。君曰'告夫三子'者。"之三子告，不可。孔子曰："以吾从大夫之后，不敢不告也。"朝，音潮。夫，音扶，下"告夫"同。

成子，齐大夫，名恒。简公，齐君，名壬。事在《春秋》哀公十四年。

是时孔子致仕居鲁，沐浴斋戒以告君，重其事而不敢忽也。臣弑其君，人伦之大变，天理所不容，人人得而诛之，况邻国乎？故夫子虽已告老，而犹请哀公讨之。

三子，三家也。时政在三家，哀公不得自专，故使孔子告之。孔子出而自言如此。意谓弑君之贼，法所必讨。大夫谋国，义所当告。君乃不能自命三子，而使我告之邪？

以君命往告，而三子鲁之强臣，素有无君之心，实与陈氏声势相倚，故沮其谋。而夫子复以此应之，其所以警之者深矣。

程子曰："左氏记孔子之言曰：'陈恒弑其君，民之不予者半。以鲁之众，加齐之半，可克也。'此非孔子之言。诚若此言，是以力不以义也。若孔子之志，必将正名其罪，上告天子，下告方伯，而率与国以讨之。至于所以胜齐者，孔子之余事也，岂计鲁人之众寡哉？当是时，天下之乱极矣，因是足以正之，周室其复兴乎？鲁之君臣，终不从之，可胜惜哉！"

胡氏曰："《春秋》之法，弑君之贼，人得而讨之。仲尼此举，先发后闻可也。"

子路问事君。子曰："勿欺也，而犯之。"

犯，谓犯颜谏争。

范氏曰："犯非子路之所难也，而以不欺为难。故夫子教以先勿欺而后犯也。"

子曰："君子上达，小人下达。"

君子循天理，故日进乎高明；小人徇人欲，故日究乎污下。

子曰："古之学者为己，今之学者为人。"为，去声。

程子曰："为己，欲得之于己也。为人，欲见知于人也。"

程子曰："古之学者为己，其终至于成物。今之学者为人，其终至于丧己。"

愚按：圣贤论学者用心得失之际，其说多矣，然未有如此言之切而要者。于此明辨而日省之，则庶乎其不昧于所从矣。

蘧伯玉使人于孔子。孔子与之坐而问焉，曰："夫子何为？"对曰："夫子欲寡其过而未能也。"使者出。子曰："使乎！使乎！"使，去声，下同。

蘧伯玉，卫大夫，名瑗。孔子居卫，尝主于其家。既而反鲁，故伯玉使人来也。

与之坐，敬其主以及其使也。夫子，指伯玉也。言其但欲寡过而犹未能，则其省身克己，常若不及之意可见矣。使者之言愈自卑约，而其主之贤益彰，亦可谓深知君子之心而善于辞令者矣。故夫子再言"使乎"以重美之。按：庄周称"伯玉行年五十而知四十九年之非"。又曰："伯玉行年六十而六十化。"盖其进德之功，老而不倦。是以践履笃实，光辉宣著。不惟使者知之，而夫子亦信之也。

子曰："不在其位，不谋其政。"

重出。

曾子曰："君子思不出其位。"

此《艮卦》之《象辞》也。曾子盖尝称之，记者因上章之语而类记之也。

范氏曰："物各止其所，而天下之理得矣。故君子所思不出其位，而君臣、上下、大小，皆得其职也。"

子曰："君子耻其言而过其行。"行，去声。

耻者，不敢尽之意。过者，欲有余之辞。

子曰："君子道者三，我无能焉：仁者不忧，知者不惑，勇者不惧。"子贡曰："夫子自道也。"知，去声。

自责以勉人也。

道，言也。自道，犹云谦辞。

尹氏曰："成德以仁为先，进学以知为先。故夫子之言，其序有不同者以此。"

子贡方人。子曰："赐也贤乎哉？夫我则不暇。"夫，音扶。

方，比也。乎哉，疑辞。比方人物而较其短长，虽亦穷理之事。然专务为此，则心驰于外，而所以自治者疏矣。故褒之而疑其辞，复自贬以深抑之。

谢氏曰：“圣人责人，辞不迫切而意已独至如此。”

子曰：“不患人之不己知，患其不能也。”

凡章指同而文不异者，一言而重出也。文小异者，屡言而各出也。此章凡四见，而文皆有异。则圣人于此一事，盖屡言之，其丁宁之意亦可见矣。

子曰：“不逆诈，不亿不信。抑亦先觉者，是贤乎！”

逆，未至而迎之也。亿，未见而意之也。诈，谓人欺己。不信，谓人疑己。抑，反语辞。言虽不逆不亿，而于人之情伪，自然先觉，乃为贤也。

杨氏曰：“君子一于诚而已，然未有诚而不明者。故虽不逆诈、不亿不信，而常先觉也。若夫不逆不亿而卒为小人所罔焉，斯亦不足观也已。”

微生亩谓孔子曰：“丘何为是栖栖者与？无乃为佞乎？”孔子曰：“非敢为佞也，疾固也。”与，平声。

微生，姓；亩，名也。亩名呼夫子而辞甚倨，盖有齿德而隐者。栖栖，依依也。为佞，言其务为口给以悦人也。

疾，恶也。固，执一而不通也。圣人之于达尊，礼恭而言直如此，其警之亦深矣。

子曰：“骥不称其力，称其德也。”

骥，善马之名。德，谓调良也。

尹氏曰："骥虽有力，其称在德。人有才而无德，则亦奚足尚哉？"

或曰："以德报怨，何如？"子曰："何以报德？以直报怨，以德报德。"

或人所称，今见《老子》书。德，谓恩惠也。

言于其所怨，既以德报之矣；则人之有德于我者，又将何以报之乎？

于其所怨者，爱憎取舍，一以至公而无私，所谓直也。于其所德者，则必以德报之，不可忘也。

或人之言，可谓厚矣。然以圣人之言观之，则见其出于有意之私，而怨德之报皆不得其平也。必如夫子之言，然后二者之报各得其所。然怨有不仇，而德无不报，则又未尝不厚也。此章之言，明白简约，而其指意曲折反复。如造化之简易易知，而微妙无穷，学者所宜详玩也。

子曰："莫我知也夫！"子贡曰："何为其莫知子也？"子曰："不怨天，不尤人。下学而上达。知我者其天乎！"夫，音扶。

夫子自叹，以发子贡之问也。

不得于天而不怨天，不合于人而不尤人，但知下学而自然上达。此但自言其反己自修，循序渐进耳，无以甚异于人而致其知也。然深味其语意，则见其中自有人不及知而天独知之之妙。盖在孔门，惟子贡之智几足以及此，故特语以发之。惜乎其犹有所未达也！

程子曰："不怨天，不尤人，在理当如此。"

又曰："下学上达，意在言表。"

又曰："学者须守下学上达之语，乃学之要。盖凡下学人事，便是上达天理。

然习而不察，则亦不能以上达矣。”

公伯寮愬子路于季孙。子服景伯以告，曰：“夫子固有惑志于公伯寮，吾力犹能肆诸市朝。”子曰：“道之将行也与？命也。道之将废也与？命也。公伯寮其如命何！”朝，音潮。与，平声。

公伯寮，鲁人。子服，氏；景，谥；伯，字。鲁大夫子服何也。夫子，指季孙。言其有疑于寮之言也。肆，陈尸也。言欲诛寮。

谢氏曰：“虽寮之愬行，亦命也。其实寮无如之何。”

愚谓，言此以晓景伯，安子路，而警伯寮耳。圣人于利害之际，则不待决于命而后泰然也。

子曰：“贤者辟世，其次辟地，其次辟色，其次辟言。”辟，去声，下同。

天下无道而隐，若伯夷、太公是也。

去乱国，适治邦。

礼貌衰而去。

有违言而后去也。

程子曰：“四者虽以大小次第言之，然非有优劣也，所遇不同耳。”

子曰：“作者七人矣。”

李氏曰：“作，起也。言起而隐去者，今七人矣。不可知其谁何。必求其人以实之，则凿矣。”

子路宿于石门。晨门曰："奚自？"子路曰："自孔氏。"曰："是知其不可而为之者与？"与，平声。

石门，地名。晨门，掌晨启门，盖贤人隐于抱关者也。自，从也，问其何所从来也。

胡氏曰："晨门知世之不可而不为，故以是讥孔子。然不知圣人之视天下，无不可为之时也。"

子击磬于卫。有荷蒉而过孔氏之门者，曰："有心哉！击磬乎！"既而曰："鄙哉！硁硁乎！莫己知也，斯己而已矣。深则厉，浅则揭。"子曰："果哉！末之难矣。"荷，去声。硁，苦耕反。莫己之己，音纪，余音以。揭，起例反。

磬，乐器。荷，担也。蒉，草器也。此荷蒉者，亦隐士也。圣人之心未尝忘天下，此人闻其磬声而知之，则亦非常人矣。

硁硁，石声，亦专确之意。以衣涉水曰厉，摄衣涉水曰揭。此两句，《卫风·匏有苦叶》之诗也。讥孔子人不知己而不止，不能适浅深之宜。

果哉，叹其果于忘世也。末，无也。圣人心同天地，视天下犹一家，中国犹一人，不能一日忘也。故闻荷蒉之言，而叹其果于忘世。且言人之出处，若但如此，则亦无所难矣。

子张曰："《书》云：'高宗谅阴，三年不言。'何谓也？"子曰："何必高宗，古之人皆然。君薨，百官总己以听于冢宰三年。"

高宗，商王武丁也。谅阴，天子居丧之名，未详其义。

言君薨，则诸侯亦然。总己，谓总摄己职。冢宰，大宰也。百官听于冢宰，故君得以三年不言也。

胡氏曰："位有贵贱，而生于父母无以异者。故三年之丧，自天子达于庶人。子张非疑此也，殆以为人君三年不言，则臣下无所禀令，祸乱或由以起也。孔子告以听于冢宰，则祸乱非所忧矣。"

子曰："上好礼，则民易使也。"好、易，皆去声。

谢氏曰："礼达而分定，故民易使。"

子路问君子。子曰："修己以敬。"曰："如斯而已乎？"曰："修己以安人。"曰："如斯而已乎？"曰："修己以安百姓。修己以安百姓，尧、舜其犹病诸！"

修己以敬，夫子之言至矣尽矣。而子路少之，故再以其充积之盛自然及物者告之，无他道也。人者，对己而言。百姓，则尽乎人矣。尧、舜犹病，言不可以有加于此。以抑子路，使反求诸近也。盖圣人之心无穷，世虽极治，然岂能必知四海之内，果无一物不得其所哉？故尧、舜犹以安百姓为病。若曰吾治已足，则非所以为圣人矣。

程子曰："君子修己以安百姓，笃恭而天下平。唯上下一于恭敬，则天地自位，万物自育，气无不和，而四灵毕至矣。此体信达顺之道，聪明睿知皆由是出，以此事天飨帝。"

原壤夷俟。子曰："幼而不孙弟，长而无述焉，老而不死，是为贼！"以杖叩其胫。孙、弟，并去声。长，上声。叩，音口。胫，其定反。

原壤，孔子之故人。母死而歌，盖老氏之流，自放于礼法之外者。夷，蹲踞也。俟，待也。言见孔子来而蹲踞以待之也。述，犹称也。贼者，害人之名。以其自幼至长，无一善状，而久生于世，徒足以败常乱俗，则是贼而已矣。胫，足骨也。孔子既责之，而因以所曳之杖微击其胫，若使勿蹲踞然。

阙党童子将命。或问之曰："益者与？"子曰："吾见其居于位也，见其与先生并行也。非求益者也，欲速成者也。"与，平声。

阙党，党名。童子，未冠者之称。将命，谓传宾主之言。或人疑此童子学有进益，故孔子使之传命以宠异之也。

礼，童子当隅坐随行。孔子言吾见此童子不循此礼。非能求益，但欲速成尔。故使之给使令之役，观长少之序，习揖逊之容。盖所以抑而教之，非宠而异之也。

卫灵公第十五

凡四十一章。

卫灵公问陈于孔子。孔子对曰：“俎豆之事，则尝闻之矣；军旅之事，未之学也。”明日遂行。在陈绝粮，从者病，莫能兴。子路愠见曰：“君子亦有穷乎？”子曰：“君子固穷，小人穷斯滥矣。”陈，去声。从，去声。见，贤遍反。

陈，谓军师行伍之列。俎豆，礼器。

尹氏曰：“卫灵公，无道之君也，复有志于战伐之事，故答以未学而去之。”

孔子去卫适陈。兴，起也。

何氏曰：“滥，溢也。言君子固有穷时，不若小人穷则放溢为非。”

程子曰：“固穷者，固守其穷。”亦通。

愚谓，圣人当行而行，无所顾虑。处困而亨，无所怨悔，于此可见，学者宜深味之。

子曰：“赐也，女以予为多学而识之者与？”对曰：“然。非与？”曰：“非也，予一以贯之。”女，音汝。识，音志。与，平声，下同。

子贡之学，多而能识矣。夫子欲其知所本也，故问以发之。

方信而忽疑，盖其积学功至，而亦将有得也。

说见第四篇。然彼以行言，而此以知言也。

谢氏曰：“圣人之道大矣，人不能遍观而尽识，宜其以为多学而识之也。然圣人岂务博者哉？如天之于众形，匪物物刻而雕之也。故曰：‘予一以贯之。’‘德輶如毛，毛犹有伦。上天之载，无声无臭。’至矣！”

尹氏曰：“孔子之于曾子，不待其问而直告之以此，曾子复深谕之曰‘唯’。若子贡则先发其疑而后告之，而子贡终亦不能如曾子之‘唯’也。二子所学之浅深，于此可见。”

愚按：夫子之于子贡，屡有以发之，而他人不与焉。则颜、曾以下诸子所学之浅深，又可见矣。

子曰：“由！知德者鲜矣。”鲜，上声。

由，呼子路之名而告之也。德，谓义理之得于己者。非己有之，不能知其意味之实也。

自第一章至此，疑皆一时之言。此章盖为愠见发也。

子曰：“无为而治者，其舜也与？夫何为哉？恭己正南面而已矣。”与，平声。夫，音扶。

无为而治者，圣人德盛而民化，不待其有所作为也。独称舜者，绍尧之后，而又得人以任众职，故尤不见其有为之迹也。恭己者，圣人敬德之容。既无所为，则人之所见如此而已。

子张问行。子曰：“言忠信，行笃敬，虽蛮貊之邦行矣；言不忠信，行不笃敬，虽州里行乎哉？立，则见其参于前也；在舆，则见其倚于衡也。夫然后行。”子张书诸绅。行笃、行不之行，去声。貊，亡百反。参，七南反。夫，音扶。

犹问达之意也。

子张意在得行于外，故夫子反于身而言之，犹答干禄问达之意也。笃，厚也。蛮，南蛮。貊，北狄。二千五百家为州。

其者，指忠信笃敬而言。参，读如“毋往参焉”之“参”，言与我相参也。衡，轭也。言其于忠信笃敬念念不忘，随其所在，常若有见，虽欲顷刻离之而不可得。然后一言一行，自然不离于忠信笃敬，而蛮貊可行也。

绅，大带之垂者。书之，欲其不忘也。

程子曰：“学要鞭辟近里，着己而已。博学而笃志，切问而近思；言忠信，行笃敬；立则见其参于前，在舆则见其倚于衡；只此是学。质美者明得尽，查滓便浑化，却与天地同体。其次惟庄敬以持养之，及其至则一也。”

子曰：“直哉史鱼！邦有道，如矢；邦无道，如矢。君子哉蘧伯玉！邦有道，则仕；邦无道，则可卷而怀之。”

史，官名。鱼，卫大夫，名鰌。如矢，言直也。史鱼自以不能进贤退不肖，既死犹以尸谏，故夫子称其直。事见《家语》。

伯玉出处，合于圣人之道，故曰君子。卷，收也。怀，藏也。如于孙林父、宁殖放弑之谋，不对而出，亦其事也。

杨氏曰：“史鱼之直，未尽君子之道。若蘧伯玉，然后可免于乱世。若史鱼之如矢，则虽欲卷而怀之，有不可得也。”

子曰：“可与言而不与之言，失人；不可与言而与之言，失言。知者不失人，亦不失言。”知，去声。

子曰：“志士仁人，无求生以害仁，有杀身以成仁。”

志士，有志之士。仁人，则成德之人也。理当死而求生，则于其心有不安矣，是害其心之德也。当死而死，则心安而德全矣。

程子曰：“实理得之于心自别。实理者，实见得是，实见得非也。古人有捐躯陨命者，若不实见得，恶能如此？须是实见得生不重于义，生不安于死也。故有杀身以成仁者，只是成就一个是而已。”

子贡问为仁。子曰：“工欲善其事，必先利其器。居是邦也，事其大夫之贤者，友其士之仁者。”

贤以事言，仁以德言。夫子尝谓子贡悦不若己者，故以是告之。欲其有所严惮切磋以成其德也。

程子曰：“子贡问为仁，非问仁也，故孔子告之以为仁之资而已。”

颜渊问为邦。子曰：“行夏之时，乘殷之辂，服周之冕，乐则《韶》《舞》。放郑声，远佞人。郑声淫，佞人殆。”辂，音路，亦作路。远，去声。

颜子王佐之才，故问治天下之道。曰为邦者，谦辞。

夏时，谓以斗柄初昏建寅之月为岁首也。天开于子，地辟于丑，人生于寅，故斗柄建此三辰之月，皆可以为岁首。而三代迭用之，夏以寅为人正，商以丑为地正，周以子为天正也。然时以作事，则岁月自当以人为纪。故孔子尝曰“吾得夏时焉”，而说者以为谓《夏小正》之属。盖取其时之正与其令之善，而于此又以告颜子也。

商辂，木辂也。辂者，大车之名。古者以木为车而已，至商而有辂之名，盖始异其制也。周人饰以金玉，则过侈而易败，不若商辂之朴素浑坚而等威已辨，为质而得其中也。

周冕有五，祭服之冠也。冠上有覆，前后有旒。黄帝以来，盖已有之，而制度仪等，至周始备。然其为物小，而加于众体之上，故虽华而不为靡，虽费而不及奢。夫子取之，盖亦以为文而得其中也。

取其尽善尽美。

放，谓禁绝之。郑声，郑国之音。佞人，卑谄辩给之人。殆，危也。

程子曰：“问政多矣，惟颜渊告之以此。盖三代之制，皆因时损益，及其久也，不能无弊。周衰，圣人不作，故孔子斟酌先王之礼，立万世常行之道，发此以为之兆尔。由是求之，则余皆可考也。”

张子曰：“礼乐，治之法也。放郑声，远佞人，法外意也。一日不谨，则法坏矣。虞、夏君臣更相饬戒，意盖如此。”

又曰：“法立而能守，则德可久，业可大。郑声佞人，能使人丧其所守，故放远之。”

尹氏曰：“此所谓百王不易之大法。孔子之作《春秋》，盖此意也。孔、颜虽不得行之于时，然其为治之法，可得而见矣。”

子曰：“人无远虑，必有近忧。”

苏氏曰：“人之所履者，容足之外，皆为无用之地，而不可废也。故虑不在千里之外，则患在几席之下矣。”

子曰："已矣乎！吾未见好德如好色者也。"好，去声。

已矣乎，叹其终不得而见也。

子曰："臧文仲其窃位者与？知柳下惠之贤，而不与立也。"者与之与，平声。

窃位，言不称其位而有愧于心，如盗得而阴据之也。柳下惠，鲁大夫展获，字禽，食邑柳下，谥曰惠。与立，谓与之并立于朝。

范氏曰："臧文仲为政于鲁，若不知贤，是不明也；知而不举，是蔽贤也。不明之罪小，蔽贤之罪大。故孔子以为不仁，又以为窃位。"

子曰："躬自厚而薄责于人，则远怨矣。"远，去声。

责己厚，故身益修；责人薄，故人易从。所以人不得而怨之。

子曰："不曰'如之何如之何'者，吾末如之何也已矣。"

如之何如之何者，熟思而审处之辞也。不如是而妄行，虽圣人亦无如之何矣。

子曰："群居终日，言不及义，好行小慧，难矣哉！"好，去声。

小慧，私智也。言不及义，则放辟邪侈之心滋。好行小慧，则行险侥幸之机熟。难矣哉者，言其无以入德，而将有患害也。

子曰："君子义以为质，礼以行之，孙以出之，信以成之。君子哉！"孙，去声。

义者制事之本，故以为质干。而行之必有节文，出之必以退逊，成之必在诚实，乃君子之道也。

程子曰："义以为质，如质干然。礼行此，孙出此，信成此。此四句只是一事，以义为本。"

又曰："敬以直内，则义以方外。义以为质，则礼以行之，孙以出之，信以成之。"

子曰："君子病无能焉，不病人之不己知也。"

子曰："君子疾没世而名不称焉。"

范氏曰："君子学以为己，不求人知。然没世而名不称焉，则无为善之实可知矣。"

子曰："君子求诸己，小人求诸人。"

谢氏曰："君子无不反求诸己，小人反是。此君子小人所以分也。"

杨氏曰："君子虽不病人之不己知，然亦疾没世而名不称也。虽疾没世而名不称，然所以求者，亦反诸己而已。小人求诸人，故违道干誉，无所不至。三者文不相蒙，而义实相足，亦记言者之意。"

子曰："君子矜而不争，群而不党。"

庄以持己曰矜。然无乖戾之心，故不争。和以处众曰群。然无阿比之意，故不党。

子曰："君子不以言举人，不以人废言。"

子贡问曰："有一言而可以终身行之者乎？"子曰："其恕乎！己所不欲，勿施于人。"

推己及物，其施不穷，故可以终身行之。

尹氏曰："学贵于知要。子贡之问，可谓知要矣。孔子告以求仁之方也。推而极之，虽圣人之无我，不出乎此。终身行之，不亦宜乎？"

子曰："吾之于人也，谁毁谁誉？如有所誉者，其有所试矣。斯民也，三代之所以直道而行也。"誉，平声。

毁者，称人之恶而损其真。誉者，扬人之善而过其实。夫子无是也。然或有所誉者，则必尝有以试之，而知其将然矣。圣人善善之速，而无所苟如此。若其恶恶，则已缓矣。是以虽有以前知其恶，而终无所毁也。

斯民者，今此之人也。三代，夏、商、周也。直道，无私曲也。言吾之所以无所毁誉者，盖以此民，即三代之时所以善其善、恶其恶而无所私曲之民。故我今亦不得而枉其是非之实也。

尹氏曰："孔子之于人也，岂有意于毁誉之哉？其所以誉之者，盖试而知其美故也。斯民也，三代所以直道而行，岂得容私于其间哉？"

子曰："吾犹及史之阙文也，有马者借人乘之。今亡已夫！"夫，音扶。

杨氏曰："史阙文、马借人，此二事孔子犹及见之。今亡已夫，悼时之益偷也。"

愚谓，此必有为而言。盖虽细故，而时变之大者可知矣。

胡氏曰："此章义疑，不可强解。"

子曰："巧言乱德，小不忍则乱大谋。"

巧言，变乱是非，听之使人丧其所守。小不忍，如妇人之仁、匹夫之勇皆是。

子曰："众恶之，必察焉；众好之，必察焉。"好、恶，并去声。

杨氏曰："惟仁者能好恶人。众好恶之而不察，则或蔽于私矣。"

子曰："人能弘道，非道弘人。"

弘，廓而大之也。人外无道，道外无人。然人心有觉，而道体无为，故人能大其道，道不能大其人也。

张子曰："心能尽性，人能弘道也；性不知检其心，非道弘人也。"

子曰："过而不改，是谓过矣。"

过而能改，则复于无过。惟不改，则其过遂成，而将不及改矣。

子曰："吾尝终日不食，终夜不寝，以思。无益。不如学也。"

此为思而不学者言之。盖劳心以必求，不如逊志而自得也。

李氏曰：“夫子非思而不学者，特垂语以教人尔。”

子曰：“君子谋道不谋食。耕也，馁在其中矣；学也，禄在其中矣。君子忧道不忧贫。”馁，奴罪反。

耕所以谋食，而未必得食。学所以谋道，而禄在其中。然其学也，忧不得乎道而已，非为忧贫之故，而欲为是以得禄也。

尹氏曰：“君子治其本而不恤其末，岂以在外者为忧乐哉？”

子曰：“知及之，仁不能守之，虽得之，必失之；知及之，仁能守之。不庄以莅之，则民不敬；知及之，仁能守之，庄以莅之，动之不以礼，未善也。”知，去声。

知足以知此理，而私欲间之，则无以有之于身矣。

莅，临也。谓临民也。知此理而无私欲以间之，则所知者在我而不失矣。然犹有不庄者，盖气习之偏，或有厚于内而不严于外者，是以民不见其可畏而慢易之。下句放此。

动之，动民也。犹曰鼓舞而作兴之云尔。礼，谓义理之节文。

愚谓，学至于仁，则善有诸己而大本立矣。莅之不庄，动之不以礼，乃其气禀学问之小疵，然亦非尽善之道也。故夫子历言之，使知德愈全则责愈备，不可以为小节而忽之也。

子曰：“君子不可小知，而可大受也；小人不可大受，而可小知也。”

此言观人之法。知，我知之也。受，彼所受也。盖君子于细事未必可观，而材德足以任重；小人虽器量浅狭，而未必无一长可取。

子曰：“民之于仁也，甚于水火。水火，吾见蹈而死者矣，未见蹈仁而死者也。”

民之于水火，所赖以生，不可一日无。其于仁也亦然。但水火外物，而仁在己。无水火，不过害人之身，而不仁则失其心。是仁有甚于水火，而尤不可以一日无也。况水火或有时而杀人，仁则未尝杀人，亦何惮而不为哉？李氏曰：“此夫子勉人为仁之语。”下章放此。

子曰：“当仁，不让于师。”

当仁，以仁为己任也。虽师亦无所逊，言当勇往而必为也。盖仁者，人所自有而自为之，非有争也，何逊之有？

程子曰：“为仁在己，无所与逊。若善名为外，则不可不逊。”

子曰：“君子贞而不谅。”

贞，正而固也。谅，则不择是非而必于信。

子曰：“事君，敬其事而后其食。”

后，与后获之后同。食，禄也。君子之仕也，有官守者修其职，有言责者尽其忠。皆以敬吾之事而已，不可先有求禄之心也。

子曰：“有教无类。”

人性皆善，而其类有善恶之殊者，气习之染也。故君子有教，则人皆可以复于善，而不当复论其类之恶矣。

子曰：“道不同，不相为谋。”为，去声。

不同，如善恶邪正之异。

子曰：“辞达而已矣。”

辞，取达意而止，不以富丽为工。

师冕见，及阶，子曰：“阶也。”及席，子曰：“席也。”皆坐，子告之曰：“某在斯，某在斯。”师冕出。子张问曰：“与师言之道与？”子曰：“然。固相师之道也。”见，贤遍反。与，平声。相，去声。

师，乐师，瞽者。冕，名。再言某在斯，历举在坐之人以诏之。

圣门学者，于夫子之一言一动，无不存心省察如此。

相，助也。古者瞽必有相，其道如此。盖圣人于此，非作意而为之，但尽其道而已。

尹氏曰：“圣人处己为人，其心一致，无不尽其诚故也。有志于学者，求圣人之心，于斯亦可见矣。”

范氏曰：“圣人不侮鳏寡，不虐无告，可见于此。推之天下，无一物不得其所矣。”

季氏第十六

洪氏曰："此篇或以为《齐论》。"凡十四章。

季氏将伐颛臾。冉有、季路见于孔子曰："季氏将有事于颛臾。"孔子曰："求！无乃尔是过与？夫颛臾，昔者先王以为东蒙主，且在邦域之中矣，是社稷之臣也。何以伐为？"冉有曰："夫子欲之，吾二臣者皆不欲也。"孔子曰："求！周任有言曰：'陈力就列，不能者止。'危而不持，颠而不扶，则将焉用彼相矣？且尔言过矣。虎兕出于柙，龟玉毁于椟中，是谁之过与？"冉有曰："今夫颛臾，固而近于费。今不取，后世必为子孙忧。"孔子曰："求！君子疾夫舍曰欲之，而必为之辞。丘也闻：有国有家者，不患寡而患不均，不患贫而患不安。盖均无贫，和无寡，安无倾。夫如是，故远人不服，则修文德以来之。既来之，则安之。今由与求也，相夫子，远人不服而不能来也；邦分崩离析而不能守也。而谋动干戈于邦内。吾恐季孙之忧，不在颛臾，而在萧墙之内也。"颛，音专。臾，音俞。见，贤遍反。与，平声。夫，音扶。任，平声。焉，于虔反。相，去声，下同。兕，徐履反。柙，户甲反。椟，音独。与，平声。夫，音扶。夫，音扶。舍，上声。夫，音扶。

颛臾，国名。鲁附庸也。

按《左传》《史记》，二子仕季氏不同时。此云尔者，疑子路尝从孔子自卫反鲁，再仕季氏，不久而复之卫也。

冉求为季氏聚敛，尤用事。故夫子独责之。

东蒙，山名。先王封颛臾于此山之下，使主其祭，在鲁地七百里之中。社稷，犹云公家。是时四分鲁国，季氏取其二，孟孙叔孙各有其一。独附庸之国尚为公臣，季氏又欲取以自益。故孔子言颛臾乃先王封国，则不可伐；在邦域之中，则不必伐；是社稷之臣，则非季氏所当伐也。此事理之至当，不易之定体，而一言尽其曲折如此，非圣人不能也。

夫子，指季孙。冉有实与谋，以孔子非之，故归咎于季氏。

周任，古之良史。陈，布也。列，位也。相，瞽者之相也。言二子不欲则当谏，谏而不听则当去也。

兕，野牛也。柙，槛也。椟，匮也。言在柙而逸，在椟而毁，典守者不得辞其过。明二子居其位而不去，则季氏之恶，已不得不任其责也。

固，谓城郭完固。费，季氏之私邑。此则冉求之饰辞，然亦可见其实与季氏之谋矣。

欲之，谓贪其利。

寡，谓民少。贫，谓财乏。均，谓各得其分。安，谓上下相安。季氏之欲取颛臾，患寡与贫耳。然是时季氏据国，而鲁公无民，则不均矣。君弱臣强，互生嫌隙，则不安矣。均则不患于贫而和，和则不患于寡而安，安则不相疑忌，而无倾覆之患。

内治修，然后远人服。有不服，则修德以来之，亦不当勤兵于远。

子路虽不与谋，而素不能辅之以义，亦不得为无罪，故并责之。远人，谓颛臾。分崩离析，谓四分公室，家臣屡叛。

干，楯也。戈，戟也。萧墙，屏也。言不均不和，内变将作。其后哀公果欲以越伐鲁而去季氏。

谢氏曰："当是时，三家强，公室弱，冉求又欲伐颛臾以附益之。夫子所以深罪之，为其瘠鲁以肥三家也。"

洪氏曰：“二子仕于季氏，凡季氏所欲为，必以告于夫子。则因夫子之言而救止者，宜亦多矣。伐颛臾之事，不见于经传，其以夫子之言而止也与？”

孔子曰：“天下有道，则礼乐征伐自天子出；天下无道，则礼乐征伐自诸侯出。自诸侯出，盖十世希不失矣；自大夫出，五世希不失矣；陪臣执国命，三世希不失矣。天下有道，则政不在大夫。天下有道，则庶人不议。”

先王之制，诸侯不得变礼乐，专征伐。陪臣，家臣也。逆理愈甚，则其失之愈速。大约世数，不过如此。

言不得专政。

上无失政，则下无私议。非箝其口使不敢言也。

此章通论天下之势。

孔子曰：“禄之去公室，五世矣；政逮于大夫，四世矣；故夫三桓之子孙，微矣。”夫，音扶。

鲁自文公薨，公子遂杀子赤，立宣公，而君失其政。历成、襄、昭、定，凡五公。逮，及也。自季武子始专国政，历悼、平、桓子，凡四世，而为家臣阳虎所执。三桓，三家，皆桓公之后。此以前章之说推之，而知其当然也。

此章专论鲁事，疑与前章皆定公时语。

苏氏曰：“礼乐征伐自诸侯出，宜诸侯之强也，而鲁以失政，政逮于大夫，宜大夫之强也，而三桓以微。何也？强生于安，安生于上下之分定。今诸侯大夫皆陵其上，则无以令其下矣。故皆不久而失之也。”

孔子曰：“益者三友，损者三友。友直，友谅，友多闻，益矣。友便辟，

友善柔，友便佞，损矣。”便，平声。辟，婢亦反。

友直，则闻其过。友谅，则进于诚。友多闻，则进于明。便，习熟也。便辟，谓习于威仪而不直。善柔，谓工于媚悦而不谅。便佞，谓习于口语，而无闻见之实。三者损益，正相反也。

尹氏曰：“自天子至于庶人，未有不须友以成者。而其损益有如是者，可不谨哉？”

孔子曰：“益者三乐，损者三乐。乐节礼乐，乐道人之善，乐多贤友，益矣。乐骄乐，乐佚游，乐宴乐，损矣。”乐，五教反。礼乐之乐，音岳。骄乐、宴乐之乐，音洛。

节，谓辨其制度声容之节。骄乐，则侈肆而不知节。佚游，则惰慢而恶闻善。宴乐，则淫溺而狎小人。三者损益，亦相反也。

尹氏曰：“君子之于好乐，可不谨哉？”

孔子曰：“侍于君子有三愆：言未及之而言谓之躁，言及之而不言谓之隐，未见颜色而言谓之瞽。”

君子，有德位之通称。愆，过也。瞽，无目，不能察言观色。

尹氏曰：“时然后言，则无三者之过矣。”

孔子曰：“君子有三戒：少之时，血气未定，戒之在色；及其壮也，血气方刚，戒之在斗；及其老也，血气既衰，戒之在得。”

血气，形之所待以生者，血阴而气阳也。得，贪得也。随时知戒，以理胜之，则不为血气所使也。

范氏曰："圣人同于人者血气也，异于人者志气也。血气有时而衰，志气则无时而衰也。少未定、壮而刚、老而衰者，血气也。戒于色、戒于斗、戒于得者，志气也。君子养其志气，故不为血气所动，是以年弥高而德弥邵也。"

孔子曰："君子有三畏：畏天命，畏大人，畏圣人之言。小人不知天命而不畏也，狎大人，侮圣人之言。"

畏者，严惮之意也。天命者，天所赋之正理也。知其可畏，则其戒谨恐惧，自有不能已者。而付畀之重，可以不失矣。大人、圣言，皆天命所当畏。知畏天命，则不得不畏之矣。

侮，戏玩也。不知天命，故不识义理，而无所忌惮如此。

尹氏曰："三畏者，修己之诚当然也。小人不务修身诚己，则何畏之有？"

孔子曰："生而知之者，上也；学而知之者，次也；困而学之，又其次也；困而不学，民斯为下矣。"

困，谓有所不通。言人之气质不同，大约有此四等。

杨氏曰："生知、学知以至困学，虽其质不同，然及其知之一也。故君子惟学之为贵。困而不学，然后为下。"

孔子曰："君子有九思：视思明，听思聪，色思温，貌思恭，言思忠，事思敬，疑思问，忿思难，见得思义。"难，去声。

视无所蔽，则明无不见。听无所壅，则聪无不闻。色，见于面者。貌，举身而言。思问，则疑不蓄。思难，则忿必惩。思义，则得不苟。

程子曰：“九思各专其一。”

谢氏曰：“未至于从容中道，无时而不自省察也。虽有不存焉者，寡矣，此之谓思诚。”

孔子曰：“见善如不及，见不善如探汤。吾见其人矣，吾闻其语矣。隐居以求其志，行义以达其道。吾闻其语矣，未见其人也。”探，吐南反。

真知善恶而诚好恶之，颜、曾、闵、冉之徒，盖能之矣。语，盖古语也。

求其志，守其所达之道也。达其道，行其所求之志也。盖惟伊尹、太公之流，可以当之。当时若颜子，亦庶乎此。然隐而未见，又不幸而蚤死，故夫子云然。

齐景公有马千驷，死之日，民无德而称焉。伯夷、叔齐饿于首阳之下，民到于今称之。其斯之谓与？与，平声。

驷，四马也。首阳，山名。

胡氏曰：“程子以为第十二篇错简‘诚不以富，亦只以异’，当在此章之首。今详文势，似当在此句之上。言人之所称，不在于富，而在于异也。”

愚谓，此说近是，而章首当有“孔子曰”字，盖阙文耳。大抵此书后十篇多阙误。

陈亢问于伯鱼曰：“子亦有异闻乎？”对曰：“未也。尝独立，鲤趋而过庭。曰：‘学《诗》乎？’对曰：‘未也。’‘不学《诗》，无以言。’鲤退而学《诗》。他日又独立，鲤趋而过庭。曰：‘学礼乎？’对曰：‘未也。’‘不学礼，无以立。’鲤退而学礼。闻斯二者。”陈亢退而喜曰：“问一得三，闻《诗》，

闻礼，又闻君子之远其子也。”亢，音刚。远，去声。

亢以私意窥圣人，疑必阴厚其子。

事理通达，而心气和平，故能言。

品节详明，而德性坚定，故能立。

当独立之时，所闻不过如此，其无异闻可知。

尹氏曰：“孔子之教其子，无异于门人，故陈亢以为远其子。”

邦君之妻，君称之曰“夫人”，夫人自称曰“小童”；邦人称之曰“君夫人”，称诸异邦曰“寡小君”；异邦人称之亦曰“君夫人”。

寡，寡德，谦辞。

吴氏曰：“凡《语》中所载如此类者，不知何谓。或古有之，或夫子尝言之，不可考也。”

阳货第十七

凡二十六章。

阳货欲见孔子，孔子不见，归孔子豚。孔子时其亡也，而往拜之，遇诸涂。谓孔子曰:“来！予与尔言。”曰:“怀其宝而迷其邦，可谓仁乎？”曰:“不可。”“好从事而亟失时，可谓知乎？”曰：“不可。”“日月逝矣，岁不我与。”孔子曰：“诺。吾将仕矣。”归，如字，一作馈。好、亟、知，并去声。

阳货，季氏家臣，名虎。尝囚季桓子而专国政。欲令孔子来见己，而孔子不往。货以礼，大夫有赐于士，不得受于其家，则往拜其门。故瞰孔子之亡而归之豚，欲令孔子来拜而见之也。

怀宝迷邦，谓怀藏道德，不救国之迷乱。亟，数也。失时，谓不及事几之会。将者，且然而未必之辞。货语皆讥孔子而讽使速仕。孔子固未尝如此，而亦非不欲仕也，但不仕于货耳。故直据理答之，不复与辩，若不谕其意者。

阳货之欲见孔子，虽其善意，然不过欲使助己为乱耳。故孔子不见者，义也。其往拜者，礼也。必时其亡而往者，欲其称也。遇诸涂而不避者，不终绝也。随问而对者，理之直也。对而不辩者，言之孙而亦无所诎也。

杨氏曰：“扬雄谓孔子于阳货也，敬所不敬，为诎身以信道。非知孔子者。盖道外无身，身外无道。身诎矣而可以信道，吾未之信也。”

子曰："性相近也，习相远也。"

此所谓性，兼气质而言者也。气质之性，固有美恶之不同矣。然以其初而言，则皆不甚相远也。但习于善则善，习于恶则恶，于是始相远耳。

程子曰："此言气质之性，非言性之本也。若言其本，则性即是理，理无不善，孟子之言性善是也。何相近之有哉？"

子曰："唯上知与下愚不移。"知，去声。

此承上章而言。人之气质相近之中，又有美恶一定，而非习之所能移者。

程子曰："人性本善，有不可移者，何也？语其性则皆善也，语其才则有下愚之不移。所谓下愚有二焉：自暴、自弃也。人苟以善自治，则无不可移，虽昏愚之至，皆可渐磨而进也。惟自暴者拒之以不信，自弃者绝之以不为，虽圣人与居，不能化而入也，仲尼之所谓下愚也。然其质非必昏且愚也，往往强戾而才力有过人者，商辛是也。圣人以其自绝于善，谓之下愚，然考其归，则诚愚也。"

或曰："此与上章当合为一，'子曰'二字，盖衍文耳。"

子之武城，闻弦歌之声。夫子莞尔而笑，曰："割鸡焉用牛刀？"子游对曰："昔者偃也闻诸夫子曰：'君子学道则爱人，小人学道则易使也。'"子曰："二三子！偃之言是也。前言戏之耳。"莞，华版反。焉，于虔反。易，去声。

弦，琴瑟也。时子游为武城宰，以礼乐为教，故邑人皆弦歌也。

莞尔，小笑貌，盖喜之也。因言其治小邑，何必用此大道也。

君子、小人，以位言之。子游所称，盖夫子之常言。言君子、小人，皆不可以不学。故武城虽小，亦必教以礼乐。

嘉子游之笃信，又以解门人之惑也。

治有大小，而其治之必用礼乐，则其为道一也。但众人多不能用，而子游独行之。故夫子骤闻而深喜之，因反其言以戏之。而子游以正对，故复是其言，而自实其戏也。

公山弗扰以费畔，召，子欲往。子路不说，曰："末之也，已，何必公山氏之之也。"子曰："夫召我者，而岂徒哉？如有用我者，吾其为东周乎？"
说，音悦。夫，音扶。

弗扰，季氏宰。与阳货共执桓子，据邑以叛。

末，无也。言道既不行，无所往矣，何必公山氏之往乎？

岂徒哉，言必用我也。为东周，言兴周道于东方。

程子曰："圣人以天下无不可有为之人，亦无不可改过之人，故欲往。然而终不往者，知其必不能改故也。"

子张问仁于孔子。孔子曰："能行五者于天下，为仁矣。"请问之。曰："恭、宽、信、敏、惠。恭则不侮，宽则得众，信则人任焉，敏则有功，惠则足以使人。"

行是五者，则心存而理得矣。于天下，言无适而不然，犹所谓虽之夷狄不可弃者。五者之目，盖因子张所不足而言耳。任，倚仗也，又言其效如此。

张敬夫曰："能行此五者于天下，则其心公平而周遍可知矣，然恭其本与？"李氏曰："此章与六言、六蔽、五美、四恶之类，皆与前后文体大不相似。"

佛肸召，子欲往。子路曰："昔者由也闻诸夫子曰：'亲于其身为不善者，君子不入也。'佛肸以中牟畔，子之往也，如之何！"子曰："然。有是言也。不曰坚乎，磨而不磷；不曰白乎，涅而不缁。吾岂匏瓜也哉？焉能系而不食？"佛，音弼。肸，许密反。磷，力刃反。涅，乃结反。焉，于虔反。

佛肸，晋大夫赵氏之中牟宰也。

子路恐佛肸之浼夫子，故问此以止夫子之行。亲，犹自也。不入，不入其党也。

磷，薄也。涅，染皂物。言人之不善，不能浼己。

杨氏曰："磨不磷，涅不缁，而后无可无不可。坚白不足，而欲自试于磨涅，其不磷缁也者几希。"

匏，瓠也。匏瓜系于一处而不能饮食，人则不如是也。

张敬夫曰："子路昔者之所闻，君子守身之常法。夫子今日之所言，圣人体道之大权也。然夫子于公山、佛肸之召皆欲往者，以天下无不可变之人，无不可为之事也。其卒不往者，知其人之终不可变而事之终不可为耳。一则生物之仁，一则知人之智也。"

子曰："由也，女闻六言六蔽矣乎？"对曰："未也。""居！吾语女。好仁不好学，其蔽也愚；好知不好学，其蔽也荡；好信不好学，其蔽也贼；好直不好学，其蔽也绞；好勇不好学，其蔽也乱；好刚不好学，其蔽也狂。"女，音汝，下同。语，去声。好、知，并去声。

蔽，遮掩也。

礼：君子问更端，则起而对。故孔子谕子路，使还坐而告之。

六言皆美德，然徒好之而不学以明其理，则各有所蔽。愚，若可陷可罔之类。

荡，谓穷高极广而无所止。贼，谓伤害于物。勇者，刚之发。刚者，勇之体。狂，躁率也。

范氏曰：“子路勇于为善，其失之者，未能好学以明之也，故告之以此。曰勇、曰刚、曰信、曰直，又皆所以救其偏也。”

子曰：“小子！何莫学夫《诗》？《诗》，可以兴，可以观，可以群，可以怨。迩之事父，远之事君。多识于鸟兽草木之名。”夫，音扶。

小子，弟子也。

感发志意。

考见得失。

和而不流。

怨而不怒。

人伦之道，《诗》无不备，二者举重而言。

其绪余又足以资多识。

学《诗》之法，此章尽之。读是经者，所宜尽心也。

子谓伯鱼曰：“女为《周南》《召南》矣乎？人而不为《周南》《召南》，其犹正墙面而立也与？”女，音汝。与，平声。

为，犹学也。《周南》《召南》，《诗》首篇名。所言皆修身齐家之事。正墙面而立，言即其至近之地，而一物无所见，一步不可行。

子曰：“礼云礼云，玉帛云乎哉？乐云乐云，钟鼓云乎哉？”

敬而将之以玉帛，则为礼；和而发之以钟鼓，则为乐。遗其本而专事其末，则岂礼乐之谓哉？

程子曰："礼只是一个序，乐只是一个和。只此两字，含蓄多少义理。天下无一物无礼乐。且如置此两椅，一不正，便是无序。无序便乖，乖便不和。又如盗贼至为不道，然亦有礼乐。盖必有总属，必相听顺，乃能为盗。不然，则叛乱无统，不能一日相聚而为盗也。礼乐无处无之，学者须要识得。"

子曰："色厉而内荏，譬诸小人，其犹穿窬之盗也与？"荏，而审反。与，平声。

厉，威严也。荏，柔弱也。小人，细民也。穿，穿壁。窬，踰墙。言其无实盗名，而常畏人知也。

子曰："乡原，德之贼也。"

乡者，鄙俗之意。原，与愿同。《荀子》"原悫"，注读作愿是也。乡原，乡人之愿者也。盖其同流合污以媚于世，故在乡人之中，独以愿称。夫子以其似德非德，而反乱乎德，故以为德之贼而深恶之。详见《孟子》末篇。

子曰："道听而涂说，德之弃也。"

虽闻善言，不为己有，是自弃其德也。

王氏曰："君子多识前言往行以畜其德，道听涂说，则弃之矣。"

子曰："鄙夫可与事君也与哉？其未得之也，患得之；既得之，患失之。

苟患失之，无所不至矣。”与，平声。

鄙夫，庸恶陋劣之称。

何氏曰：“患得之，谓患不能得之。”

小则吮痈舐痔，大则弑父与君，皆生于患失而已。

胡氏曰：“许昌靳裁之有言曰：‘士之品大概有三：志于道德者，功名不足以累其心；志于功名者，富贵不足以累其心；志于富贵而已者，则亦无所不至矣。’志于富贵，即孔子所谓鄙夫也。”

子曰：“古者民有三疾，今也或是之亡也。古之狂也肆，今之狂也荡；古之矜也廉，今之矜也忿戾；古之愚也直，今之愚也诈而已矣。”

气失其平则为疾，故气禀之偏者亦谓之疾。昔所谓疾，今亦无之，伤俗之益衰也。

狂者志愿太高。肆谓不拘小节，荡则踰大闲矣。矜者持守太严，廉谓棱角陗厉。忿戾则至于争矣。愚者暗昧不明。直谓径行自遂。诈则挟私妄作矣。

范氏曰：“末世滋伪。岂惟贤者不如古哉？民性之蔽，亦与古人异矣。”

子曰：“巧言令色，鲜矣仁。”

重出。

子曰：“恶紫之夺朱也，恶郑声之乱雅乐也，恶利口之覆邦家者。”恶，去声。覆，芳服反。

朱，正色。紫，间色。雅，正也。利口，捷给。覆，倾败也。

范氏曰："天下之理，正而胜者常少，不正而胜者常多，圣人所以恶之也。利口之人，以是为非，以非为是，以贤为不肖，以不肖为贤。人君苟悦而信之，则国家之覆也不难矣。"

子曰："予欲无言。"子贡曰："子如不言，则小子何述焉？"子曰："天何言哉？四时行焉，百物生焉，天何言哉？"

学者多以言语观圣人，而不察其天理流行之实，有不待言而著者。是以徒得其言，而不得其所以言，故夫子发此以警之。

子贡正以言语观圣人者，故疑而问之。

四时行，百物生，莫非天理发见流行之实，不待言而可见。圣人一动一静，莫非妙道精义之发，亦天而已，岂待言而显哉？此亦开示子贡之切，惜乎其终不喻也。

程子曰："孔子之道，譬如日星之明，犹患门人未能尽晓，故曰'予欲无言'。若颜子则便默识，其他则未免疑问，故曰'小子何述'。"

又曰："'天何言哉，四时行焉，百物生焉'，则可谓至明白矣。"

愚按：此与前篇无隐之意相发，学者详之。

孺悲欲见孔子，孔子辞以疾。将命者出户，取瑟而歌。使之闻之。

孺悲，鲁人，尝学士丧礼于孔子。当是时必有以得罪者。故辞以疾，而又使知其非疾，以警教之也。

程子曰："此孟子所谓不屑之教诲，所以深教之也。"

宰我问："三年之丧，期已久矣。君子三年不为礼，礼必坏；三年不为乐，乐必崩。旧谷既没，新谷既升，钻燧改火，期可已矣。"子曰："食夫稻，衣夫锦，于女安乎？"曰："安。""女安，则为之！夫君子之居丧，食旨不甘，闻乐不乐，居处不安，故不为也。今女安，则为之！"宰我出。子曰："予之不仁也！子生三年，然后免于父母之怀。夫三年之丧，天下之通丧也。予也有三年之爱于其父母乎？"期，音基，下同。钻，祖官反。夫，音扶，下同。衣，去声。女，音汝，下同。乐，上如字，下音洛。

期，周年也。

恐居丧不习而崩坏也。

没，尽也。升，登也。燧，取火之木也。改火，春取榆柳之火，夏取枣杏之火，夏季取桑柘之火，秋取柞楢之火，冬取槐檀之火，亦一年而周也。已，止也。言期年则天运一周，时物皆变，丧至此可止也。

尹氏曰："短丧之说，下愚且耻言之。宰我亲学圣人之门，而以是为问者，有所疑于心而不敢强焉尔。"

礼。父母之丧：既殡，食粥、粗衰。既葬，疏食、水饮，受以成布。期而小祥，始食菜果，练冠縓缘、要绖不除，无食稻、衣锦之理。夫子欲宰我反求诸心，自得其所以不忍者。故问之以此，而宰我不察也。

此夫子之言也。旨，亦甘也。初言女安则为之，绝之之辞。又发其不忍之端，以警其不察。而再言女安则为之以深责之。

宰我既出，夫子惧其真以为可安而遂行之，故深探其本而斥之。言由其不仁，故爱亲之薄如此也。怀，抱也。又言君子所以不忍于亲，而丧必三年之故。使之闻之，或能反求而终得其本心也。

范氏曰："丧虽止于三年，然贤者之情则无穷也。特以圣人为之中制而不敢过，故必俯而就之。非以三年之丧，为足以报其亲也。所谓三年然后免于父母之怀，特以责宰我之无恩，欲其有以跂而及之尔。”

子曰：“饱食终日，无所用心，难矣哉！不有博弈者乎？为之，犹贤乎已。”

博，局戏也。弈，围棋也。已，止也。

李氏曰：“圣人非教人博弈也，所以甚言无所用心之不可尔。”

子路曰：“君子尚勇乎？”子曰：“君子义以为上。君子有勇而无义为乱，小人有勇而无义为盗。”

尚，上之也。君子为乱，小人为盗，皆以位而言者也。

尹氏曰：“义以为尚，则其勇也大矣。子路好勇，故夫子以此救其失也。”胡氏曰：“疑此子路初见孔子时问答也。”

子贡曰：“君子亦有恶乎？”子曰：“有恶：恶称人之恶者，恶居下流而讪上者，恶勇而无礼者，恶果敢而窒者。”曰：“赐也亦有恶乎？”“恶徼以为知者，恶不孙以为勇者，恶讦以为直者。”恶，去声，下同。惟恶者之恶如字。讪，所谏反。徼，古尧反。知、孙，并去声。讦，居谒反。

讪，谤毁也。窒，不通也。称人恶则无仁厚之意。下讪上则无忠敬之心。勇无礼则为乱。果而窒则妄作。故夫子恶之。

恶徼以下，子贡之言也。徼，伺察也。讦，谓攻发人之阴私。

杨氏曰：“仁者无不爱，则君子疑若无恶矣。子贡之有是心也，故问焉以质其是非。”

侯氏曰：“圣贤之所恶如此，所谓唯仁者能恶人也。”

子曰："唯女子与小人为难养也，近之则不孙，远之则怨。"近、孙、远，并去声。

此小人，亦谓仆隶下人也。君子之于臣妾，庄以莅之，慈以畜之，则无二者之患矣。

子曰："年四十而见恶焉，其终也已。"恶，去声。

四十，成德之时。见恶于人，则止于此而已，勉人及时迁善改过也。苏氏曰："此亦有为而言，不知其为谁也。"

微子第十八

此篇多记圣贤之出处，凡十一章。

微子去之，箕子为之奴，比干谏而死。孔子曰："殷有三仁焉。"

微、箕，二国名。子，爵也。微子，纣庶兄。箕子、比干，纣诸父。微子见纣无道，去之以存宗祀。箕子、比干皆谏，纣杀比干，囚箕子以为奴，箕子因佯狂而受辱。

三人之行不同，而同出于至诚恻怛之意，故不咈乎爱之理，而有以全其心之德也。

杨氏曰："此三人者，各得其本心，故同谓之仁。"

柳下惠为士师，三黜。人曰："子未可以去乎？"曰："直道而事人，焉往而不三黜？枉道而事人，何必去父母之邦？"三，去声。焉，于虔反。

士师，狱官。黜，退也。柳下惠三黜不去，而其辞气雍容如此，可谓和矣。然其不能枉道之意，则有确乎其不可拔者。是则所谓必以其道，而不自失焉者也。

胡氏曰："此必有孔子断之之言而亡之矣。"

齐景公待孔子，曰："若季氏，则吾不能，以季、孟之间待之。"曰："吾老矣，不能用也。"孔子行。

鲁三卿，季氏最贵，孟氏为下卿。孔子去之，事见《世家》。然此言必非面语孔子，盖自以告其臣，而孔子闻之尔。

程子曰："季氏强臣，君待之之礼极隆，然非所以待孔子也。以季、孟之间待之，则礼亦至矣。然复曰'吾老矣不能用也'，故孔子去之。盖不系待之轻重，特以不用而去尔。"

齐人归女乐，季桓子受之。三日不朝，孔子行。归，如字，或作馈。朝，音潮。

季桓子，鲁大夫，名斯。按《史记》："定公十四年，孔子为鲁司寇，摄行相事。齐人惧，归女乐以沮之。"

尹氏曰："受女乐而怠于政事如此，其简贤弃礼，不足与有为可知矣。夫子所以行也，所谓见几而作，不俟终日者与？"

范氏曰："此篇记仁贤之出处，而折中以圣人之行，所以明中庸之道也。"

楚狂接舆歌而过孔子曰："凤兮！凤兮！何德之衰？往者不可谏，来者犹可追。已而，已而！今之从政者殆而！"孔子下，欲与之言。趋而辟之，不得与之言。辟，去声。

接舆，楚人，佯狂辟世。夫子时将适楚，故接舆歌而过其车前也。凤有道则见，无道则隐，接舆以比孔子，而讥其不能隐为德衰也。来者可追，言及今尚可隐去。已，止也。而，语助辞。殆，危也。接舆盖知尊孔子而趋不同者也。

孔子下车，盖欲告之以出处之意。接舆自以为是，故不欲闻而辟之也。

长沮、桀溺耦而耕，孔子过之，使子路问津焉。长沮曰："夫执舆者为谁？"子路曰："为孔丘。"曰："是鲁孔丘与？"曰："是也。"曰："是知津矣。"问于桀溺，桀溺曰："子为谁？"曰："为仲由。"曰："是鲁孔丘之徒与？"对曰："然。"曰："滔滔者天下皆是也，而谁以易之？且而与其从辟人之士也，岂若从辟世之士哉？"耰而不辍。子路行以告。夫子怃然曰："鸟兽不可与同群，吾非斯人之徒与而谁与？天下有道，丘不与易也。"沮，七余反。溺，乃历反。夫，音扶。与，平声。徒与之与，平声。滔，吐刀反。辟，去声。耰，音忧。怃，音武。与，如字。

二人，隐者。耦，并耕也。时孔子自楚反乎蔡。津，济渡处。

执舆，执辔在车也。盖本子路御而执辔，今下问津，故夫子代之也。知津，言数周流，自知津处。

滔滔，流而不反之意。以，犹与也。言天下皆乱，将谁与变易之？而，汝也。辟人，谓孔子。辟世，桀溺自谓。耰，覆种也。亦不告以津处。

怃然，犹怅然，惜其不喻己意也。言所当与同群者，斯人而已，岂可绝人逃世以为洁哉？天下若已平治，则我无用变易之。正为天下无道，故欲以道易之耳。

程子曰："圣人不敢有忘天下之心，故其言如此也。"

张子曰："圣人之仁，不以无道必天下而弃之也。"

子路从而后，遇丈人，以杖荷蓧。子路问曰："子见夫子乎？"丈人曰："四体不勤，五谷不分。孰为夫子？"植其杖而芸。子路拱而立。止子路宿，杀鸡为黍而食之，见其二子焉。明日，子路行以告。子曰："隐者也。"使

子路反见之。至，则行矣。子路曰："不仕无义。长幼之节，不可废也；君臣之义，如之何其废之？欲洁其身，而乱大伦。君子之仕也，行其义也。道之不行，已知之矣。"蓧，徒吊反。植，音值。食，音嗣。见，贤遍反。长，上声。

丈人，亦隐者。蓧，竹器。分，辨也。五谷不分，犹言不辨菽麦尔，责其不事农业而从师远游也。植，立之也。芸，去草也。

知其隐者，敬之也。

孔子使子路反见之，盖欲告之以君臣之义。而丈人意子路必将复来，故先去之以灭其迹，亦接舆之意也。

子路述夫子之意如此。盖丈人之接子路甚倨，而子路益恭，丈人因见其二子焉。则于长幼之节，固知其不可废矣，故因其所明以晓之。伦，序也。人之大伦有五：父子有亲，君臣有义，夫妇有别，长幼有序，朋友有信是也。仕所以行君臣之义，故虽知道之不行而不可废。然谓之义，则事之可否，身之去就，亦自有不可苟者。是以虽不洁身以乱伦，亦非忘义以徇禄也。福州有国初时写本，"路"下有"反子"二字，以此为子路反而夫子言之也。未知是否？

范氏曰："隐者为高，故往而不反。仕者为通，故溺而不止。不与鸟兽同群，则决性命之情以饕富贵。此二者皆惑也，是以依乎中庸者为难。惟圣人不废君臣之义，而必以其正，所以或出或处而终不离于道也。"

逸民：伯夷、叔齐、虞仲、夷逸、朱张、柳下惠、少连。子曰："不降其志，不辱其身，伯夷、叔齐与！"谓："柳下惠、少连，降志辱身矣。言中伦，行中虑，其斯而已矣。"谓："虞仲、夷逸，隐居放言。身中清，废中权。我则异于是，无可无不可。"少，去声，下同。与，平声。中，去声，下同。

逸，遗逸。民者，无位之称。虞仲，即仲雍，与大伯同窜荆蛮者。夷逸、朱张，不见经传。少连，东夷人。

柳下惠事见上。伦，义理之次第也。虑，思虑也。中虑，言有意义合人心。少连事不可考。然《记》称其“善居丧，三日不怠，三月不解。期悲哀，三年忧”。则行之中虑，亦可见矣。

仲雍居吴，断发文身，裸以为饰。隐居独善，合乎道之清。放言自废，合乎道之权。

孟子曰：“孔子可以仕则仕，可以止则止，可以久则久，可以速则速。”所谓无可无不可也。谢氏曰：“七人隐遁不污则同，其立心造行则异。伯夷、叔齐，天子不得臣，诸侯不得友，盖已遁世离群矣，下圣人一等，此其最高与！柳下惠、少连，虽降志而不枉己，虽辱身而不求合，其心有不屑也。故言能中伦，行能中虑。虞仲、夷逸，隐居放言，则言不合先王之法者多矣，然清而不污也，权而适宜也，与方外之士害义伤教而乱大伦者殊科。是以均谓之逸民。”

尹氏曰：“七人各守其一节，而孔子则无可无不可，此所以常适其可，而异于逸民之徒也。”

扬雄曰：“观乎圣人则见贤人。是以孟子语夷、惠，亦必以孔子断之。”

大师挚适齐，亚饭干适楚，三饭缭适蔡，四饭缺适秦。鼓方叔入于河，播鼗武入于汉，少师阳、击磬襄入于海。大，音泰。饭，扶晚反。缭，音了。鼗，徒刀反。少，去声。

大师，鲁乐官之长。挚，其名也。

亚饭以下，以乐侑食之官。干、缭、缺，皆名也。

鼓，击鼓者。方叔，名。河，河内。

播，摇也。鼗，小鼓。两旁有耳，持其柄而摇之，则旁耳还自击。武，名也。

汉，汉中。

少师，乐官之佐。阳、襄，二人名。襄即孔子所从学琴者。海，海岛也。此记贤人之隐遁以附前章，然未必夫子之言也。末章放此。

张子曰："周衰乐废，夫子自卫反鲁，一尝治之。其后伶人贱工识乐之正。及鲁益衰，三桓僭妄，自大师以下，皆知散之四方，踰河蹈海以去乱。圣人俄顷之助，功化如此。如有用我，期月而可。岂虚语哉？"

周公谓鲁公曰："君子不施其亲，不使大臣怨乎不以。故旧无大故，则不弃也。无求备于一人。"施，陆氏本作弛，诗纸反。福本同。

鲁公，周公子伯禽也。弛，遗弃也。以，用也。大臣非其人则去之，在其位则不可不用。大故，谓恶逆。

李氏曰："四者皆君子之事，忠厚之至也。"

胡氏曰："此伯禽受封之国，周公训戒之辞。鲁人传诵，久而不忘也。其或夫子尝与门弟子言之欤？"

周有八士：伯达、伯适、仲突、仲忽、叔夜、叔夏、季随、季騧。騧，乌瓜反。

或曰成王时人，或曰宣王时人。盖一母四乳而生八子也，然不可考矣。

张子曰："记善人之多也。"

愚按：此篇孔子于三仁、逸民、师挚、八士，既皆称赞而品列之；于接舆、沮、溺、丈人，又每有惓惓接引之意。皆衰世之志也，其所感者深矣。在陈之叹，盖亦如此。三仁则无间然矣，其余数君子者，亦皆一世之高士。若使得闻圣人之道，以裁其所过而勉其所不及，则其所立，岂止于此而已哉？

子张第十九

此篇皆记弟子之言，而子夏为多，子贡次之。盖孔门自颜子以下，颖悟莫若子贡；自曾子以下，笃实无若子夏。故特记之详焉。凡二十五章。

子张曰："士见危致命，见得思义，祭思敬，丧思哀，其可已矣。"

致命，谓委致其命，犹言授命也。四者立身之大节，一有不至，则余无足观。故言士能如此，则庶乎其可矣。

子张曰："执德不弘，信道不笃，焉能为有？焉能为亡？"焉，于虔反。亡，读作无，下同。

有所得而守之太狭，则德孤；有所闻而信之不笃，则道废。焉能为有亡，犹言不足为轻重。

子夏之门人问交于子张。子张曰："子夏云何？"对曰："子夏曰：'可者与之，其不可者拒之。'"子张曰："异乎吾所闻：君子尊贤而容众，嘉善而矜不能。我之大贤与，于人何所不容？我之不贤与，人将拒我，如之何其拒人也？"贤与之与，平声。

子夏之言迫狭，子张讥之是也。但其所言亦有过高之病。盖大贤虽无所不容，然大故亦所当绝；不贤固不可以拒人，然损友亦所当远。学者不可不察。

子夏曰："虽小道，必有可观者焉；致远恐泥，是以君子不为也。"泥，去声。

小道，如农圃医卜之属。泥，不通也。

杨氏曰："百家众技，犹耳目鼻口，皆有所明而不能相通。非无可观也，致远则泥矣，故君子不为也。"

子夏曰："日知其所亡，月无忘其所能，可谓好学也已矣。"亡，读作无。好，去声。

亡，无也。谓己之所未有。

尹氏曰："好学者日新而不失。"

子夏曰："博学而笃志，切问而近思，仁在其中矣。"

四者皆学问思辨之事耳，未及乎力行而为仁也。然从事于此，则心不外驰，而所存自熟，故曰仁在其中矣。

程子曰："博学而笃志，切问而近思，何以言仁在其中矣？学者要思得之。了此，便是彻上彻下之道。"

又曰："学不博则不能守约，志不笃则不能力行。切问近思在己者，则仁在其中矣。"

又曰："近思者以类而推。"

苏氏曰："博学而志不笃，则大而无成；泛问远思，则劳而无功。"

子夏曰："百工居肆以成其事，君子学以致其道。"

肆，谓官府造作之处。致，极也。工不居肆，则迁于异物而业不精。君子不学，则夺于外诱而志不笃。

尹氏曰："学所以致其道也。百工居肆，必务成其事。君子之于学，可不知所务哉？"

愚按：二说相须，其义始备。

子夏曰："小人之过也必文。"文，去声。

文，饰之也。小人惮于改过，而不惮于自欺，故必文以重其过。

子夏曰："君子有三变：望之俨然，即之也温，听其言也厉。"

俨然者，貌之庄。温者，色之和。厉者，辞之确。

程子曰："他人俨然则不温，温则不厉，惟孔子全之。"

谢氏曰："此非有意于变，盖并行而不相悖也，如良玉温润而栗然。"

子夏曰："君子信而后劳其民；未信，则以为厉己也。信而后谏；未信，则以为谤己也。"

信，谓诚意恻怛而人信之也。厉，犹病也。事上使下，皆必诚意交孚，而后可以有为。

子夏曰："大德不踰闲，小德出入可也。"

大德、小德，犹言大节、小节。闲，阑也，所以止物之出入。言人能先立乎其大者，则小节虽或未尽合理，亦无害也。

吴氏曰："此章之言，不能无弊。学者详之。"

子游曰："子夏之门人小子，当洒扫、应对、进退，则可矣。抑末也，本之则无。如之何？"子夏闻之，曰："噫！言游过矣！君子之道，孰先传焉？孰后倦焉？譬诸草木，区以别矣。君子之道，焉可诬也？有始有卒者，其惟圣人乎！"洒，色卖反。扫，素报反。别，必列反。焉，于虔反。

子游讥子夏弟子，于威仪容节之间则可矣。然此小学之末耳，推其本，如《大学》正心诚意之事，则无有。

倦，如诲人不倦之倦。区，犹类也。言君子之道，非以其末为先而传之，非以其本为后而倦教。但学者所至，自有浅深，如草木之有大小，其类固有别矣。若不量其浅深，不问其生熟，而概以高且远者强而语之，则是诬之而已。君子之道，岂可如此？若夫始终本末一以贯之，则惟圣人为然，岂可责之门人小子乎？

程子曰："君子教人有序，先传以小者近者，而后教以大者远者。非先传以近小，而后不教以远大也。"

又曰："洒扫应对，便是形而上者，理无大小故也。故君子只在慎独。"

又曰："圣人之道，更无精粗。从洒扫、应对，与精义入神通贯只一理。虽洒扫、应对，只看所以然如何。"

又曰："凡物有本末，不可分本末为两段事。洒扫、应对是其然，必有所以然。"

又曰：“自洒扫、应对上，便可到圣人事。”

愚按：程子第一条，说此章文意最为详尽。其后四条，皆以明精粗本末。其分虽殊，而理则一。学者当循序而渐进，不可厌末而求本。盖与第一条之意，实相表里。非谓末即是本，但学其末而本便在此也。

子夏曰：“仕而优则学，学而优则仕。”

优，有余力也。仕与学，理同而事异，故当其事者，必先有以尽其事，而后可及其余。然仕而学，则所以资其仕者益深；学而仕，则所以验其学者益广。

子游曰：“丧致乎哀而止。”

致，极其哀，不尚文饰也。

杨氏曰：“丧，与其易也宁戚，不若礼不足而哀有余之意。”

愚按：“而止”二字，亦微有过于高远而简略细微之弊。学者详之。

子游曰：“吾友张也，为难能也。然而未仁。”

子张行过高，而少诚实恻怛之意。

曾子曰：“堂堂乎张也，难与并为仁矣。”

堂堂，容貌之盛。言其务外自高，不可辅而为仁，亦不能有以辅人之仁也。

范氏曰：“子张外有余而内不足，故门人皆不与其为仁。子曰：‘刚、毅、木、讷，近仁。’宁外不足而内有余，庶可以为仁矣。”

曾子曰："吾闻诸夫子：人未有自致者也，必也，亲丧乎！"

致，尽其极也。盖人之真情所不能自已者。

尹氏曰："亲丧固所自尽也，于此不用其诚，恶乎用其诚。"

曾子曰："吾闻诸夫子：孟庄子之孝也，其他可能也；其不改父之臣与父之政，是难能也。"

孟庄子，鲁大夫，名速。其父献子，名蔑。献子有贤德，而庄子能用其臣，守其政。故其他孝行虽有可称，而皆不若此事之为难。

孟氏使阳肤为士师，问于曾子。曾子曰："上失其道，民散久矣。如得其情，则哀矜而勿喜。"

阳肤，曾子弟子。民散，谓情义乖离，不相维系。

谢氏曰："民之散也，以使之无道，教之无素。故其犯法也，非迫于不得已，则陷于不知也。故得其情，则哀矜而勿喜。"

子贡曰："纣之不善，不如是之甚也。是以君子恶居下流，天下之恶皆归焉。"恶居之恶，去声。

下流，地形卑下之处，众流之所归。喻人身有污贱之实，亦恶名之所聚也。子贡言此，欲人常自警省，不可一置其身于不善之地。非谓纣本无罪，而虚被恶名也。

子贡曰："君子之过也，如日月之食焉：过也，人皆见之；更也，人皆仰之。"更，平声。

卫公孙朝问于子贡曰："仲尼焉学？"子贡曰："文、武之道，未坠于地，在人。贤者识其大者，不贤者识其小者，莫不有文、武之道焉。夫子焉不学？而亦何常师之有？"朝，音潮。焉，于虔反。识，音志。下焉字，于虔反。

公孙朝，卫大夫。

文、武之道，谓文王、武王之谟训功烈，与凡周之礼乐文章，皆是也。在人，言人有能记之者。识，记也。

叔孙武叔语大夫于朝，曰："子贡贤于仲尼。"子服景伯以告子贡。子贡曰："譬之宫墙，赐之墙也及肩，窥见室家之好。夫子之墙数仞，不得其门而入，不见宗庙之美、百官之富。得其门者或寡矣。夫子之云，不亦宜乎！"语，去声。朝，音潮。

武叔，鲁大夫，名州仇。

墙卑室浅。

七尺曰仞。不入其门，则不见其中之所有，言墙高而宫广也。

此夫子，指武叔。

叔孙武叔毁仲尼。子贡曰："无以为也，仲尼不可毁也。他人之贤者，丘陵也，犹可踰也；仲尼，日月也，无得而踰焉。人虽欲自绝，其何伤于日月乎？多见其不知量也！"量，去声。

无以为，犹言无用为此。土高曰丘，大阜曰陵。日月，喻其至高。自绝，谓以谤毁自绝于孔子。多，与只同，适也。不知量，谓不自知其分量。

陈子禽谓子贡曰："子为恭也，仲尼岂贤于子乎？"子贡曰："君子一言以为知，一言以为不知，言不可不慎也。夫子之不可及也，犹天之不可阶而升也。夫子之得邦家者，所谓立之斯立，道之斯行，绥之斯来，动之斯和。其生也荣，其死也哀，如之何其可及也。"知，去声。道，去声。

为恭，谓为恭敬推逊其师也。

责子禽不谨言。

阶，梯也。大可为也，化不可为也，故曰不可阶而升。

立之，谓植其生也。道，引也，谓教之也。行，从也。绥，安也。来，归附也。动，谓鼓舞之也。和，所谓于变时雍。言其感应之妙，神速如此。荣，谓莫不尊亲。哀，则如丧考妣。

程子曰："此圣人之神化，上下与天地同流者也。"

谢氏曰："观子贡称圣人语，乃知晚年进德，盖极于高远也。夫子之得邦家者，其鼓舞群动，捷于桴鼓影响。人虽见其变化，而莫窥其所以变化也。盖不离于圣，而有不可知者存焉，此殆难以思勉及也。"

尧曰第二十

凡三章。

尧曰："咨！尔舜！天之历数在尔躬。允执其中。四海困穷，天禄永终。"舜亦以命禹。曰："予小子履，敢用玄牡，敢昭告于皇皇后帝：有罪不敢赦。帝臣不蔽，简在帝心。朕躬有罪，无以万方；万方有罪，罪在朕躬。"周有大赉，善人是富。"虽有周亲，不如仁人。百姓有过，在予一人。"谨权量，审法度，修废官，四方之政行焉。兴灭国，继绝世，举逸民，天下之民归心焉。所重：民、食、丧、祭。宽则得众，信则民任焉，敏则有功，公则说。赉，来代反。说，音悦。

此尧命舜而禅以帝位之辞。咨，嗟叹声。历数，帝王相继之次第，犹岁时气节之先后也。允，信也。中者，无过不及之名。四海之人困穷，则君禄亦永绝矣，戒之也。

舜后逊位于禹，亦以此辞命之。今见于《虞书·大禹谟》，比此加详。

此引《商书·汤诰》之辞。盖汤既放桀而告诸侯也。与《书》文大同小异。曰上当有汤字。履，盖汤名。用玄牡，夏尚黑，未变其礼也。简，阅也。言桀有罪，己不敢赦。而天下贤人，皆上帝之臣，己不敢蔽。简在帝心，惟帝所命。此述其初请命而伐桀之辞也。又言君有罪非民所致，民有罪实君所为，见其厚于责己、薄于责人之意。此其告诸侯之辞也。

此以下述武王事。赉，予也。武王克商，大赉于四海。见《周书·武成》篇。此言其所富者，皆善人也。《诗序》云"赉，所以锡予善人"，盖本于此。

此《周书·泰誓》之辞。

孔氏曰："周，至也。言纣至亲虽多，不如周家之多仁人。"

权，称锤也。量，斗斛也。法度，礼乐制度皆是也。

兴灭继绝，谓封黄帝、尧、舜、夏、商之后。举逸民，谓释箕子之囚，复商容之位。三者皆人心之所欲也。

《武成》曰："重民五教，惟食丧祭。"

此于武王之事无所见，恐或泛言帝王之道也。

杨氏曰："《论语》之书，皆圣人微言，而其徒传守之，以明斯道者也。故于终篇，具载尧、舜咨命之言，汤、武誓师之意，与夫施诸政事者，以明圣学之所传者一于是而已，所以著明二十篇之大旨也。《孟子》于终篇，亦历叙尧、舜、汤、文、孔子相承之次，皆此意也。"

子张问于孔子曰："何如斯可以从政矣？"子曰："尊五美，屏四恶，斯可以从政矣。"子张曰："何谓五美？"子曰："君子惠而不费，劳而不怨，欲而不贪，泰而不骄，威而不猛。"子张曰："何谓惠而不费？"子曰："因民之所利而利之，斯不亦惠而不费乎？择可劳而劳之，又谁怨？欲仁而得仁，又焉贪？君子无众寡，无小大，无敢慢，斯不亦泰而不骄乎？君子正其衣冠，尊其瞻视，俨然人望而畏之，斯不亦威而不猛乎？"子张曰："何谓四恶？"子曰："不教而杀谓之虐；不戒视成谓之暴；慢令致期谓之贼；犹之与人也，出纳之吝，谓之有司。"费，芳味反。焉，于虔反。出，去声。

虐，谓残酷不仁。暴，谓卒遽无渐。致期，刻期也。贼者，切害之意。缓于前而急于后，以误其民，而必刑之，是贼害之也。犹之，犹言均之也。

均之以物与人，而于其出纳之际，乃或吝而不果。则是有司之事，而非为政之体。所与虽多，人亦不怀其惠矣。项羽使人，有功当封，刻印刓，忍弗能予，卒以取败，亦其验也。

尹氏曰：“告问政者多矣，未有如此之备者也。故记之以继帝王之治，则夫子之为政可知也。”

子曰：“不知命，无以为君子也。不知礼，无以立也。不知言，无以知人也。”

程子曰：“知命者，知有命而信之也。人不知命，则见害必避，见利必趋，何以为君子？”

不知礼，则耳目无所加，手足无所措。

言之得失，可以知人之邪正。

尹氏曰：“知斯三者，则君子之事备矣。弟子记此以终篇，得无意乎？学者少而读之，老而不知一言为可用，不几于侮圣言者乎？夫子之罪人也，可不念哉？”

编后语：关于经典

郭万金

近三百年来的人类文明史，大抵以科技与经济一路而下的“攻城夺寨”为主要风景：从工业革命到海外殖民，从剩余价值到国际分工，从无所不在的运输、通信网络到无坚不摧的军事技术，在惊人的发展速度中，科技与经济营造出了一个无比庞大的全球化帝国，以财富、技术的急剧膨胀不断超越、征服自然，“更快、更高、更强”的奥林匹克口号成为席卷全球的人类追求，各种信息的即时传送、鳞次栉比的摩天大厦、机械设备的举重若轻……在日益丰富的物质生活中，“越来越……”无疑是最为普遍的当代描述，远远超出人类想象的生产进步带来了诸多领域的欲望满足，却也激起了更进一层的欲望追求。作为形容词的“快”“高”“强”等，并没有太多对于目的与终点的关怀，一味以“更”的比较与征服为取向的现代发展不免陷入无法停止的疲惫处境，面临着无处栖身的流离失所，因为“一切固定的古老的关系以及与之相适应的素被尊崇的观念和见解都被消除了，一切新形成的关系等不到固定下来就陈旧了。一切固定的东西都烟消云散了，一切神圣的东西都被亵渎了”（马克思《共产党宣言》）。

面对当代文明的物质演进及其消解一切的征服模式，人类的不安与焦虑与日俱增，恰如美国神学家莱因霍德·尼布尔所言：“在人类历史上存在着进步，然而那是人类所有潜力的进步，其中既有善意也有邪恶。”当世界大战、种族灭绝、恐怖袭击等惨绝人寰的悲剧上演于文明舞台时，古已有之的“恶”被推向“更恶”的极致，对于科技经济的质疑反思自然成为知识精英们的伦理关怀。马克斯·韦伯就曾悲观地将现代世界看成是一个自相矛盾的世界，人们要在其中取得任何物质的进步，都必须以精神的摧残作为代价。古语有云：“业精于勤而荒于嬉，行成于思而毁于随。”这句话的意义或者不应该局限于单纯的学术领域，延伸至生活场景，便不难发现，肤浅失序的“嬉”、无所追求的“随”弥漫于五光十色的现代文明中，便捷舒适的便利生活不断消磨着人类的反思精神与道德修养，愈来愈重的物质追求挤压、扭曲着人类的价值关怀和理想追寻。“金钱至上”“娱乐至死”，人类的文明业行困顿于失序与无根的无所归依，“荒，虚也；芜，秽也”（《国语》，韦昭注），进退迷茫的意义空虚，无所尊崇的观念杂乱，物质主义下的一路疾行，却导致了精神家园的日趋荒芜。

柏拉图曾言，人是寻找意义的动物。精神家园是人类所建立的意义系统，是对“人之所以为人”的完整理解，人类由此而对话世界，认识自我。家园一旦荒芜，意义自然断裂，不免困于迷茫，遂有虚无之感。“眼前无路想回头”，面对文明的失落、现代的焦虑、家园的荒芜，深刻的自我反省已是必须。历史悠久的文明传统通常会有末世救赎的人文憧憬，意义重寻的精神回归，因为，这样的文明始终坚信在并不完美的世间存在着永恒。永恒之所以维系便在那厚重邃远的人文传统，自然不是那些了无生气的古董陈迹，而是那些始终保持生命力的民族经典。

经典的权威：历史洗练与人文担当

作为经典，必然权威。但这个权威，不是人为的赋予，不是政权的决定，唯有经过历史洗练与人文担当的古典才可胜任。“学术盛衰，当于百年前后论升降焉。”（阮元《十驾斋养新录序》）阮元的百年论断所体现的正是一种历史沉汰的评估尺度；“至少要持续三代才能成为传统”（希尔斯《论传统》），希尔斯的三代延续所凸显的则是一种世代延续的价值理念。一代之中无法形成传统，百年之内未可轻言经典，尽管不乏名噪一时的杰作，然而，漫长的时间考验始终是无可替代的试金石。或许，我们的标准可以更挑剔些：若成为真正的经典，不但要经得起时间的考验，还必须接受厄运的洗礼。

> 古者富贵而名磨灭，不可胜记，唯倜傥非常之人称焉。盖文王拘而演《周易》；仲尼厄而作《春秋》；屈原放逐，乃赋《离骚》；左丘失明，厥有《国语》；孙子膑脚，《兵法》修列；不韦迁蜀，世传《吕览》；韩非囚秦，《说难》《孤愤》；《诗》三百篇，大抵圣贤发愤之所为作也。
>
> ——司马迁《报任少卿书》

以“富贵无名”为参照系的“发愤所作”，大抵有着“不可磨灭”的恒久意义，首当其冲的便是“天将降大任于斯人”的磨难砥砺，“富贵福泽，将厚吾之生也；贫贱忧戚，庸玉女于成也”（张载《西铭》）。经典的权威多半于艰难中玉成，“秦火汉炬”的烈焰烧出了六经烛照古今的万丈光芒，当时身名俱冷的陶渊明在“豪华落尽”的百年之后竟成文宗，身遭党禁、被斥“伪学”的朱熹却是几个世纪后影响整个东亚的文化巨擘，《西厢》《牡丹》虽然辞藻警人，却是不能进入贾府大观园的，而苦心经营大观园的《红楼梦》则是清廷明令禁毁的“淫词小说”。一时困厄每每造就万世流芳，经典的权威自非人间权力可以塑造，却是饱经沧桑的历史选择。

于经典而言，时间考验、厄运洗礼是一种必需而严格的外在检验，若要臻于“不可磨灭”的永恒，还须有内在的精神担当。传统中的“不平则鸣”“穷而后工”不仅有着对于厄运的抗争不屈，更深蕴着对“不平”“穷”的超越。

> 太史公言：“《诗》三百篇，大抵圣贤发愤之作。”韩昌黎言：“愁思之要妙，穷苦之言易好。”欧阳公亦云：“诗穷而后工。”故自古诗

人之者，率逐臣骚客，不遇于世之士。吾以为一身之遭逢，其小者也，盖亦视国家之运焉。诗家前称七子，后称杜陵，后世无其伦比。使七子不当建安之多难，杜陵不遭天宝以后之乱，盗贼群起，攘窃割据，宗社臲卼，民生涂炭，即有慨于中，未必其能寄托深远，感动人心，使读者流连不已如此也。然则士虽才，必小不幸而身处厄穷，大不幸而际危乱之世，然后其诗乃工也。

——归庄《归庄集》卷三《吴余常诗稿序》

“国家不幸诗家幸，赋到沧桑句便工”，所谓“工”者，乃是“国家不幸”的沧桑体验，却非诗家的个人情绪。清儒云：“工者传，不工者不传也，又必其尤工者然后能传数千百年，而终于不可磨灭也。”所谓“尤工者”，当然不限于文字的精巧，而在精神的凝聚。《春秋》之作，辞微指博，婉而成章，文字简省，至有“断烂朝报”之讥，然所以千载不废者，“自有《春秋》，吾国民族之精神乃固，虽亡国者屡，而终能光复旧物，还我河山，此一点爱国心，蟠天际地，磅礴郁积，隐然为一国之主宰，汤火虽烈，赴蹈不辞”。（章太炎《论读经有利而无弊》）正如陆游在杜甫祠堂所写：“文章垂世自一事，忠义凛凛令人思。”经典之作中必然有着民族精神的人文担当，个人的际遇遭逢只有放置于“与国休戚”的文化生态中才能产生令千古读者“流连不已”的阅读张力，才能呈现出照亮“万古长夜”的权威意义。

对于经典权威的承认，正是对其所蕴藏的人文价值与历史关怀的积极认可，并非对于“古人制作”的盲目服从。千百年的智慧积累，使得经典具有令人信服的导引力量。“夫圣贤之书，教人诚孝、慎言、检迹、立身、扬名，亦已备矣”（颜之推《颜氏家训·序致》），作为圣贤意志体现的经典自然有着切近人生的智慧指向。“圣希天，贤希圣，士希贤”（周敦颐《通书·志学》），逐层构建的圣贤体系因“希”的仰慕心态而彰显出权威的意义，并不遥远，更无逼迫，而是于向慕中的不断理解、不断接近、不断自觉。

“权威不是现成被给予的，而是要我们去争取和必须去争取的，如果我们想要求权威的话。权威依赖于承认，因而依赖于一种理性本身的行动，理性知觉到它自己的局限性，因而承认他人具有更好的见解。权威的这种正确被理解的意义与盲目的服从命令毫无关联。而且权威根本就与服从毫无直接关系，而是与认可有关系。”（伽达默尔《真理与方法》）经典权威的形成，当然不是帝王豪杰的指定给予，而是经历漫长艰难的争取过程。历史的洗练使得经典完成了时间维度上的超越，人文的担当使得经典获得了民族整体的共鸣，二者的绾结造就了经典恒久不灭的真正权威，任世事变迁，始终以独立不迁的姿态保持着不可剥夺的内在价值与人文使命。

经典的路径：百读不厌与无限阐释

成就经典，重复阅读是必需的路径。作为限定的“重复”有着特殊的意义，无论声名高下，只被读过一次的作品永远无法称作经典。作为主体的“阅读”当然也不是一般意义上的视觉经验，而是一种深刻的美学行为与心灵历程。作为检验经典的基本原则，这里的重读，固非千篇一律的知识记忆，亦不同于宗教仪式中的反复咒诵。经典自然是知识载体，溯其本原，更有挥之不去的宗教色彩，然而，经典的重读，则应剔除功利的禄蠹思想，还须摆脱虚妄的符箓迷信，是一种清澈宁静的心灵对话，绝非潮流之下的追捧行为。作为对象的“经典”，首要的条件，自然是经得起的这样的重复阅读——即是大家所常说的——百读不厌。

能够“百读”，自然需要有些“引人入胜”的本领，论其关键，则在“趣味”二字。“咀嚼有余味，百过良未足。”（元好问《与张中杰郎中论文》）“有趣”“得趣”“意趣”向来是传统诗文评论的重要尺衡。梁启超亦言：“文学是人生最高尚的嗜好……文学的本质和作用，最主要的就是趣味。”（梁启超《〈晚清两大家诗钞〉题辞》）朱自清则指出：“‘百读不厌’究竟是个赞词或评语，虽然以趣味为主，总要是纯正的趣味才说得上的。”（朱自清《论百读不厌》）趣味有高低优劣之别，特别拈出的“纯正”限定深刻地揭示出传世经典与一般文本的本质区别。“子曰：《诗》三百，一言以蔽之，曰‘思无邪’。”（《论语·为政第二》）以“无邪”作为《诗经》的基本关怀，落足处正是《诗序》所言的“经夫妇，成孝敬，厚人伦，美教化，移风俗”。朱熹的阐释极是剀切：“凡《诗》之言，善者可以感发人之善心，恶者可以惩创人之逸志，其用归于使人得其情性之正而已。”“诗本性情，有邪有正，其为言既易知，吟咏之间，抑扬反复，其感人又易入。”“劝善惩恶”的价值取向，“皆归于正”的道德关怀正是“百读”题中必有之义。“君子乐得其道，小人乐得其欲。”（《乐记·乐象》）真正令人“百读不厌”的阅读乐处当然不是“荡人心魄”的“情思摇曳”，而是使人凛然兴起、肃然起敬的“沉潜反复”。

所谓“不厌”，当有两层意思：一是不厌烦，一是不满足。古语有云：“书读百遍，其义自见。”百遍往复，焉得“不厌”？东坡诗曰：“旧书不厌百回读，熟读深思子自知。”特别拈出的“熟读深思”正是“不厌”的关键所在。“凡是值得思考的事情，没有不是被思考过的；我们必须做的只是试图重新思考而已。”歌德的这句话应是不错的注脚。所谓“百读”即是“重新思考”，“不厌”处便是“值得思考”的价值所在，且有着取之不尽、用之不竭的深层要求。朱子的回答最是形象：“问渠那得清如许，为有源头活水来。”源头处即是根本所在、流水之始、意义之端。经典之根，深植于民族文化深处，故生意无穷。所谓“活水”则须在生命的流动中理解。经典之义，绝不仅限于教导吾人认识曾经的存在与生命，更要指引吾人去不断阐释其价值与意义。如果经典只是过往的知识，那么它不过是陈旧资料的数量堆积；如果仅是古老智慧的经验，它无非是描绘着过去的美丽图景而已。只有当经典形成传统、进入人生，以一种对民族文化的尊崇态度观照个体时，其意义才能凸显，才能成为一种价值标准，才会成为当代人对自身的永恒观照。

儒家经典之所载，在孔子之前约两千年；儒家经典之流传，在孔子之后约两千五百年。中华民族的精神品格正是在儒家经典的漫长传统中成就，从阅读到诠释，从训诂到义理，从“我注六经”到“六经注我”，经典及其阐释成为传统中国的“源头活水”，曲折而下，有过波澜壮阔，也曾不绝如缕，千载而下，论其文献，浩如烟海；溯其精神，无有穷尽。对于读者的教化关注，是传统经典阅读的一贯思路。最著名的清官海瑞即言：“古先王成就人才，由今考之，大抵‘六经’并行，《诗》教为首。”（海瑞《注唐诗鼓吹序》）最注重“反身实践”的清儒李颙则称：“六经皆古圣贤救世之言，凡一字一句，无非为后人身心性命而设。今人只当文字读去，不体认古人立言命意之旨，所以白首穷经，而究竟无益于自己身心性命也。”（李颙《四书反身录》）从一代清官到宇内大儒，对于经典的阐释中均呈现出特殊的“立身”关注。古之文章，以性情为体，以感人为用，“六经责我开生面”，正是要于经典的无限阐释中不断开出新境界，不是从文献到文献的知识进阶，而是要探寻可以安身立命的终极所在，与时推移而万古常新。经典所要阐释的是：我们是谁和我们所处的位置。没有过去的参照，我们难以认清现在，追本溯源，阅读经典，“或因枝以振叶，或沿波而讨源”，于无限的开放阐释中观照自我，思考当下，于中，我们将发现经典所蕴之鲜活生命。

作为“源头活水”的经典，趣味纯正，有着永远无法穷尽的真理和意义，作为“熟读深思”的阐释自然是永恒无限的开放过程。“百读不厌”与“无限阐释”所呈现的正是过去和现在的沟通过程，“一切历史都是当代史”，经典的意义便是活在过去与现在之间的每一个当下。

经典的指向：心灵回向与君子人格

当代文明，走向何处？这是人类理想的必然之问。诸如“发展”“进步”

乃至“过程”这样的无主体范畴显然无法给出答案。关键的问题是：发展、进步、过程——谁的？发展、进步、过程——向何处？“人的当今处境及其与未来的关系的一个特点是：人面临着从技术文明过程之主体变成这个过程之产品的危险。技术与科学的巨大支配力量，也在开始战胜做规划的主体自身。”（默茨《历史与社会中的信仰》）如何寻回自我，便是走出困扰、达于彼岸的关键所在。基尔凯戈尔说过：“生活始终朝着未来，而悟性则常向着过去。”对于既往精华的咀嚼体悟，可以在过去的参照中，审视自我的模样，修正未来的方向。相对于科技面向未来的外向扩张，经典回瞻过去的内向关怀无疑可以提供更为积极的回应思路，更为清晰地认识自我。

王国维曾言：

> 古今之成大事业、大学问者，必经过三种之境界。“昨夜西风凋碧树，独上高楼，望尽天涯路”，此第一境也。“衣带渐宽终不悔，为伊消得人憔悴”，此第二境也。“众里寻他千百度，回头蓦见，那人正在灯火阑珊处”，此第三境也。
>
> ——王国维《人间词话》

依次递进的三层境界中，“独上高楼，望尽天涯路”以进取为念，务为高标，攀登不止，努力不息，故第一境的关键所在，实为一“进”字。“会当凌绝顶，一览众山小”，独步高峰，自然有着视野的开阔、气势的雄浑，然而于极高处的“望尽天涯路”是“发展”“进步”的极限，继续走向何处，便是潜在的危机。“不悔”与“憔悴”，则是痴迷状态下的自我沉醉，此处的“伊”，并非高不可攀、远不可见，必有一番切磋琢磨，才能有甘为消瘦的不悔心志。即词意本身而论，正与《关雎》之“求之不得，寤寐思服。悠哉悠哉，辗转反侧”相得益彰。故第二境的关键所在，实为一“得”字，求之不得，得之不解，遂为憔悴，谈情说爱如此，读书问学亦如此，其间相通者，便是一脉精诚。唯此精诚，可以凝神专注，超然物外，并非居高临下的审视，而是毫无功利的投入。有此境界者，实已超出一般意义的得失牵挂，而进入更高层次的第三境中。第一境独占最高，第二境用情最深，作为最后的第三境则以一种回向心灵的大智慧，将无法更高的发展极限，无法更深的精诚付出带入了生意无限的原初境界。故第三境的关键所在，实为一“复”字。儒家的复性归仁，道家的全性保真，佛家的参悟自性，殊途同归，大抵因心性的澄澈而言。弃末反本，背伪归真，不以物累形，不以智累心，不以私累己，必须有苦苦执着的千般寻觅，才能有蓦然回首时的“明心见性”，才能恍然顿悟，发现久寻的“他”——自我的心灵观照，刹那便成永恒。达情见素，复本原始，方可入无限之境。

如果说“三重境界”的美学感悟所体现的是精神的自我回归，那么《论语·学而篇》的首章所揭示的则是更为深刻的人格完善。

> 子曰：“学而时习之，不亦说乎？有朋自远方来，不亦乐乎？人不知而不愠，不亦君子乎？”
>
> ——《论语·学而》

“学之不厌，教之不倦”是孔子的自我定位，亦是其毕生用心用力所在。编撰者特意将这段文字选作《论语》首章，足见重视，应当有着开宗明义的宏观指向与进学立教的价值关怀。“学而时习之”的“学”与“习”不仅有着温故知新的知识积累，更有对知行合一的实践强调。《说文解字·习部》：“习，数飞也。”显然有反复实践的意味。人之为学，自当归于待人接物，立身行事，“纸上得来终觉浅，绝知此事要躬行”。以所学所悟之道贯彻于言行举止中，自然有得，这般德性实践之乐趣便是“悦”的境界。有所学，且能学以致用，闻一知十，知行合一，自然有所成就，闻名遐迩，非唯近者来学，亦有远人向慕。《广雅·释诂三》："朋，类也，比也。"古之言朋，必以同道为念，"志同道合，便能引其类"（陈亮《与吕伯恭正字书》）。为学有德，令名远播，此种获得同道的认可便是"乐"的境界。虽然远近闻名，却有人不识，甚至质疑否定，此时的态度却是"不愠"。"愠，心有所郁积也。"（《集韵》）不愠，便是不恼不怒，无碍于心，此种境界，便非"悦""乐"所局限，已进阶为"君子"矣，亦即西方学者所言的"自我实现"。

"君子之学也以美其身，小人之学也以为禽犊。"荀子此语正是对孔子"古之学者为己，今之学者为人"的极佳阐释。"学以为己"是传统学问之道的核心理念与最高理想。因"悦"而"乐"，进而"君子"，逐层深入的人生之乐勾勒出了传统经典的树人路径，递相渐进的涵养功夫与马斯洛的需求层次理论颇有相同之处。首先是自我学习，在实践中得以提升、完善，而后获得了他人的高度认同，影响深远，但最高境界则是自我实现，不以他人的理解和赞同为目的，专注于自我的提升，完善君子人格，也就是《大学》所说的"止于至善"。

经典，作为知识与意义的统一体，从某种角度上讲，是一种"最好"的隐喻。所以"最好"，即因其指出了"至善"的目标，"高山仰止，景行行止。虽不能至，心向往之"。并不因目标的高远而中断学习的历程，经典之学，必反躬自身，"学以为己"是教化传统的精神所在，更是传统经典的永恒指向，因知识的渐进而至道德升华，在经典中完成境界的不断升华，增成心灵的自由圆足。

经典的境界：知人论世与万世太平

经典因阅读而存在，因阐释而永恒。如果我们将阅读与阐释狭隘地限制于文本，停留于书本，那么，所呈现出的经典意义不过是作为符号的表层印迹；经典所指，在人格之养成，心灵之回向，但经典的境界却远非个人的自我成就可以规限。“圣人久于其道，而天下化成。”（《易·恒》）经典的深层意义与永恒价值即是此种超越个人的天下化成。阅读，就表面而言，似乎是个人行为；就深层而论，则是一种文化对话。通过文本世界的交往与理解，自我与他人、主体与客体、个人与社会等，以各种可能的方式结成了一个超越现实、超越个人、超越文本的文化世界，人的意义在文化世界得以完整、得以升华，而对经典所蕴之真正意义的汲取也因之永无止境。

假如世界上只剩下唯一的“我”，这个“我”虽然拥有整个世界，却毫无意义。人类的自我意义正是在他人的鉴照中进行并完成的。古云：“以铜为镜，可以正衣冠；以古为镜，可以知兴替；以人为镜，可以明得失。”（《旧唐书·魏徵传》）门类各异的参照物有着不同层次的自明指向，由衣冠礼仪的外在关注，到国家兴亡的历史判断，进而言语德行的自我辨识，随着“镜”之鉴照与“我”之反思的逐层深入与不断融合，我们得以更为清楚地认识自己，“以人为镜”正是传统交友之道的折射。朋友系五伦之一，素为儒家所重，交友之德，以信为本，择友之道，则在从善。一则曰：“三人行，必有我师焉！择其善者而从之，其不善者而改之。”再则曰：“无友不如己者；过则勿惮改。”三则曰：“居是邦也，事其大夫之贤者，友其士之仁者。”反复申述的择善相友中所呈现出的正是一以贯之的道德关注，隐于其后的则是自我的不断提升。“友也者，友其德也。”（《孟子·万章下》）孟子的“尚友”主张正是孔子“择善”思路的一脉相承，其曰：

> 一乡之善士，斯友一乡之善士；一国之善士，斯友一国之善士；天下之善士，斯友天下之善士。以友天下之善士为未足，又尚论古之人。颂其诗，读其书，不知其人，可乎？是以论其世也。是尚友也。
>
> ——《孟子·万章下》

由“一乡”“一国”而“天下”的不断推衍正是“择善”路向下的气质养成。孜孜为善，追本溯源，遂有追蹑古人之心。当世之“善”本于上古之“道”，“论古之人”即是“止于至善”的唯一路径，古人久已不存，可以探求古人之道者，舍诗、书无他。此处诗、书，不应狭隘地理解为《诗经》《尚书》，而是古之经典的代称。古之圣贤，湮没久远，阅读其言行载体的经典便是理解古人、对话先贤的最好途径。所谓“知其人”，有两层内容：一为知人、一为知己，一体两面，择善尚友必反躬于身，自不会止步于仅仅认识他人的表面功夫。所谓“论其世”，亦有两层意义：一为古之世，一为今之世。非设身处地，做“同情之了解”，难以味其情志，对话古人。神游古之世，身处今之世，论古尚古，落足仍在当下，镕古铸今，自不会停留于简单述说从前的复古田地。世事迁移，亘古亘今，“知人论世”的核心所在即是主客往来、古今情境的承续贯通，诵、读、知、论下的本质体现则是一种“对话”，一种与古人的交往，并非单向的被动接受，而是动态的思辨；并非孤独的观照，而是心灵的分享。

圣奥古斯丁曾说过：“如果不通过友情，我们对任何人都无从认识。”这里的任何人自然包括我们自己。阅读经典，从某种意义而言，即是朋友的选择，作为阅读对象，可以无限阐释的经典无疑是最好的朋友，以之为镜，诵诗读书，便可“知人”，更可“明己”。“知人论世”是经典阅读所努力探寻的一种境界，表现出对个人阅读的超越，对文本玩味的超越，以“尚友”的态度对话古人，完成“择善”的自我成就。在“经典”“人”“世”的交错激荡中，“阅读”得以触摸历史，进入人生，融“小我”于“大我”，因“有限”而“无限”，超越孤独，优入圣域。

正如“经典”绝非了无生趣的文本一般，传统视域下的经典阅读自然不会止步于个人的“独善其身”，“知人论世”中的反身精神与当下意识已然表现出更为宏阔的历史指向与人文关怀。在“修齐治平”的传统路向中，“兼济天下”始终是历代读书人孜孜以求的不舍情怀。读书贵能读“志”，方可有益于身，有用于世。若论经典之“志”，宋儒张载著名的“横渠四句”或是最为剀切的答案：

为天地立心，为生民立命，为往圣继绝学，为万世开太平。

“四为”之下，包举宇内，囊括古今，因天地而万民，缘往圣而万世，安心立命，继往开来，气象雄浑，旨高意远，千古读书要义，尽在此中矣。经典之志，在阅读中得以贯通拓展，天地古今、庶民先圣，无不涵泳其间，由知识而道德，由个体而天下，承续往圣，保持文化学脉之延续，开启未来，维系道德和谐之永恒。经典之境，于自任自重中自有一种淋漓元气，于新旧古今的融合中更造就一般化育生机。

千百年间的重复阅读，曾不能穷尽经典之义，自非文辞的晦涩难懂。“奥险半平淡，文章悟境界。”文字深浅，皮外之象，斯义弘深，乃在境界。明白此理，自然不会将经典等同文字，自然也就明白了经典的永恒之道。

苏格拉底说：“最重要的不是生活，而是好的生活。”没有经典，当然不会有好的生活。在博尔赫斯设想中：“天堂应该是图书馆的模样。”这所图书馆中，一定是摆满经典的。较之一味的“身强体壮”，“心宽体胖”或许是更加健康幸福的生活方式。经典的阅读与诠释，成为一种生活方式，在“天性的共享”中体味那跋涉中的回翔、沉重中的轻松、失落中的期待。

我们必须承认，我们正在经历一个经典传统的显著衰退期。对于中华民族而言，在特殊的情境下，尚未准备，便被迫卷入全球化的历程，在物质化进程中同样面临着人文精神的颠沛流离，在现代化转型中经历着传统被割裂的无序与虚无。对经典不以为然的当代社会，以其科学性、合理性、经验性、世俗性不断复制、同化、解构着“古已有之”的经典。今日的经典或许还存在于大学的课程中，却地位边缘，偶尔可以听到诵读的声音，却微弱乏力。当此中夏鼎沸，万物破碎，中心消解之时，捍卫经典，深根固本，自是当下所急，更是百年之计。对于“源头活水”的生态保持与净化，是一个民族必需的责任担当与文化自觉。对于中华民族精神家园的当代守护，我们当然不能依靠西方强行塞入的科技理念、经济指标，我们需要的是中华本位的价值回归，我们渴望的是中华民族的充实光辉，在那里，经过历史洗练而有人文担当的经典，无疑是最为厚重的基石。

天不生仲尼，万古如长夜。品读华夏经典，《论语》自是首选。

知人论世，若识孔子，司马迁的传记，自是首选。

若读《论语》，朱熹的集注，自是首选。